김흥우 산문집

남해안의 행복한 삶

◆**서문**

남해안의 행복한 삶

근심이나 걱정이 없는 사람은 없는 법이다. 한가지를 해결하고 나면 기다렸다는 듯 새로운 근심거리가 또 다가온다. 밤새워 고민하면서 해결하려 해도 해결할 수 없는 문제가 다시 나타난다. 근심 걱정은 끊일사이 없이 오고 또 오는 것이다.

이것은 부자나 가난뱅이, 젊은이나 늙은이, 사회에 이름이 난 사람이나 그렇지 않은 사람, 모두 정도의 차이가 있을 뿐 마찬기지인 것이다. 그렇다면 우리 인간을 집요하게 따라붙어 괴롭히는 이 고뇌란 어떤 것일까?

우리 국어사전에는 '마음이 시달려서 괴로움' 또는 '마음이 시달려서 괴로워하다' 로 되어 있다. 이를 일명 '번뇌' 라고도 부르는데 이러한 번뇌때문에 인간은 고통속에 살아가는 것이다. 그래서 일반적으로 인간세상을 고해(苦海)라고도 표현하는 것이다.

어린아이는 괴롭고 불행한 것을 모른다. 고통스럽거나 불쾌하면 울어버리고 만다. 그러나 성장하게 되면 불쾌하거나 고통스러우면 다른 방법을 찾게 된다. 자기 자신에게 잘못이 있다기보다 남의 탓으로 돌리는 경우가 많다. 잘 되면 자기 탓, 못되면 남의 탓, 조상 탓으로 돌리는 것도 그래서 나온 얘기이다.

일찌기 싯다르타는 남의 고통을 보고 자기의 불행처럼 느낀 나머지 그 의문을 풀기 위해 몸소 고통과 불행을 체험하려고 왕궁을 떠나지 않았던가?

그 결과 고통의 원인과 그 극복할 수 있는 방법을 찾아냈다, 그것이 네가지 진리인 '사성제' 가 아닌가?

고집멸도(苦集滅道), 이것은 싯다르타가 부처가 되어 녹야원에서 처음 설법한 내용이다.

이 네가지 진리란 괴로움의 진리(고성제), 괴로움이 일어나는 원인에 대한 진리(고집성제), 괴로움의 소멸에 대한 진리(고멸성제), 괴로움의 소멸에 이르는 길에 대한 진리(고멸도적성제)이다.

이 내용은『잡아함경』에 밝히고 있는데 여기서 '사성제' 란 괴로움(苦)과 괴로움의 원인(集)과 괴로움의 소멸(滅)과 괴로움의 소멸방법(道)에 대한 가르침이다.

이 네가지는 서로 원인과 결과를 이루며 현실과 이상세계의 상관관계를 이루고 있다.

우리 인간은 누구나 생로병사의 고통속에 있다. 인간의 현실은 이 네가지 고통외에도 여러가지 고통을 겪는다. 이것이 현실인데 바로 이것을 '사성제' 중 첫 번째로 보고 부처는 이 고(苦)' 를 여덟가지로 설명했다.

① 태어남은 고통이다.

② 쇠퇴는 고통이다.

③ 병환은 고통이다.

④ 죽음은 고통이다.

⑤ 우리가 싫어하는 세상의 출현은 고통이다.

⑥ 우리가 사랑하는 대상으로 부터 떠나는 것도 고통이다.

⑦ 우리가 바라는 것을 얻지 못함도 고통이다.

⑧ 존재에 집착함은 고통이다." 라고 했던 것이다.

이런 고통에서 모면하려면 대다수 사람들은 종교를 찾게 되거나 무당을 만나게 된다. 난 이런 문제는 자기 자신에게 있다고 여겼다. 그리고 그 방법으로서 남해안 삶을 시작하게 되었다.

"자신의 마음이 안정되지 않으면 아무리 남이 칭찬을 해 준다해도 그것은 부질없는 짓이 되고 만다. 그러나 자신의 마음이 안정되어 있으면은 아무리 남이 비난을 해도 흔들리지 않는다." 『장로게경』의 가르침을 기억하고 있다. 즉 마음의 콘트롤이 필요하고 콘트롤이 되었다고 여긴다면 매사에 일념을 다해 매진하는 길만이 고뇌를 끊을 수 있다. 온갖 근심과 걱정, 그리고 모든 고통은 어떤 일이든 적극적으로 온갖 정성과 노력으로 임했을 때 우리는 고뇌를 잊고 고통에서 벗어날 수 있다는 것이다.

남해안의 나의 삶은 '도취의 삶' 이었다. 이러한 삶이야 말로 행복한 삶이라고 생각한다. 나의 하루하루는 26세의 젊은이의 삶이며 젊은이의 삶이야말로 일생동안 기쁨이나 행복을 느낄 시간을 훨씬 길게 만들 것이라고 나는 확신한다.

2012. 5. 17.
부처님오신 날에
지은이

목 차

1 나는 누구인가 판단하라

108번뇌와 108배

남해 금산을 오르다 보면 많은 할머니들이 거침없이 걸어오르는 모습을 보게된다. 그들은 보리암에 참배하러 다니는 할머니들이다. 그들이 80이 넘어서도 건강하게 지낼 수 있는 것은 참배에 원인이 있었던 것이다.

그들은 53배나 108배 뿐만 아니라 때에 따라서는 1000배 3000배를 하는 사람들이다. 그들 가운데는 일찍 골다공증에 시달린 사람도 있었고 고지혈증을 앓던 사람도 있었지만 산을 오르내리고 보통 108배를 일주일에 한번씩 또는 매일 시행하기 때문에 병을 이겨낸 것이다.

일반적으로 우리가 알고 있는 번뇌란 말은 의식적 무의식적으로 자기의 욕망과 집착에 사로잡혀 괴로움과 즐거움의 상태가 번복되는 것을 말한다. 이말은 불교용어이다.

브리태니커 백과사전에는 번뇌를 이렇게 밝히고 있다.

"중생이 번뇌로하여 업을 짓게 되고 그에 따른 응보로 인해 나고 죽는 괴로움의 세계를 윤회하게 되는 과정을 혹(惑),업(業),고(苦)의 삼도라 한다. 불교에서는 이런 삶의 양태를 고(苦)로 파악, 모든 번뇌를 묻으므로써 괴로움의 세계를 벗어나 열반의 깨달음을 얻는 것을 목표로 한다. 그러나 보다 적극적인 대승불교의 관점에서는 번뇌가 곧 깨달음이며 생사의 세계가 그 자체로서 열반이라고 본다. 즉 미혹에만 얽매인 중생에게는 미망의 근원인 번뇌와 열반에 이르는 깨달음이 상대적이지만 깨달음은 눈으로 보면 번뇌와 깨달음은 그대로 하나이어서 차별이 없는 것"으로 밝히고 있다.

불교에서는 중생이 가지고 있는 번뇌를 18만 4천 번뇌로 보고 이것을 108가지로 압축한 것이 108번뇌이다. 108산사 순례기도회 회주인

도선사 주지 선묵 혜자 스님의 '108번뇌 끊기위한 참회의 법석' (법보신문, 2011,7,13)에 보면 "인간은 육근(六根)과 육경(六境)이 부딪쳐 세가지 인식작용인 호(好),악(惡),평등의 삼수를 가지게 된다.

6근을 풀이하면 눈,귀,코,혀,몸,뜻이다. 눈은 늘 아름다운 것만 보려고 하고, 귀는 좋은 소리만 들으려고만 하고, 코는 좋은 냄새만 맡으려고 한다. 혀는 맛나는 것만 먹으려 하고, 몸은 쾌감만을 원한다. 또한 생각은 탐욕으로 가득 차 있다. 경전에서는 이를 여섯가지 도둑놈이라고 지칭한다.

그런데 이 6근은 늘 자신이 원하는 색(色),성(聲),향(香),미(味),촉(觸),법(法)인 6경과 늘 부딪치고 있다. 6근과 6경을 합하면 12가지이다.

여기에 좋다, 나쁘다, 무덤덤하다의 호(好),악(惡), 평등의 세가지 경계를 곱하면 36가지의 인식작용이 생기게 된다. 그런데 놀랍게도 이 인식작용은 과거에도 그래왔으며 현재에도 작용하고 있고 미래에도 여전히 작용한다는 것이다. 이것이 바로 전세,현세,내세인 3세(三世)이다.

즉 36가지의 인식작용에 전세,현세,내세인 3을 곱하면 108이란 숫자가 생긴다. 그러므로 108번뇌란 전생, 현생, 내생에도 인간에게 끊어질 수 없는 번뇌라는 뜻이 담겨져 있다"고 했다..

그리고 스님은 108산사 순례를 나서 108배를 하는 것은 108번뇌를 끊기 위함이고 참회의 기도를 하는 것은 현세뿐만 아니라 과거의 업을 지우고 현세를 올바르게 살고 내세를 위함이다라고 하였다. 그러나 이 참배는 꼭 부처님 앞에서만 할 필요는 없다고 본다.

불자라면 당연히 절을 찾아 108염주를 굴리며 하는 것이 필요하겠지만 타 종교를 신봉하거나 또는 종교와는 거리가 먼 분들은 집안의 넓은 공간 중앙에 서서 앞은 조상, 좌우는 부모,형제,뒤는 선생(또는 상사)이라 생각하고 감사하는 마음으로 일배하고 우향우하여 일배, 다시 우향우 하여 일배하는 식으로 사방에다 하면 좋을 것이다.

불자나 60이 넘어 기억력이 점차 감퇴하는 분들은 108번뇌 참회문을 외우면서 참배하면 치매를 예방하고 잃어가는 기억력을 되살릴 것이다. 겨울철이나 눈, 비 올때는 최고의 운동이 될 것이다. 아래 '108번뇌 참회문' 을 깨끗이 적어 벽에 붙혀놓고 볼수도 있고 불교용품점에서 동영상 DVD를 구해 보면서 참배를 하면 더욱 효과적일 것이다.

108번뇌 참회문

– 참회[懺悔] –

1. 지극한 마음으로 부처님께 귀의합니다.
2. 지극한 마음으로 부처님 법에 귀의합니다.
3. 지극한 마음으로 승가에 귀의합니다.
4. 나는 어디서 왔는가, 어디로 갈 것인가를 생각하지 않고 살아온 죄를 참회하며 절합니다.
5. 나는 누구인가, 참 나는 어디 있는가를 망각한 채 살아 온 죄를 참회하며 절합니다.
6. 나의 몸을 소중하게 여기지 않고 살아 온 죄를 참회하며 절합니다.
7. 나의 진실한 마음을 저버리고 살아 온 죄를 참회하며 절합니다.
8. 조상님의 은혜를 잊고 살아 온 죄를 참회하며 절합니다.
9. 부모님께 감사하는 마음을 잊고 살아 온 죄를 참회하며 절합니다.
10. 일가 친척들의 공덕을 잊고 살아 온 죄를 참회하며 절합니다.
11. 배울 수 있게 해 준 세상의 모든 인연들을 잊고 살아 온 죄를 참회하며 절합니다.
12. 먹을 수 있게 해 준 모든 인연들을 잊고 살아 온 죄를 참회하며 절합니다.

13. 입을 수 있게 해 준 모든 인연 공덕을 잊고 살아 온 죄를 참회하며 절합니다.
14. 이 세상 이곳에 머물 수 있게 해 준 모든 인연들의 귀중함을 잊고 살아 온 죄를 참회하며 절합니다.
15. 내 이웃과 주위에 있는 모든 인연들의 감사함을 잊고 살아 온 죄를 참회하며 절합니다.
16. 내가 저지른 모든 죄를 망각한 채 살아 온 어리석음을 참회하며 절합니다.
17. 전생, 금생, 내생의 업보를 소멸하기 위해 지극한 마음으로 참회하며 절합니다.
18. 성냄으로 인해 악연이 된 인연들에게 참회하며 절합니다.
19. 모진 말로 인해 악연이 된 인연들에게 참회하며 절합니다.
20. 교만함으로 인해 악연이 된 인연들에게 참회하며 절합니다.
21. 탐욕으로 인해 악연이 된 인연들에게 참회하며 절합니다.
22. 시기심으로 인해 악연이 된 인연들에게 참회하며 절합니다.
23. 분노심으로 인해 악연이 된 인연들에게 참회하며 절합니다.
24. 인색함으로 인해 악연이 된 인연들에게 참회하며 절합니다.
25. 원망하는 마음으로 인해 악연이 된 인연들에게 참회하며 절합니다.
26. 이간질로 인해 악연이 된 인연들에게 참회하며 절합니다.
27. 비방함으로 인해 악연이 된 인연들에게 참회하며 절합니다.
28. 무시함으로 인해 악연이 된 인연들에게 참회하며 절합니다.
29. 비겁한 생각과 말과 행동을 참회하며 절합니다.
30. 거짓말과 갖가지 위선을 참회하며 절합니다.
31. 남의 것을 훔치는 생각과 행동을 참회하며 절합니다.
32. 한갓 취미나 즐거움으로 다른 생명을 희생시키는 일을 참회하며 절합니다.

33. 오직 나만을 생각하는 것을 참회하며 절합니다.
34. 악연의 씨가 되는 어리석은 생각을 참회하며 절합니다.
35. 어리석은 말로 상대방이 잘못되는 악연을 참회하며 절합니다.
36. 어리석은 행동으로 악연이 될 수 있는 인연에게 참회하며 절합니다.
37. 집착하는 마음과 말과 행동을 참회하며 절합니다.
38. 내 눈으로 본 것만 옳다고 생각한 어리석음을 참회하며 절합니다.
39. 내 귀로 들은 것만 옳다고 생각한 어리석음을 참회하며 절합니다.
40. 내 코로 맡은 냄새만 옳다고 생각한 어리석음을 참회하며 절합니다.
41. 내 입으로 맛 본 것만 옳다고 생각한 어리석음을 참회하며 절합니다.
42. 내 몸으로 받은 느낌만 옳다고 생각한 어리석음을 참회하며 절합니다.
43. 내 생각만 옳다는 어리석음을 참회하며 절합니다.
44. 삼생의 모든 인연들을 위해 지극한 마음으로 참회하며 절합니다.
45. 내가 살고 있는 지구를 생각하지 않은 것을 참회하며 절합니다.
46. 세상의 공기를 더럽히며 살아 온 어리석음을 참회하며 절합니다.
47. 세상의 물을 더럽히며 살아 온 어리석음을 참회하며 절합니다.
48. 나만을 생각하여 하늘과 땅을 더럽히며 살아 온 어리석음을 참회하며 절합니다.
49. 나만을 생각하여 산과 바다를 더럽히며 살아 온 어리석음을 참회하며 절합니다.
50. 나만을 생각하여 꽃과 나무를 함부로 자르는 어리석음을 참회하며 절합니다.
51. 이 세상을 많고 적음으로 분별하며 살아온 죄를 참회하며 절합니다.
52. 이 세상을 높고 낮음으로 분별하며 살아온 죄를 참회하며 절합니다.
53. 이 세상을 좋고 나쁨으로 분별하며 살아온 죄를 참회하며 절합니다.
54. 이 세상을 옳고 그름으로 분별하며 살아온 죄를 참회하며 절합니다.
55. 병든 사람에 대한 자비심의 부족함을 참회하며 절합니다.

56. 슬픈 사람에 대한 자비심의 부족함을 참회하며 절합니다.
57. 가난한 사람에 대한 자비심의 부족함을 참회하며 절합니다.
58. 고집스러운 사람에 대한 자비심의 부족함을 참회하며 절합니다.
59. 외로운 사람에 대한 자비심의 부족함을 참회하며 절합니다.
60. 죄를 지은 사람에 대한 자비심의 부족함을 참회하며 절합니다.

- 감사[感謝]-

61. 부처님께 귀의하게 되어 감사한 마음으로 절합니다.
62. 부처님의 법에 귀의하게 되어 감사한 마음으로 절합니다.
63. 승가에 귀의하게 되어 감사한 마음으로 절합니다.
64. 모든 생명은 하나로 연결되어 있다는 것을 알게 되어 감사한 마음으로 절합니다.
65. 모든 생명은 소통과 교감이 이루어진다는 것을 알게 되어 감사한 마음으로 절합니다.
66. 모든 생명은 우주의 이치 속에서 살아간다는 것을 알게 되어 감사한 마음으로 절합니다.
67. 나와 남이 하나임을 알게 되어 감사한 마음으로 절합니다.
68. 세상의 아름다움을 알게 되어 감사한 마음으로 절합니다.
69. 생명들의 신비로움을 알게 되어 감사한 마음으로 절합니다.
70. 새 소리의 맑음을 알게 되어 감사한 마음으로 절합니다.
71. 바람 소리의 평화로움을 알게 되어 감사한 마음으로 절합니다.
72. 시냇물 소리의 시원함을 알게 되어 감사한 마음으로 절합니다.
73. 새싹들의 강인함을 알게 되어 감사한 마음으로 절합니다.
74. 무지개의 황홀함을 알게 되어 감사한 마음으로 절합니다.
75. 자연에 순응하면 몸과 마음이 편안하다는 것을 알게 되어 감사한 마

음으로 절합니다.

76. 자연이 생명 순환의 법칙이라는 것을 알게 되어 감사한 마음으로 절합니다.
77. 자연이 우리들의 스승이라는 것을 알게 되어 감사한 마음으로 절합니다.
78. 가장 큰 축복이 자비심이라는 것을 알게 되어 감사한 마음으로 절합니다.
79. 가장 큰 재앙이 미움, 원망이라는 것을 알게 되어 감사한 마음으로 절합니다.
80. 가장 큰 힘이 사랑이라는 것을 알게 되어 감사한 마음으로 절합니다.

– 발원[發願] –

81. 항상 부처님의 품 안에서 살기를 발원하며 절합니다.
82. 항상 부처님의 법속에서 살기를 발원하며 절합니다.
83. 항상 스님의 가르침을 따르기를 발원하며 절합니다.
84. 부처님. 저는 욕심을 내지 않기를 발원하며 절합니다.
85. 부처님. 저는 화내지 않기를 발원하며 절합니다.
86. 부처님. 저는 교만하지 않기를 발원하며 절합니다.
87. 부처님. 저는 시기하지 않기를 발원하며 절합니다.
88. 부처님. 저는 모진 말을 하지 않기를 발원하며 절합니다.
89. 부처님. 저는 거짓말 하지 않기를 발원하며 절합니다.
90. 부처님. 저는 남을 비방하지 않기를 발원하며 절합니다.
91. 부처님. 저는 남을 무시하지 않기를 발원하며 절합니다.
92. 부처님. 저는 남을 원망하지 않기를 발원하며 절합니다.
93. 부처님. 저는 매사에 겸손하기를 발원하며 절합니다.

94. 부처님. 저는 매사에 최선을 다하기를 발원하며 절합니다.
95. 부처님. 저는 매사에 정직하기를 발원하며 절합니다.
96. 부처님. 저는 매사에 긍정적이기를 발원하며 절합니다.
97. 부처님. 저는 자비로운 마음으로 살기를 발원하며 절합니다.
98. 부처님. 저는 맑고 밝은 마음 가지도록 발원하며 절합니다.
99. 부처님. 저는 모든 생명이 평화롭기를 발원하며 절합니다.
100. 부처님. 저는 이 세상에 전쟁이 없기를 발원하며 절합니다.
101. 부처님. 저는 이 세상에 가난이 없기를 발원하며 절합니다.
102. 부처님. 저는 이 세상에 질병이 없기를 발원하며 절합니다.
103. 부처님. 저는 보살행을 실천하며 살아가기를 발원하며 절합니다.
104. 부처님. 저는 반야지혜가 자라기를 발원하며 절합니다.
105. 부처님. 저는 수행하는 마음이 물러나지 않기를 발원하며 절합니다.
106. 부처님. 저는 선지식을 만날 수 있기를 발원하며 절합니다.
107. 부처님. 저는 이 세상에 부처님이 오시기를 발원하며 절합니다.
108. 부처님. 오늘 지은 이 인연 아낌없이 시방법계에 회향하며 절합니다.

계획과 실천의 지혜

내년부터는 운전을 배워야지, 봄부터는 승마를 시작해야지, 내달부터는 컴퓨터를 배울거야, 내주부터는 일기를 쓰고, 내일부터는 담배를 끊어야지 등.

우리나라 사람들 대다수는 계획을 잘 세우면서도 실천과정에서 중도에 그만두거나 아예 그 자체를 포기해 버리는 경향이 있다. 그럴 바에야 차라리 처음부터 계획을 세우지 말든지 그 시간에 다른 것을 하면 시간이라도 유용하게 쓸 수 있을 것인데 그것을 알면서도 실천에 옮기지 않는 일을 매년 계획만 세우고 또 세운다.

1년 계획은 매년 12월에 세우고 1월부터 실천하며 7월에 중간 결산을 한다. 중간결산에서는 '나는 그동안 올해의 계획을 제대로 실천하고 있는가?' 그리고 실천하고 있다면 '그동안 어느 정도 성과를 거두고 있는가?'를 체크해 볼 필요가 있다. 성과가 있다면 더욱 박차를 가해야겠지만 없을 경우에는 과감히 실천중단이나 방향전환을 해야 한다. 12월은 그 해 실천한 것에 대한 회의와 비판이 필요하며 성과에 따라 다음해의 계획에 참고토록 해야 한다.

계획에는 연 단위 계획이 가장 많지만 원래는 평생의 계획(목표)이 필요하다. '난 의사가 될거야' '난 사장이 될테야' '난 국회의원이 될거야' '난 교사가 될걸' 등 목표에 따라 계획을 세울 수 있다. 목표가 분명하면 10년 단위 계획을 세울 수도 있고 5년 단위로 끊어 세울 수도 있다. 그 다음 1년 단위, 계절단위, 월 단위, 주 단위, 하루하루의 계획으로 나눠 세워 나간다. 계획은 목표를 위한 것과 생노병사와 연관된 신변에 관한 계획이 많다.

나는 고등학교 진학할 때까지 남달리 잠이 많아 늘 꾸중을 들었다. 학교 갔다 집에 와서 저녁을 먹고 나면 하품이 시작됐고 책을 펴면 어느새 잠이 들고 만다. 아침이 되고 학교에서 수업시간에도 졸아 선생님들한테 군밤을 맞기도 했고 버스에서 잠이 들어 종점까지 가는 일도 여러 번 있었다.

그래서 나는 병원에도 가보고 어른들에게 이끌려 심리학 교수에게 상담도 받았다. 그런데 이상한 일은 고등학교 1학년 가을, 친구의 집에 가서 쓰러져 자다 친구의 형으로부터 모진 매를 맞고 난후부터는 철저한 계획과 실천으로 잠이 점차 없어지기 시작했다.

친구형의 권유로 난 벤쟈민 플랭클린과 나폴레옹 전기를 읽게 됐다. 이를 통해 '젊었을 때 시간을 아껴쓰는 사람만이 미래에 만족할 수 있다'는 것과 잠을 4시간만 자도 된다는 충격적 사실을 깨달았다. 8시간 이상을 자야만 되던 나의 의지를 4시간으로 만들게끔 일깨워준 것이다.

매일 4시간만 잔다는 것 그것은 견디기 어려운 고통이었다. 낮엔 머리가 멍해졌고 꿈속에서 허우적대는 생활 같았다. 그러길 서너 달, 나는 새벽 2시에 정확히 잠자리에 들고 6시에 자리를 박차고 일어나는 습관이 몸에 베어버렸다. 고1 겨울부터 굳어진 나의 이 습관은 나에게 많은 시간을 유용하게 쓰도록 만들어줬고 이젠 잠을 많이 잘 수도, 그렇다고 적게 잘 수도 없게 만들어 버렸다.

또 하나의 변화는 잠이 많았을 때는 꿈도 많았는데 잠을 줄이면서 꿈도 사라져 버린다는 점과 평생 불면증에 시달리는 일도 있을 수 없고 뚱보가 되는 일도 없다는 것이다. 어른들이 젊었을 때 꿈이 많아야 한다고들 말하는데 내 생각엔 꿈이 없어야 한다고 본다.

꿈을 많이 꾸는 사람 대부분은 잠꾸러기나 아니면 생각이 많아 잠을 잘 못자는 사람들이다. 잠 많은 사람이 4시간만 자기로 계획하고 실천하기란 무척 어려운 것이다. 그러나 끝내 이겨내야겠다고 결심하고 10일에 20분씩 줄여나간다면 6개월 전후로 4시간대로 잠자는 시간이 만들어질 것이다.

이렇게 몇십년 실천하고 나면 그 뒤에 결과는 기대 이상으로 오를 것이다. 내 나이 70이 넘었는데도 새벽 2시에 잠자리에 들고 6시에 일어난다. 그나마도 시간이 아까워 50대부터 60대까지는 매주 금요일은 꼬박 밤을 세워왔다. 간혹 의사들이 사람은 8시간 자야한다고 하는 소릴 듣곤하는데 잘못된 견해로 난 들리곤 한다.

일생에 있어 자기 목표를 세우면 이에 필요한 요소를 그때그때 세우고 실천으로 반드시 옮긴다는 것, 이것은 분명 미래를 밝게 해준다. 그러나 자기 분수에 넘치거나 허황된 계획은 실천이 어렵고 실천해도 나쁜 결과만 가져온다. 쓸데없는 계획은 애당초 세우지도 말고 실천도 말일이다.

인생 100년이라고 하지만 짧은 것이다. 시간을 낭비하지 말아야 한다. 심사숙고해 계획을 짜고 철저히 실천해 나간다면 이룩하지 못할 일이 있을까?

말 한마디라도 가려서 하자

라코닉(laconic)이란 말은 '말이 없다' 는 뜻이다. 이 말의 어원은 멀리 그리스에서부터 시작됐다. 그리스의 라코니아(Laconia)라는 지방 사람들은 말이 없기로 유명했다. 아테네의 어느 수다스런 젊은이가 라코니아에 구경을 갔다가 농부를 만났다. 그는 짓궂게 쓸데없는 잔소리를 농부에게 지껄였으나 농부는 아무런 반응을 보이지 않고 일만하고 있었다.

아테네 청년은 어디 네가 견디나 해보자는 식으로 쉬지 않고 떠들다가 "라코니아에서 제일 유명한 사람이 누구요?"라고 물었다. 그랬더니 농부는 한마디로 응수했다. "바로 당신같지 않은 사람이요"라고 했다. 그 후부터 '라코닉' 이란 말은 '말이 없는' 이란 뜻이 돼버렸다는 것이다. 그리스 속담에 '침묵은 금이요, 웅변은 은이다' 라고 하는 것을 보면 아테네 사람은 퍽 말이 많았던 모양이다.

우리나라 초등학교 벌칙에 선생이 학생들을 벌줄 때 곧잘 '잠자코 서있어!' 하고 한쪽 귀퉁이에 몰아세워 두는 걸 봐왔다. 아이들은 말하지 않고는 못 배기는 성질을 가지고 있어 학생은 곧 당황하게 되고 울음을 터뜨린다.

이는 아동들의 생리적 현상과 본능적 충동을 파악해 만든 체벌이라고 할 수 있다. 이런 체벌은 없앴다고 하지만 초등학교에서 '말하는 말' 의 교육은 아직도 시키지 않고 예전처럼 '익히기 위한 말' 의 교육만 그대로 시행하고 있다. 그러나 선진국에서는 중등교육까지 국어교육은 '말하는 말' 의 교육, 즉 스피치 교육이 필수과목이 돼 있다.

사회가 복잡해지고 시청각을 자극하는 요소들이 예전의 몇 배로 늘어났다. 보고 듣는 것이 날이 갈수록 정화된 것 보다는 자극적 · 충격적인 것에 노출돼 왔다. 청소년들의 우리말 교육이 엉망이 돼 가고 있다. 그런데 우리말도 제대로 구사하지 못하는데 학동들에게 외국어를 익히게 하는 시간을 소모한다. 딱한 일이며 생각 좀 해볼 일이다.

'말하는 말' 에 가장 잘 훈련된 사람은 배우나 성우, 그리고 가르치는 직업을 가진 사람들이며, '쓰여진 말' 에 익숙한 사람은 작가들이다. 이들은 앉아서 이 사람, 저 사람의 말을 글로써 창조해 나가는 사람들이기 때문에 말 한마디 한마디가 잘 정돈돼 있다. 농아인들의 '수화' 를 제외한 '말하는 말'과 '쓰여진 말'을 관찰해 보면 말은 직업에 따라 다양하게 나타나며 특히 가정과 사회 환경이 크게 영향을 미치는 것으로 보인다.

인간은 말로써 자신을 표현하기 때문에 말은 성격과 밀접한 관계를 가지고 있다. 따라서 훌륭한 말은 크로티스의 말 같이 "대지를 비추는 번개모양으로 인물들의 성격을 비추는 것"이 말인 것이다.

일찍이 셰익스피어도 '햄릿'을 통해 "그것은 스스로의 마음을 스승으로 해 동작에는 대사를 합하고 대사에는 동작을 합하는 것이 좋다"고 했다.

모든 말은 말하는 이의 심리적 동작과 육체적 동작이 상호연관 돼있는 것이다. 그래서 행실이 바른 사람은 말이 바르고 행실이 바르지 못한 사람은 말까지 바르지 못한 것이다. 군인이나 경찰의 말투, 승려나 목사의 말투, 교사나 의사의 말투, 상인과 농사꾼의 말은 모두 직업적인 어투가 배어있다. 그러나 직업에 관계없이 항용하는 말 한마디 한마디에 주의를 기울인다면 말은 많이 순화, 정돈될 것이다.

얼마 전 말을 직업으로 하는 사람의 방을 찾은 적이 있었다. 그의 책상머리에는 말 한마디가 얼마나 중요한가를 이렇게 써 붙여놓고 있었다.

"부주의한 말 한마디가 싸움의 불씨가 되고, 잔인한 말 한마디가 삶을 파괴한다. 쓰디 쓴 말 한마디가 증오의 씨를 뿌리고 무례한 말 한마디가 사랑의 불을 끈다. 은혜의 말한마디가 길을 평탄케 하고 즐거운 말 한마디가 하루를 빛나게 한다. 때에 맞는 말 한마디가 긴장을 풀어주고, 사랑의 말 한마디가 축복을 준다"라고.

깨달음의 길

이 세상에는 깨달음(앎)의 길로 나가는데 이룩하기 어려운 경우가 얼마든지 있다.

① 좋은 걸 보고 갖고 싶어 하지 않기란 어렵다.

② 권세를 쥐고 있으면서 세도를 부리지 않기란 어렵다.

③ 모욕당하고 성내지 않기란 어렵다.

④ 미숙한 이를 깔보지 않기란 어렵다.

⑤ 자만심을 없애기란 어렵다.

⑥ 환경에 따라 변하지 않기란 어렵다.

⑦ 마음을 항상 편안하게 갖기란 어렵다.

⑧ 성욕을 억누르고 참기란 어렵다.

⑨ 시비를 걸어와도 말려들지 않기란 어렵다 등. 이런 어려움을 극복하려면 어떻게 해야 할까? 그것은 깨달음의 길로 들어서야 한다. 깨달음을 얻으려면 계율과 마음의 통일 그리고 지혜, 이 세 가지를 터득하고 지켜나간다면 깨달음의 길로 들어 설 수 있다고 본다. 이를 불교에서는 삼학(三學)이라 말하고 이 학문을 계학(戒學), 정학(定學), 혜학(慧學)이라 일컫고 있다.

계(戒)란 무엇인가? 불교나 기독교 등에서 사람이면 누구나 지켜야 할 덕목을 의미한다. 이를테면 살생, 도둑질, 간음, 거짓말, 이간질, 멸시하는 말, 실없고 잡된 말, 탐욕, 노여움, 사견(邪見) 등을 금해야 한다는 것이다. 마음의 통일은 탐욕을 떠나고 악을 떠나서 처음 마음의 안정을 도모하는 일이다.

그리고 지혜란 '고뇌가 이것이다' 라고 아는 것, '고뇌의 원인을 이것이다' 라고 아는 것, '고뇌의 소멸에 이르는 진리의 길이 이것이다' 라고 아는 것 등 세 가지를 아는 것이다.

이 삼학은 농부가 가을에 가서 수확을 하기 위하여 우선 봄에 밭을 갈아 씨앗을 뿌리고 물을 주고 잡초를 뽑고 김을 매주어 기르듯이 깨달음을 찾는 사람은 서두르지 않고 배워나가지 않으면 안된다.

농부가 오늘 씨를 뿌리고 오늘 중 싹이 터서 내일이면 그 싹이 나오고 모래면 베어들일 수 있게 해 달란다고 그것은 되지 않는 것처럼 깨달음도 오늘 중에 번뇌를 떠나고 내일 중에 집착을 없애고 모래가 되면 깨달음을 얻는다는 생각은 말아야 할 것이다. 씨앗을 뿌린 뒤 그 씨앗은 어려운 고생과 계절의 변화를 힘입고서야 싹이 트고 그런 뒤 갖은 품이 들어간 후에야 열매를 맺는 것이다.

이와 같이 깨달음을 얻는 것도 계를 지키고 마음의 통일과 지혜의 삼학을 배우는 가운데 차츰 번뇌와 집착을 떠나게 되면서 어렵게 깨달음이 오게 되는 것이다.

이 세상 영화를 동경하고 애욕과 향락으로 마음이 문란해 있으면서 깨달음의 길로 들려함은 지극히 어려운 것이다. 그러니까 깨달음의 길로 가려면 마음부터 고쳐먹어야 한다. 마음이 세상의 온갖 유혹에 끌리게 되면 미혹과 고뇌가 생겨난다. 마음을 깨끗이 지니고 계를 철저히 지키고 마음의 통일을 얻게 되면 지혜가 밝게 트이는 것이다. 이 지혜가 사람을 깨달음으로 이끌어 주는 것이다.

사람들은 삼학을 익히지 않기 때문에 오랫동안 혼미를 거듭하여 오고 있는 것이다. 깨달음이 온 사람이라야 사물을 바르게 보고 바르게 생각하며 바르게 말하고 바르게 행동하며 바르게 노력하고 바르게 기억하며 바르게 마음을 갖게 되고 바르게 살아가게 되는 것이다.

이렇게 바른 길로 가는 사람에게 있어서는 좋은 걸 보고도 갖고 싶은 마음이 생기지 않으며 권세를 쥐고도 사리사욕과 멀어지며 모욕을 당하고도 성내지 않게 되며 미숙한 이를 더욱 우러러 보며 자만심이 있을 수 없게 된다. 그리고 환경에 따라 적응할 수 있는 능력이 배양되고 마음을 항상 편안히 가질 수 있고 애욕을 견뎌내며 어떠한 시비에도 말려들지 않는 사람이 될 수 있는 것이다.

'나'는 누구인가 판단하라

'나'는 '내'가 아닐 수도 있다.

'나'는 부모 아무개의 자식이며 그 몇째 아들이며 몇째 딸이다.

'내'가 어느날 어느 때에 어디에서 태어나 어디에서 어떤 환경의 집에서 자랐느냐 하는 것은 '내' 자신의 의사에 의해 결정된 것은 없다.

'나'는 이렇지 않을 수도 있었으나 이렇게 되었다.

'내'가 오늘 이와 같은 모양으로 있게 된 것이 모두

'나'와 '남'과의 관계 속에서 이루어진 것이다.

'내'가 '남' 또는 '다른 것'으로부터 이루어진 것이다.

'내'가 '남' 또는 '다른 것'으로 받은 작용보다도 더 적극적으로

'남' 또는 '다른 것'에 대해 작용을 가했다면

'나'란 보다 더 뚜렷한 '나'의 존재를 드러냈다고 할 수 있을 것이다. 그러나

'나'와 '남' 또는 '다른 것'과의 관계가 뚜렷하지 못할 때

'내'가 아무리 적극적으로 그 존재를 드러냈다고 해도 그

'나'의 존재는 자유로운 존재일 수 없는 것이다. 그러니까

'인간'이라는 직업은 자유로운 존재가 아닌 변형될 수 있는 가능성

을 지녔을 뿐이다.

그리스 말에 "만일 그대가 '나'를 울리려면 그대 먼저 울어야 한다"고 했다. 주변 사람들을 울리려면 '내'가 우선 울어야 한다는 것이다.

'내'가 '나' 아닌 사람의 분장을 하고 '내'가 '나' 아닌 행동을 해야 하는 것이다.

사람은 '나' 아닌 제3자의 '누구'로도 변신할 수 있는 능력을 몸에 갖춘 것을 의미한다.

그러나 사람은 '누구'나 날 때부터 드라마틱한 인간 특유의 본능을 타고났으므로 '누구'나 앞에 나서길 좋아한다. 이런 점은 전문적인 사람흉내를 내는 직업인이 아니라도 일상생활에 있어 얼마든지 볼 수 있는 것이다.

학창시절 학예회에 뽑혔다고 해서 장래를 촉망할 수 있는 명배우의 소질이나 천품이 있는 것이라고 속단하는 것은 지극히 위험하다.

루소는 개를 통해 "여기에 두 마리의 개가 있다. 두 마리는 같은 배로부터 나서 같은 곳에서, 같은 어미에게 같은 교육을 받았다. 그럼에도 불구하고 한 마리는 영리하고 민첩하나 다른 한 마리는 치졸하고 우둔하다. 이것은 전혀 날 때부터 그렇게 되어진 것이다."라고 했다.

이것은 사람의 경우도 마찬가지다. 같은 아버지, 어머니에게서 태어났는데도 형제가 다른 경우는 얼마든지 주변에서 볼 수 있는 것이다.

페스탈로치도 말의 예를 들고 있다.

"망아지 두 마리가 있다. 한 마리는 욕심 많은 사람이 끌고 가서 그 사람은 일찍부터 고된 일만 시켜서 돈을 모은 까닭에 태마가 되었다. 그런데 한 마리는 슬기로운 사람이 끌고 가서 교육을 하였기에 천리를 달리는 준마가 되었다"고 말했다. 대조해보면 퍽 흥미롭다. 사람의 경우도 마찬가지다. 같은 부모에게서 태어났지만 환경과 교육을 어떻게 받았느냐에 따라 많이 달라지는 경우를 우리들은 주변에서 얼마든지 발견할 수 있는 것이다.

일찍이 볼라슬랍스키는 『연기에 대한 대화』에서

지망생=선생님, 연극을 가르치신다고 들었는데요.

나=아니, 천만에요. 연극은 가르칠 수 없습니다. 예술을 지닌다는 것은 재능을 지닌다는 것입니다. 그렇다고 누구나 그것을 지니고 태어나는 것은 아닙니다. 당신은 노력하여 그것을 발달시킬 수 있어도 재능을 만들어낼 수는 없습니다

라고 밝혔다. 이는 사람이 살아가는데 있어서 기술의 습득은 가능해도 그 소질이나 재능은 기를 수 없다는 것을 잘 증명해준다.

그렇다면 '나' 는 어떻게 타고 난 것일까?

나이값 소용없다. 150까지 살아라

'호모헌드레드' 라는 말이 있다. 인류 최초의 조상을 '호모사피엔스' 라 부르게 된것에 착안하여 UN이 2009년 보고서에서 100세까지의 장수가 보편화되는 시대를 지칭하여 만들어진 신조어이다.

보고서는 평균수명이 80세를 넘는 국가가 2000년엔 6개국이었지만 2020년에는 31개국으로 급증한다고 밝히고 있다. 호모헌드레드시대의 첫주자는 1970년대생부터 해당될 조짐이다. 현재 40여세부터는 가능하다는 얘기다.

100세가 아니라 150세까지 산다니까 미친놈이라고 여길지 모른다. 그러나 그것은 앞에서도 밝힌바 있지만 마음 먹기에 달려 있는 것이다.

특례이긴 하지만 영국의 토마스 파는 152세까지 살았다. 이 기록은 웨스터민스터 사원 묘지에 적혀있는 그대로이다. 위스키 '올드 파'의 표지 모델이 바로 그이다. 토마스 파의 장수비결은 철저한 금욕생활과 채식위주의 식사. 그리고 적절한 노동, 소박한 시골생활임이 밝혀졌다.

찰스 1세가 궁으로 초대받아 산해진미를 먹지 않았더라면 그는 몇 십년을 더 살았을지 모른다고 전해지기도 한다. 또 당대 최고의 해부학자 윌리엄 하베가 토마스 파가 죽은 후 몸을 열어보니 그는 120세의 장기를 지니고 있어 감탄했다고 한다. 토마스 파는 152세까지 살았는데도 가능하지 않다고 보는가?

중국 전한시대 동방석은 저승사자를 잘 대접하여 삼천갑자 즉 18만년을 살았다고 하며, 성경의 인물은 900세를 살았는데 노아는 500살된 후에 셈과 야벳을 낳았다는 기록(창세기5장)이 있다. 그런데다 옛 "비결"에는 '인간은 원래 죽지 않는다'는 구절도 나온다. 수명은 수명을 다한 세포가 즉시 새로운 세포로 교체되면 불로장생이 가능하다는 것이다. 죽은 세포가 해체되지 않고 눌러붙어 있는것은 그 사람 마음이 닫혀있기 때문이다. 마음이 닫히면 몸도 막히기 때문이다.

인간의 몸을 조성하는 원소는 1년 내내 98%가 교체된다고 한다. 그런데도 확 몸이 달라지지 않는 것은 고정된 생각탓이다. 그 고착된 생각과 진동수가 맞는 패러다임은 바뀌지 않는다. 생로병사에 내 달리면 그 틀에서 못벗어 나는 것이다.

우리나라에서 가장 많이 읽혀 온 허준의 『동의보감』 초반에는 100세까지의 삶을 잘 표현한 글이 있는데 사람들은 치료에 관심이 많아 이 글을 기억하지 못하고 있다.

"소문에 이르기를 황제가 내가 듣기에는 상고시대의 사람은 모두 100세까지 살아도 동작이 느려지거나 쇠약해지지 않았다고 한다. 그런데 지금시대의 사람들은 반백(50세)만 되면 동작이 모두 느려지거나 쇠약해 지는데 이것은 시대의 차이에 의한 것인가, 그렇지 않으면 사람들이 섭생을 잘못한데 있는가" 라고 물었다.

기백이 "상고시대의 사람들은 양생하는 도리를 알았기 때문에 음양의 이치에 잘 순응했고 몸을 단련하는 방법에 능숙하며 음식도 절도 있게 먹고 일상 생활도 규칙적으로 하였다. 또한 과도하지 않았기 때문에 몸과 정신이 건장해져 100살 까지 살 수 있었다. 그러나 지금 시대의 사람들은 그렇지 못하다. 그것은 술을 물 마시듯 하고 취한 상태에서 성생활을 과도히 하여 정액을 죽어들게 함으로써 그 기운을 간직해 두지 못하고, 또 아무 때나 성적 만족만을 추구하며 밀실 생활에서 절도가 없기 때문이다. 그래서 50살이 되면 쇠약해진다"라고 대답하였다.

위의 인용에서 보면 소문은 중국의 옛 의학서 [황제내경소문]을 말하며 황제란 중국삼황오제에서 오제중 한명인 황제 헌원씨를 말하고 기백은 그 시대의 현자였다.

천여년 전에 씌여진 내용임에도 지금 우리의 실상과 너무나 같지 않은가? 과도한 음주,부적절한 성생활,지나친 과로와 불규칙한 생활등이 너무나 지금 상황과 맞아 떨어진다.

작년 이맘때 SBS는 [다가온 백세시대 짙게 드리운 노인대국의 그늘]이란 기사를 내보낸 바 있다. 노인문제를 다루기에 관심을 갖고 보았는데 그 내용은 출산률은 낮아지고 평균 수명은 길어지는데 고령사회를 짊어져야 할 국가와 젊은이들의 부담, 노령화에 따른 질병의 문제점을 지적하고 2030년에는 65세 이상의 인구가 24%이상을 차지하는 초고령 사회가 현실이 된다는 것이 골자로 보도되었다.

100세 사는게 축복이 아니라 그 시간을 어찌 보낼것인가를 고민해야 할 시점이 된 것이다. 이는 이에 직면한 노인뿐 아니라 젊은층까지 준비과정이 절대로 필요한 시점이라는 생각을 일깨워 주었다. 그럼 이를 중심으로 몇가지 문제를 거론해본다.

우선 직업문제이다. 직업에는 상하나 귀천이 있을 수 없다고 여겨야 한다. 대학 나왔다고 사무실에 앉아 있는 직업만 선호해선 안된다. 변호사를 하던 사람이 농사를 짓고 대학교수를 하던 이가 수위노릇을 하면 어떤가? 60세에 퇴직한 사람은 앞으로 40년을 더 살아야 하니까 퇴직 이후에도 계속 공부하여 자기개발에 힘써야겠다. 홈페이지 만들어 자신의 기억을 저장하고 인터넷을 찾아 새로운 관심분야에 대해 계속 추구해 나가는 일도 게을리 해서는 안될 것이다. 150세 시대에는 나이 4.50인데 장래를 포기해서는 안된다. 이제 새로 시작해도 10년 고생하면 무엇이건 안될 일이 있겠는가? 60에 정년하고 시작해도 되지 말라는 법은 없지 않는가?

둘째. 가족관계이다. 대학까지 공부시켰으면 더 이상 뒷바라지 할 필요는 없다. 젊은이들은 서양식 관념에 사로잡혀 있어 부모들 봉양은 뒷전이다. 따라서 노인이면 자식 도움받을 생각말고 스스로 자기 일에 만전을 기울여야 한다. 서로 의존하다 보면 창조력도 지구력도 사라져 상호 그르칠 우려가 많기 때문이다.

노인에 걸맞지 않더라도 한번 시도해 봄직한 일이 우리 주변엔 너무나 많다. 어차피 노인개념도 바뀌었으니 젊었을때 하고 싶던 일 취미로 하던 일에서 하고 싶은 일을 찾아내자. 70에 로스쿨에 도전하고 외국어 공부를 시작하고 미술, 시창작, 사진촬영등 얼마든지 있다. 건강하다면 풍부한 사회경험이 더 유리할 수 있다.

셋째. 뜻을 같이하는 사람끼리의 연대하는 방법이 필요하다. 나이들면 노인들끼리만 살게 된다. 따라서 주변과 또는 동일한 직종을 가진 사람끼리 유대해 사는 법이다. 가장 좋은 방법은 마을회관을 숙박하는 곳으로 삼고 밤에는 함께 대화하며 지내고 낮엔 집으로 출근하여 일을 하는 것도 좋은 방편이다. 그곳에는 성공한 사람 실패한 사람들이 모이니 이들을 통해 용기를 얻을수도 있다. 다른사람에게 용기를 줄수도 있는 것이다. 어떤것이든 먼저 시작하는 사람은 더 많이 노하우를 갖게 되고 나중에 시작하는 사람들보다 먼저 노하우를 갖게 된다.

하지만 그렇다고 먼저 시작한 사람이 항상 앞서 갈 수 있는 것은 아니다. 그렇다고 뒤따라가는 사람이 앞지를 수 없는 것도 아니다. 앞질러 가는 것만이 능사가 아닌 경우가 더 많다. 성공의 척도는 속도가 아니라 방향이라는 말도 있다. 나이 많다고 먼저 죽는 것도 아니듯 세상의 모든 일도 늦게 시작했다 해서 빛을 발할 수 없는 것은 아니다.

넷째. 나이값이 아니라 인격이다. 우리는 아직도 나이에 관한 편견이 심하다. 어린시절부터 "몇 살되었으니 ○○ 하게 행동해야지"하는 말을 들으면서 자랐다. 그러다 보니 특정한 나이가 되면 그 나이에 맞는 행동이 존재하는것처럼 인식한다. 이것을 '나이값' 이라 부른다. 나이들어도 젊은 사람들의 문화를 그들보다 더 잘 흡수할 수 있으며, 이해심 깊고 더 넓은 시야를 갖고 있을수도 있다. 나이가 그 사람을 좌우하는 것이 아니라 인격이 그 사람을 좌우하는 것이기 때문이다.

친구다운 친구

친구를 자기 가족보다 더 깊이 사귀는 사람들, 그런 사람이 세상에 빛을 낸 것을 많이 봤다.

스타니슬랍스키(러시아 연출가)는 단첸코란 선배와 깊은 관계를 맺었기에 모스크바 예술극장을 세계적으로 명성을 날리게 했으며 안톤 체홉(러시아 작가)도 스타니슬랍스키를 만나지 않았다면 명작가가 될 수 없었을 것이다. 에리아 카잔이란 연출가를 만나지 않았다면 테네시 윌리엄스가 미국의 유명한 극작가가 되었을까?

유치진의 곁에는 그림자처럼 이해랑이 따라다녔고 이해랑은 김동원이 단짝이었기에 각기 연출、연기자로 각광을 받을 수 있었다. 뚱뚱이 양훈에게는 홀쭉이 양석천이 있었기에 둘은 코미디언으로 성공할 수 있었고 전무송은 이호재가 있었기에 70세가 넘어서까지 각광을 받고 있지 않는가?

옛 중국의 고화(古話)에 낭패(狼狽)라는 동물이 있었다. 이 동물은 두 마리가 떨어져서는 살 수 없었고 꼭 붙어서 살아야만 했다. 그래서 사람들은 무엇이 꼭 있어야 할 때 없으면 '우리는 낭패를 봤다' 라고 말하게 됐다.

세상을 살아가는데는 많은 사람들과 사귀지만 꼭 한 사람의 우정을 나눌 진정한 친구가 옆에 있어주는 것이 필요하다. 자기의 분신처럼 낭패처럼 옆에서 걱정도 해주고 따갑게 역정과 격려를 해주는 그런 친구라야 한다.

이런 대상을 어릴 땐 '단짝' 이라고 불렀다. 일생을 살아가는 동안 어릴 때의 단짝이 계속 유지될 수도 있지만 고학년으로 오르면서 단짝이 바뀌기 때문에 어떤 단짝을 사귀었느냐가 중요한 것이다. 사회에 나와서는 동업자끼리 진정한 친구가 마련되는데 이 경우는 둘 사이가 학교 동기거나 동향인 경우가 많다.

이 글을 읽는 분들도 가만히 지난 날을 생각해보면 거의 이런 과정을 거쳐 왔고 지금도 진정한 친구나 단짝은 분명히 주변에 있을 것이다. 그러나 단짝 친구는 어린시절부터 고등학교까지는 부모、형제의 간섭이 필요하다. 단짝을 잘못 사겨 낭패를 보는 경우도 종종 볼 수 있기 때문이다.

성인이 되어서도 단짝은 어떤 때는 적과 같이 경쟁을 하기도 하지만 서로 위로하고 격려하면서 살아가는 경우가 많은 까닭에 형제、자매보다도 상호간 더 가깝고 크게 도움이 된다. 이때 서로 모함、시기하고 결별하게 되면 그 다음에 진정한 친구를 갖기란 어려운 것이기 때문에 서로 주의를 해야 한다.

나이를 먹어 늙어서 홀로 되면 외롭기 이를데 없다. 나이를 들어서는 계속 진정한 친구가 있어줘야 삶에 용기가 움솟고 보람을 느끼게 되는 것이다.

친구다운 친구는 가족보다 더 가까운 관계이기 때문에 간혹 오해를 낳기도 한다. 그러나 친구는 친구이고 가족은 가족으로서 공존해야 하는 것이다. 훌륭한 친구를 갖는 것이 훌륭한 가족을 가진 것보다 더 유리하다. 훌륭한 가족을 가진 사람은 가정은 화목한데 이름 난 사람이 드물며 훌륭한 친구를 가진 사람은 유명해진 경우가 많다. 그래서 훌륭한 친구가 없는 경우 '낭패를 봤다' 고 하는지 모른다.

낭패는 떨어져서는 못 살지만 단짝이나 진정한 친구는 떨어져 있어도 가능하다는 것을 우리는 주변에서 종종 느낄 수 있다. 친구가 군입대했을 때, 친구가 전근을 간 경우, 친구가 시집을 간 경우 등 분명히 둘은 떨어져 있는데 마음은 늘 함께하는 까닭이다.

지금은 고인이 되었지만 동덕여대 조상기 학장으로부터 『빈들에 내린 어둠』이란 시집을 받은 적이 있다. 항시 책을 받으면 즉시 '서문' 과 뒤에 있는 '작품해설' 을 읽는데 이 책의 해설은 그냥 지나칠 수 없는 글이 실려 있었다.

"난 언제나 바다 건너 서울쪽을 생각하면… 그를 먼저 떠올린다. 실제로 그는 서울에, 나는 제주에 떨어져 살고 있으면서도 형제처럼 지내왔다. 아니 형제처럼이라는 수식어로는 부족할는지 모른다. 그 이상이라고 말해야 옳을 것이다. 그는 언제나 내가 서울에 올라갈 때쯤이면 용케도 전화를 걸어왔고 서울에 도착한 나는 80세를 바라보시는 내 노모나 동생들보다 그를 먼저 만났다. 그 바람에 내 둘째동생으로부터 '형님은 친구를 보러 서울에 올라오시는 것이요 우리를 보러 오는 것이요?' 라고 불평을 한 적이 있다"

친구를 자기 가족보다 깊이 사귀는 사람들, 그런 사람이 어찌 이들뿐이랴만.

이들을 통해 진정한 친구란 마음만 함께 한다면 시간과 공간을 추월할 수 있다는 것을 알 수 있다.

나에게는 단짝이 있었던가? 나에겐 지금 진정한 친구가 있는가? 없다면 나의 삶을 윤택하게 하기 위해 단짝, 진정한 친구, 친구다운 친구를 갖도록 노력해야겠다.

2 바르게 보는 생활

우리는 어디서 나서 어디로 가는가

내가 이런 문제를 던지니 철학이나 종교이야기를 하려느냐는 질문을 던질 수 있다. 허나 내가 이야기하려는 것은 철학도 종교이야기도 아니다. 그냥 우리들 주변을 돌이켜 보고 싶은 충동에서 그냥 던진 문제이다.

'어디서 태어났느냐?' 는 우리에게 주어진 환경이다. '어디로 가느냐?' 는 우리들의 삶, 곧 인생이라고 여기면 될 것이다.

어느 나라, 어느 도, 어떤 동네에서 태어났는가는 매우 중요한 것이다. 그곳에서 성장하면서 우리는 환경에 적응하게 되는 것이다. 지역을 이동해 살려면 배탈이 나거나 온갖 질병에 시달리는 이유는 환경의 부조화 때문인 것이다. 땅과 물, 기후를 비롯해 집과 정원, 나무, 풀 그리고 가족과 마을 구성원, 밤낮과 계절과 일진의 변화는 우리의 생활습관을 만들어 내는 것이다. 그것은 사람 뿐 아니라 동식물도 같은 현상이 나타난다. 우리가 먹는 음식가운데는 독이 되는 것도 있고 약이 되는 것도 있다. 독이냐 약이냐는 우리 조상들이 살아오면서 터득한 것인데 요즘 사람들은 깊이 알려고 들지 않아 기억에 없는 것이다.

같은 음식이라도 어떤 이는 먹으면 독이 되는데 어떤 이는 약이 되는 경우도 있다. 인간은 타고 나면서 각각 나름의 체질을 가지고 타고 나는 까닭이다. 내가 서울을 떠나 남해에 와서 살면서 늘 먹게 되는 것이 해산물이었다. 처음에는 그런대로 별미로 먹을 수 있었지만 차츰 멀리 대하게 되더니 요즘은 적응이 되었는지 잘 먹게 되었다. 환경적응 하는데 1년 이상이 걸린 셈이다.

남해에 와서 1년 여 동안 물과 음식을 바꿔 먹으니 몸이 마르게 되었다. 주변에서는 병이 있는 게 아니냐고 묻는 이도 있었다. 욕탕에 가서 몸무게를 체크하니 2kg 오르내리던 것이 5kg이나 빠져 있었다. 난 원인을 찾고자 노력했다.

남해에 오니 인삼제품이 많이 들어왔다. 서울에서 남해 오는 고속버스를 타면 금산휴게소에서 휴식을 취하는 까닭에 대다수 나를 찾는 방문객은 의례 인사치레로 인삼제품을 사오고 있는 것이다. 난 몸도 마르고 하여 들어오는 대로 먹어치웠다.

그러나 인삼제품을 아무리 먹어도 효과가 없다는 걸 느꼈다. 서울에 있을 때 몸보신하라고 선사한 녹각이 든 약 제품을 들고 머리가 아파오더니 머리털이 빠져 들던 것을 중단한 일이 새록새록 머리를 스치고 지나갔다. 인삼제품들도 필시 나의 몸에는 아무런 영향을 주지 않는다는 걸 느끼게 되었다. 인삼도 녹용과 같이 내 체질에는 맞지 않는다는 걸 절감했다. 결국 난 독을 들어온 셈이다. 그 후부터 인삼제품이 들어오면 주변사람들에게 모두 나누어 주고 있다.

하여간 몸이 약해졌다는 소식을 전해들은 친지들이 급히 남해까지 대체의학자 조대일 선생을 방문케 했다. 여름철 휴가 겸 방문한 조선생은 「공평의학식 체질과 적성식이요법」이란 요지문이 담긴 용지를 내놓고는 혈액형이 무어냐고 묻고 뜸을 심장부위에 몇 차례 반복해 놓고는 약초로 만든 환이 든 봉투를 네 개 주며 그 곳에 쓰인 대로 들라고 했다.

다음날 조선생이 귀경하고 용지를 자세히 보니 A형과 B형은 인삼, 꿀, 녹용, 녹각, 녹혈, 화분, 로얄제리, 복어, 염소, 양, 사슴, 소주, 양주 빼갈, 오가피, 소고기가 적성인데 반해 O형과 AB형에겐 부적성 음식이라는 사실이 기록되어 있었다.

소고기보다 돼지고기를 좋아했고 녹용과 인삼제품이 안 받는 나의 체질을 조선생은 정확히 짚고 있었던 것이다. 그럼 나에게 적성음식이란 어떤 것이 어울리는가 확인하니 생수, 냉수, 야채즙, 과일즙, 보리, 밀, 메밀, 결명자, 케일, 개, 오리, 가물치, 맥주, 막걸리, 와인, 커피, 홍차, 녹차, 알로에, 팥, 오징어, 문어, 낙지, 한치, 게 등이 적성음식(A형, B형의 경우 부적성음식)이라는 걸 머리에 인식해 두었다.

조선생이 상경하고 그 분이 시키는 대로 봉지에 든 환제를 꼭 지켜 먹었고 뜸을 지난 해 여름내내 같은 자리에 떴다. 그랬더니 예전 체중으로 돌아왔고 컨디션은 예전보다 더 좋아졌다.

나는 「공평의학식 체질과 적성식이요법」이란 요지문을 많이 복사해 놓고 내가 사는 마을 할머니, 할아버지들에게 나누어 주고 있다. 얼마나 많은 이들이 약이 아닌 독을 들고 있거나 아무런 도움이 안 되는 음식을 들고 있는가? 음식은 가려먹지 말아야 한다고 어른들은 말하고 있는데 잘못 가르치는 것이다. 음식은 가려서 먹어야 한다.

인간은 어디서 나서 어디로 가는가, 우리들이 살아가는데 있어 닥치는 장애(수난)를 극복하는 방법을 또 하나 배운 것이다. 계속 닥쳐오는 장애(수난)를 극복해 나가는 것이 인생(삶)일진대, 이제 나에겐 어떤 장애가 또 닥칠까? 그리고 어떤 방법으로 극복해 나갈 것인가를 또 다른 문제로 남겨둔다.

색과 삶

색을 알면 삶의 참맛을 느낄 수 있다.

우리나라 사람들은 일찍부터 색(色)에 대해 관심이 많아 나름대로 전통색깔까지 생겨 날 수 있었다. 그러나 현대로 오면서 먹고 사는데 연연하다보니 색에 대해 등한 시 할 수 밖에 없었다.

색은 사람을 죽이고, 살리고, 인생을 무의미하게 하는 한편, 살찌게도 하는 힘을 가지고 있다. 뿐만 아니라 색은 생물이나 무생물 모두 갖추고 있어 색으로 판단한다. 만약 사람이나 생물들이 색이 없었다면 거의 모형에 의존하여 서로를 식별할 수 밖에 없었을 것이다.

하지만 다행히도 모든 생물이나 무생물들은 색채가 있어서 상호 구별할 수 있게 된 것이다. 사람이 색을 식별할 수 있는 능력을 갖추고 있다는 것은 인간만의 위대함이다. 과학이 발달하면서 색채는 계속 세분화되어 120여 종이 되었고 계속 그 숫자와 영역을 넓혀 가리라 본다.

우선 노랑색을 보자. 노랑색은 위험지역에 칠하면 보호색이 되고, 보편적인데 칠하면 위험색이 된다. 매일 오가는 차도처럼 위험한 곳에 칠하면 보호색이 되며, 노랑 옷을 입고 거리를 활보하면 위험색이 되는 것이다.

바다 가운데 노랑 모자에 노랑 팬티를 입고 들어가면 남들 눈에 빨리 발견되는 보호색이 된다. 그런데 우리는 노랑 옷에 노랑 모자를 쓰고, 노랑 가방을 메고 노랑 버스를 타고 다니는 학생들을 보게 된다. 서울 남산에 있는 학교가 처음 노랑색을 즐겨 쓰더니 이젠 어느 지방엘 가도 노랑색으로 치장을 하고 있다.

노랑색을 이용해 학교나 유치원은 분명 널리 알려진다고는 하지만 졸업하고 유명해진 사람이 몇 명이나 될까? 노랑색을 오래 접하면 분열증세가 나타난다는 사실을 교육자가 모르고 있는 것이다. 결혼생활을 하다 헤어진 여자나 올드미스가 오랜만에 패션상회를 들르면 노랑색 옷을 먼저 집는다. 많은 사람에게 "난 홀로입니다"라고 광고하고 싶은 것이다.

이야기를 바꾸어 보자. 봄이 되어 나무가 새순이 돋으면 방을 새로 단장한다. 계절이 바뀌었다고 시원한 녹색의 방을 만들어 아들이나 딸에게 그 방에서 공부하라고 하면 아이들은 자꾸 바깥으로만 나돌고 자기 방에 들어가길 싫어한다. 녹색은 분열증세를 촉발하는 경향이 짙다.

온통 방안을 붉게 칠하고 한두 달 살다 보면 대개 그 방에서 자살소동이나 타살행위가 일어나게 된다. 그러나 중국인들은 그 방에서 오래 살수록 웃음소리가 점점 많아진다. 민족성이 다르기 때문이다.

집을 단장하다 보면 부엌이나 주방 단장에는 등한시하게 된다. 주방벽은 그을음과 탈색으로 흰벽이 회색 내지는 거무스름하게 변색된다. 여기서 몇 개월 주방일을 하다보면 은연 중 우울증은 물론, 소화불량 내지 위장병에 시달리게 된다. 우리나라 주부들 대다수가 이런 현상인데 그 원인을 다른 데서 찾으려 하고 있다. 딱한 일이 아닐 수 없다.

상점도 어느 상점은 사람들을 끌어 잡아당기는데 어떤 상점은 문을 열자 바로 뒤돌아서게 하는 경우가 있다. 상점도 호황을 누릴려면 실내색을 연구해야 한다.

색에 관한 이야기는 얼마든지 있을 수 있다. 그런데 재미있는 것은 우리의 말이나 얼굴에도 색채가 있다는 사실이다. 말의 색채는 음색(音色)이라 하고 얼굴의 색은 안색(顔色)이라 한다. 다 같은 민족이라도 말과 얼굴에 색채가 있어 구별이 분명해 진다. 그때 그때의 시간과 장소와 분위기에 따라 적합한 말과 안색이 나타난다.

가장 기뻐야 할 때 기분이 나빠 있으면 아무리 기뻐한들 그 기분은 기분일 수 없을 것이다. 그 소리를 듣는 사람이나 얼굴을 보는 사람으로 하여금 어둡고 침침한 느낌을 준다.

"아이 좋아" 했는데 이것이 우울한 심정에서 나왔다면 그 말과 안색은 그 의미를 다하지 못하고 말 것이다.

"아이 좋아" 했는데 이것은 음색과 안색에 따라 선물을 받고, 좋을 수도 있고 어려운 취업시험에 합격하여 좋을 수도 있고 원수를 갚아 좋을 수도 있는 것이다. 그리고 연령에 따라 직업에 따라 타고 난 개성에 따라서도 달라질 것이다.

다시 말하면 음색이란 희(喜), 노(怒), 애(哀), 락(樂) 수(愁), 우(憂), 사(思), 공(恐)등을 모두 좌우하는 것이기에 굉장히 중시해야 하는 것이다. 색을 알면 삶의 참맛을 느낄 수 있는 점도 바로 이 때문이다. 우리 모두 색에 대해 새로운 관심을 가져 삶을 윤택하게 해야겠다.

바르게 보는 생활

1. 눈은 '마음의 창'

'바르게 봄(正見)을 사전에는 ' 바른 의견이나 견해 ',' 팔정도(八正道)의 하나 '로 되어 있다. ' 팔정도 '를 찾으면 바른 견해(正見)는 제일 앞에 있고, 바른 생각(正思), 바른 말(正語), 바른 행위(正明), 바른 직업(正業),바른 노력(正進), 바른 기억(正定), 바른 명상(正念) 순으로 되어 있다.

즉 올바르게 보았을 때 바른 생각을 갖게 되고, 올바르게 보았을 때 바른 말을 쓰게 되며, 올바르게 보았을 때 바른 행위로 옮겨지고 올바르게 보았을 때 바른 직업을 갖게 되고, 올바르게 보았을 때 바른 노력을 할 수 있으며, 올바르게 보았을 때 바른 기억을 하게 되고, 올바르게 보는 사람만이 바른 명상을 할 수 있다는 것이다.

말하자면, 사물을 바르게 본다는 것은 어느 직업, 연령, 학력과 관계없이 모두 필요한 것이다. '본다(見)는 것은 모든 인식작용의 기본이 되고 있으며, ' 봄(春) 그 자체도 계절의 시작이자 모든 생물들의 시작하는 때가 되고 있는 것이다. 이원주 법사는 예술인법회에서 팔정도에 대한 설법을 하는 가운데 이런 말을 한 적이 있다.

"우리들의 행위 가운데 '본다' 는 의미를 찾아보면 퍽 재미있다. 무엇을 찾는 것을 우리는 '찾아 본다' 라 하고, 일하는 것 가운데 '애기 본다', '사무 본다' 라고 하고 집을 지키는 것도 '집을 본다', 시장가는 것을 '시장 보러 간다', 누구에게 당하는 것을 손익에 따라 '손해 본다', '이익 본다' 라고 하며 좋을 때 만난 것을 '좋은 세상보고' 라고 하며, 얻는데도 '자식 본다', '손자 본다', '며느리 본다', '새 서방 본다' 라고 하고 있다. 점치는 것도 '사주 본다', '관상 본다' 라고 하며 느끼는 것도 '맛 본다' 라고 하지 않는가? 그 뿐인가, 인내를 나타낼 땐 '보자보자 하니까' 라고 다짐하는 것을 보면 '본다' 는 행위는 모든 행위의 근본임이 분명하다"라고 했다. 그러므로 우리는 눈을 가지고 있다는 것을 고맙게 여겨 그 눈을 귀중하게 활용해야 한다.

눈의 표정은 의지의 힘으로 어찌할 수 없다. 자기 뜻대로 할 수 없는 것이 눈이며, 눈의 표정을 억제하면 억제할수록 더 명백히 본심이 드러난다. 따라서 마음을 올바르게 가진 사람만이 사물을 바르게 볼 수 있고, 그런 사람만이 훌륭한 사람으로 칭송받을 수 있다고 여기는 것이다.

2. 바르게 보기

우리는 눈을 가지고 있으면서 바르게 보지 않고 있다. 바르게 보는 습관을 길러야 눈이 트이는 것(개안,開眼)이다. 사물이나 인물을 볼 때 우리는 전체만 스쳐보기 때문에 부분적인 것은 그냥 스치고 만다.

어느 고등학교 미술시간에 선생이 학생들에게 자기 어머니나 아버지의 얼굴을 그리라고 했더니, 제대로 그린 사람이 별로 없었다고 한다. 우리는 가까운 것일수록 세밀히 뜯어보질 않는다.

예로 입을 살펴보자. 입은 다 같아 보이지만 사람마다 특색이 있다. 입은 두 눈의 눈자위 안쪽의 길이와 같은 것이 표준이다. 이보다 짧으면 작은 입이고 길면 큰 입이다. 입은 입술의 종류에 따라 표정이 달라진다.

입술은 문명이 발달하면 할수록 얇아진다. 야만인은 아래 위 입술이 두터웠다. 따라서 현대인들은 주고 받는 것을 꺼린다.

깍쟁이가 된 것이다. 서울사람은 예전부터 깍쟁이라 불렀다. 입술이 단정하고 입이 큰 남자는 도량이 넓고 큰 일을 많이 하며, 넓은 아량으로 사람을 대한다. 행동력과 통솔력이 강하다. 정치가나 사업가 등이 그렇다. 반면, 입이 작은 남자는 남의 눈치만 보고 결단성이 없고 생활력이 약하다. 그러나 기술자나 공무원이 되면 평온무사한 생활을 영위한다.

입술에서는 애정의 두텁고 엷음이 나타난다. 윗입술은 남을 위하는 애정의 두터움과 엷음을 표시하고, 아랫입술은 자기 자신을 사랑하는 애정의 두터움과 엷음을 표시한다. 윗입술이 엷은 남자는 이지적 냉소적이어서 애정의 흥미를 못 갖는 타입이다.

아랫입술은 '환영의 입술'이라고 하는데 남자의 경우 아랫입술에 주름살을 가진 경우 친구간의 의도 좋고 사교적이어서 항상 주머니가 텅비게 되는 예가 많다.

입모습이 예쁘장하고 단정하고 큰 입을 가진 여자는 누구나 허물없이 사귄다. 반대로 입이 작은 여성은 귀엽지만 자기 힘으로 자기를 키워갈 의욕이 없다. 까닭에 세밀한 일을 하는 손재주가 있는 직업여성이 많다.

윗입술이 두툼한 여성은 매사에 아낌없는 애정을 쏟는다. 정신적물질적이며 물심양면에 욕심을 부린다. 지성을 갖추지 않으면 타락하기 쉽다. 윗입술이 두툼한 사람은 미각의 감각이 발달되어 있다. 따라서 여성일 경우 윗입술이 엷으면 식도락에 취미도 없고 요리에 관심이 없다. 아랫입술에 '환영선' 이 새겨진 여자는 굉장히 따뜻한 마음씨를 가지고 있다. 호감 없는 인물이 찾아도 잘 응대해 준다.

3. '봄' 의 슬기

이상 입을 보아왔는데 입은 여자에게 있어서는 심볼과 비례한다. 남자의 심볼은 코이다. 상점에 앉아 있으면 입만 보고도 깎고, 안 깎을 사람의 구별이 된다. 선물공세를 펴는 남녀의 입술은 어떤가? 옆집에서 먹을 것을 늘 들고 오는 아줌마의 입술은 어떻게 생겼는가? 사람을 사귈 때 어떤 입술을 가진 사람을 골라야 할까?

입을 바르게 살펴보았으면 눈, 코, 귀순으로 확대하고 그다음 사물들까지 확대시켜 나가면 '바라봄' 의 지혜가 안착될 것이다. 눈은 삶이 연속되는 한 항상 깨어 있어야 한다. 바르게 보는 생활인이 되자면.....

자아각성

세상에는 정신을 잃은 사람이 너무나 많다. 술집에 가면 너도 나도 모두 주정뱅이들이고 시장바닥에 가 보면 입씨름하는 이들이 여기저기 눈에 들어온다. 그 뿐인가, 거리를 나서면 노랑선, 하얀선을 철저히 그어 놓았는데도 틈만 있으면 비집고 나서기 일쑤다.

말끔히 정돈된 강의실도 첫 시간을 제외하고는 의자들이 뒤죽박죽이다. 최고를 자랑하는 국회가 단상단하 할 것 없이 난장판을 만들어 가는데 대중들이 사는 세계야 오죽하겠는가?

과거 의과대학 정신과는 가장 인기 없었던 학과였는데 정신나간 사람들이 늘어나면서 요즘은 가장 인기 있는 학과가 되었다. 이제 우리는 너나 할 것 없이 모두 정신차리지 않으면 안된다.

지위 고하를 막론하고 항상 정신을 차려야 한다. 그렇다면 어떻게 정신을 차려야 할까?

첫째, 탐구의 정신이 필요하다. 탐구는 이 세상에 태어나면서부터 죽는 날까지 계속 필요한 것이다. 아니 '현고 학생부군 신위' 란 지방을 보면 사람은 죽어서까지 학생이라는 사실이다. 일상생활이 모두 탐구의 정신으로 소용돌이 칠 때 점차 자기발전을 가져오는 것이다. 그러나 대다수의 사람은 고등학교나 대학 또는 대학원을 나오면 책과는 담을 쌓는 경우를 보게 되는데 이는 탐구를 포기한 것과 같은 것이다.

책을 외면하고 있다면 인터넷을 통해서라도 계속 공부하는 자세를 취해야 된다. 탐구하는 자세는 죽는 날까지 지속되어야 한다. 시각, 청각, 시청각 등 오대감각(五感)이 깨어 있어야 한다.

둘째, 회의와 비판의 정신이다. 이에 대하여는 앞에서 〈계획과 실천의 지혜〉라는 제하에 밝힌 바 있다.

하루의 계획, 일주계획, 한달계획, 일년계획, 5년계획, 10년계획, 평생의 계획과 목표를 정하였다면 그를 실천했는가 점검하고 잘잘못을 분별해야 한다.

이 회의와 비판은 잠자기 30분 전에 하루생활을 회고하고 내일 일을 계획하고 일주일 계획은 토요일 잠자기 30분전에 일주일을 회고하고 일요일 잠들기 30분전에 계획을 세운다.

한달계획은 매달 말일 잠들기 30분 전, 일년계획, 5년계획, 10년계획은 각각 해당의 해 마지막 날로 정해 잠들기 30분 전에 회의하고 비판하는 시간을 갖는다.

회의와 비판이 없으면 삶의 목표와 계획은 실천되더라도 어긋날 우려가 다분히 있는 것이다. 삶의 목표와 계획 그리고 회의와 비판을 스스로 해 나갈 수 있다는 것이 인간다운 삶을 사는 것이고 이것이 동물과 다른 점이다.

셋째, 자각(자아각성)의 정신이다. 자각정신은 인간적인 정신이다.

생활목표(삶의 목표)가 올바른가 하는 점이다. 자기의 삶에 만족을 느끼지 못하면 자각정신은 흐트러진다. 이 자각정신은 앞의 탐구정신과 회의와 비판의 정신이 번득일 때 스스로 갖추어지는 심리작용이다.

『잡보장경(雜寶藏經)』에는 일상의 심리와 몸가짐을 다음과 같이 제시하고 있다.

"유리하다고 교만하지 말고, 불리하다고 비굴하지 말라. 자기가 아는 대로 진실만을 말하여 주고 받는 말마다 악(惡)을 막아 듣는 이에게 편안과 기쁨을 주어라. 무엇을 들었다고 쉽게 행동하지 말고 그것이 사실인지 깊이 생각하여 이치가 명확할 때 과감히 행동하라. 지나치게 인색하지 말고, 성내거나 미워하지 말라. 위험에 직면하여 두려워 말고, 이익을 위해 남을 모함하지 말라. 객기(客氣)부려 만용하지 말고, 허약하여 비겁하지 말며, 사나우면 남들이 꺼려하고, 나약하면 남이 업신여기나니 사나움과 나약함을 버려 지혜롭게 중도(中道)를 지켜라. 태산같은 자부심을 갖고, 누운 풀처럼 자기를 낮추어라. 역경을 참아 이겨내고 형편이 잘 풀릴 때를 조심하라.재물을 오물처럼 볼 줄도 알고, 터지는 분노를 잘 다스려라. 때와 처지를 살필 줄 알고, 부귀와 쇄망이 교차함을 알라."

탐구의 정신과 회의와 비판의 정신은 곧 자아각성의 정신이기에 생명이 다하는 날까지 지속되어야 한다. 그러나 이러한 정신은 생활의 리듬이 깨지면 흐트러지는 것이다. 정신이 흐트러지면 잠잘 때, 식사할 때, 그리고 생활할 때 모습까지 흐트러져 보이는 것이다. 리듬있는 생활로 항상 깨어 있어야 한다.

성격의 올바른 이해

사람들은 대개 좋은 일은 자기 일로 돌리는데 나쁜 일은 남의 탓으로 돌린다. 그리고 더 세밀하게는 상대방의 성격을 탓한다. 그러나 성격 탓을 자세히 들어보면 상대방의 성품이나 성질, 그리고 성능을 잘못 성격으로 오해하는 경우가 흔하다.

사람은 누구나 하늘과 땅으로부터 기운을 받고 태어나 심성(心性)이 형성된다. 이 심성에는 성품(性品), 성질(性質), 성격(性格), 성능(性能)이 있다. 이 중 성품과 성질은 부모로부터 이어받는 것이다.

성품은 아버지로부터 뼈를 이어받고 그 진가에 다라 성인(聖人)이나 마인(魔人)적인 요소를 이어받는다. 러시아 발레학교에서는 학생선발에 부모를 대동시키는 데 어른이 되었을 때 뼈대가 어찌 자랄 것인가를 측정하기 위해 아버지의 키와 골격에 대해 살피게 된다.

성질은 어머니로부터 어질고 악독함을 이어 받는다. 즉 어머니로부터 피를 이어받기 때문에 발레학교에서는 어머니의 약력을 통해 성질을 체크하게 되는 것이다. 이와같이 성품이나 성질은 유전적으로 모두를 부모로부터 이어받지만 성격이나 성능을 타고 날 때 얼마나 많고 적게 타고 나느냐에 있다. 즉 성격은 어떤 환경에서 자라고 어떻게 교육받느냐에 따라 변하며 성능은 자기 자조능력에 따라 변하는 것이다.

그럼 성격에 대해 좀 더 구체적으로 살펴보기로 한다.

성격이란 말은 통속적인 말로 쓰여오기 때문에 다 알고 있는 말로 통하고 있으나 학술적으로 검토하려면 통속적 개념은 떠나야 한다. 대체로 잘못 이해하고 있기 때문이다.

'개인성(personality)' 란 말이 있다. 여기서 퍼슨(person)의 어원은 라틴어 '퍼소나(persona)' 에서 왔다. 웨브스터 사전에는 '퍼소나(persona)' 란 원래 무대에 오르는 배우가 쓰던 탈(가면)의 뜻이었다. 그것이 '등장인물(personage)' 의 뜻으로 바뀌고 또 극에 있어서의 맡은 '역(part)' 을 의미하게 되고 다시 오늘날 우리가 생각하고 있는 뜻인 사람(person)으로 바뀌어진 것임을 알 수 있다.

라틴말 '퍼소나(persona)' 의 어원은 에트루리아(Etruria-옛 이탈리아 서쪽에 있던 나라)의 페르수(phersu-역시 가면 '탈을 쓴 사람' 의 뜻)에서 온 것이며, "파손(parson)과도 비교해 보라"고 하였다.

파손(parson)은 '성직자' 다. 성직자의 전신은 주술사였다. 그리고 주술사는 반드시 탈을 쓰기 마련이었다. 그런 탈을 의미하던 말인 퍼손(person-〉personal-〉personality)이 어째서 성격의 뜻이 되었을까? 어떤 탈을 쓰고 나타난 배우와는 탈의 생김새 부터가 다를뿐더러 동작도 대사도 다르다. 거기서 다른 배우가 가지고 있지 않은 '그 사람만의 것' 이 있게 되었다. '그 사람만의 것' 이란 곧 성격을 말한다.

그러므로 퍼소낼리티(personality)를 '개인성(個人性)' 이라고 번역했을 때 그것은 어떤 사람의 전체적 성질, 또는 상태를 의미하는 것이 된다. 곧 '통일되어 있는 개인' 여기에 액센트가 있다. 이것이 사회의 일원으로서 보여지는 동시에 자기 자신을 유일한 지속적인 자아(自我)로 보게 되면 '인격(personality)' 이 되고 다른 개인성과 비교되어서 그 특질이 문제될 때에, 다시 말하면 ' 통일된 개인 '이란 면에 중점이 놓이지 않고 다른 사람과는 다른 ' 그 사람만의 것 '이라는 측면이 강조됐을 경우엔 '개성(personality, individuality)' 이 되는 것이다. 이 개성이 바로 '성격(character)' 인 것이다.

성격 '캐릭터(character)' 의 어원은 라틴말 '캐릭터(character)' 이다. 라틴말 '캐릭터' 는 무엇을 '표시하는 연장' 이란 뜻이다. 이 말은 그리스의 '카락터(kharater)' 에서 왔는데 동사 카라사인(kharassein)은 '날카롭게 하다' '잘라서 자국을 내다' '조각하다' '새기다' 등의 뜻인 것을 짐작할 수 있다. 옛날 사람들은 한 사람의 성격은 신이 새겨준 '그 사람만의 표적' 이라고 생각했던 것이다. 그렇기 때문에 성격은 변하지 않는 것으로 알고 있었다.

그러나 성격은 변할 수 있는 부분과 변할 수 없는 부분으로 되어 있는 것이다. 곧 변할 수 없는 유전인자와 변할 수 있는 환경인자가 종합 통일된 것을 우리는 '성격' 이라고 한다.

여기서 말하는 '유전인자' 란 '기질(anlage)' 를 말한다. '기질' 이란 유전적, 생물학적인 또 감정적인 성질을 말하는 것이다. '환경인자' 란 후천적인 경험, 생활환경, 사회적 조건등을 의미하는 것이다. 인간의 정신, 자질, 특히 성격은 유전인자에서 시작된다.

이 유전적인 기질, 소질 등이 성격형성의 가장 근원이 되는 것은 물론이다. 소질은 끊임없이 환경인자의 영향을 받아 가지고 성격에 있어서의 후천적인 면을 형성해 나간다. 환경이 새겨주는 성격의 면이라고 해야 할 것이다.

대다수의 사람들이 상대방의 성품이나 성질을 성격으로 잘못 알고 탓하고 있다. 나쁜 성품이나 성질을 가진 사람을 가까이하지 말았어야 했다. 모든 탓은 자기 자신으로부터 시작된다. 남을 탓할 시간에 자신을 둘러보자. 그리고 늘 긍정적인 마음으로 상대방의 성격을 올바로 이해한 다음 탓하라.

성격형성과정

마음씨, 말씨, 맵씨, 솜씨를 인간의 4덕이라고 한다. 마음씨를 맨 앞에 놓은 이유는 마음씨에 따라 말씨가 틀려지고, 맵씨와 솜씨가 바뀌기 때문이다. 마음씨는 그 사람의 성격에 따라 다르기 때문에 마음씨의 뿌리는 성격이라고 보아야 할 것이다.

성격은 학자들의 견해에 따라 다르게 분류하는데 셀돈(Sheldon)은 체격과 기질, 성분에 따라 내장형, 신체형, 두뇌형의 성격으로 구분하고 있다.

내장형은 위안 받길 좋아하며 대식가이고 사교적이며 사랑을 구하며 신체형은 근육활동, 정신적인 자기주장과 권력등에 대한 욕구가 강하며 냉담하고 위험한 것을 즐긴다. 두뇌형은 극도의 억제를 일삼고 금기가 강하고 사교적 접촉에서는 멀다고 여겼다. 병력으로 보면 내장형은 우울증, 신체형은 과대망상, 두뇌형은 정신분열증에 걸릴 위험이 많다.

헤이만스(G.Haymans)는 신경질, 감상성, 흥분성, 열정성, 다혈질, 점액질, 무정형성, 무정성형등 8개의 성격유형으로 분류하고 있으며 분석심리학자 융(C.Jung)은 성격을 외향형(外向型)과 내향형으로 구분하고 있다.

그리고 이 외향형에도 능동적 외향형과 수동적 외향형이 있고 내향형에도 능동적 내향형과 수동적 내향형이 있다고 보았다.

외향적 사유형, 외향적 감정형, 외향적 감각형, 외향적 직관형과 내향적 사유형, 내향적 감정형, 내향적 감각형, 내향적 직관형이 그것이다. 철학적 색채가 강한 딜데이(W.Dilthey)의 세계관적 분류로 보면 관능형, 영웅형, 명상형으로 성격형을 나누었고, 스프랑거(E.Spranger)는 문화학적 유형으로 경제형, 이론형, 심미형, 종교형, 권력형, 사회형

등 6개의 성격형으로 보았다.

정신병질적 유형으로 슈나이더(K.Schneider)는 10가지를 들고 있다. 발양성 정신병질, 중울성 정신병질, 자신결핍성, 광신성, 과장성, 기분이 변성, 폭발성, 정조결핍성, 의지결핍성, 의지결여성, 무력성 등이다.

이외에도 많은 심리학자, 정신과 의사들이 성격형을 분류하고 있으나, 여기서의 주요테마는 성격형성 과정이기 때문에 인간의 정신적, 성적 발전단계로 성격을 규명한 프로이드 설을 중심으로 다루려 한다.

이 정신분석학적 성격학은 유형으로 나누는데 목적을 둔 것이 아니고 리비도(libido)의 고착을 그 발전단계에서 보려는 것이 그 본래의 의도였던 것이다. 즉 프로이드는 "출생시의 유아는 제한된 몇 가지 본능, 즉 호흡, 배고픔등과 성적만족을 얻고자 하는 본능, 그리고 공격본능을 가지고 태어난다"는 것이다. 프로이드는 성적본능의 에너지를 리비도라고 여기고 "이 리비도는 일생동안 정해진 순서에 따라 서로 다른 신체부위에 집중된다"고 보았다. 프로이드는 이 리비도가 집중적으로 모이는 신체부위를 성감대라 보았고 이 성감대를 연령적 변화에 따라 여러 발전단계로 나누어 다루고 있다.

1 구순성격(口脣性格, oral character)

정신적, 성적 발달이 구순기(oral phase)에서 시작된다. 이 구순기(구강기)는 생후 18개월쯤 까지를 말하는데 이 시기에 주된 성감대는 구강이다. 유아는 구강인 입, 혀, 입술 등을 통해 젖을 빠는데에서 성적욕구를 충족한다. 따라서 자신에게 만족과 쾌감을 주는 인물이나 대상에게 애착을 가지게 되는 것이다.

이후 유아가 이빨이 나면서 유아는 빠는 쾌감에서 씹는 쾌감으로 바뀌게 된다. 빠는 쾌감이나 씹는 쾌감은 모두 만족을 얻지 못해 욕구불만이 생기거나 과잉충족으로 인해 다음 단계로의 발달을 방해하는 고착

(fixation)현상이 발생한다. 이렇게 되면 각 단계마다 특징적인 성격이 형성된다는 것이다.

좀 더 구체적으로 말하면 어머니가 직접 젖을 빨리지 않고 인공수유를 하거나 또는 수유시간을 억제하면 젖을 빠는데 있어 유아는 욕구불만을 느낀 나머지 성격발달이 고착된다는 것이다. 반대로 너무 지나치게 오래 빨게해도 고착현상은 나타난다.

말하자면 유아가 성장한 뒤에도 그 발달이 구순기에 머물러 있을 때 생기는 성격이 구순성격인 것이다.

이 성격의 소유자는 친절하고 낙천적이며 관용하는 경우가 많고 고독을 멀리하는 특성이 있다. 반면에 외계에 대한 태도며 행동은 구순기의 유아와 같이 피동적이고 의존적이며 남에게 기대려는 경향을 나타낸다.

구순기 후기 곧, 이빨이 나서 무엇을 씹기 시작하면 무엇을 잘 무는 습관이 생긴다. 이 시기에 리비도가 고착되면 공격적 성격이 형성되며 남을 잘 이용하려는 경향을 나타낸다.

싸움이 있을 때 상대방을 깨물거나 이야기하는 가운데 손으로 꼬집는 것 같은 행위를 구순새디즘(oral sadism)이라 정신과 의사들은 보고 있다. 이와 같이 구순성격은 두가지 형으로 나누어 소극적 구순성격과 적극적 구순성격으로 나누기도 한다. 이는 둘다 의존적 유아적인 것은 같으나 소극적인 경우는 순종적이며 애정욕구적인데 반해 적극적인 경우는 공격적인 방식을 취하는 특성이 있다.

2. 항문성격(肛門性格, anal character)

배설을 할 때 항문점막이 자극되어서 느끼는 쾌감의 시기를 항문기라고 한다. 유아에 있어서의 최초의 성감대가 입술이고 다음이 항문이다. 곧, 유아의 성욕의 발달단계로서 구순기 다음에 오는 것이 항문기이다. 대체로 생후 18개월부터 4살까지로 본다. 일명 '항문새디즘 단계

(anal sadistic phase)' 라고도 한다.

이때부터는 대소변을 가리기 시작하는 훈련이 필요하다. 유아는 처음 본능적 충동을 외부로부터 통제받게 되는 경험을 하게 된다. 이는 부모, 또는 조부모 등에 의해 자신의 쾌감을 지연시키는 훈련을 받게 된다.

이때 너무 엄격하고 강압적으로 훈련을 받게 되면 유아는 성인이 되어서 고착현상이 나타난다. 이 시기에 고착된 항문성격은 대소변이란 더러운 대상에서 정반대의 현상으로 깨끗함, 결벽성, 완벽성 등이 나타난다. 이때는 두가지 쾌감이 나타나는데 그 하나는 대변배설을 참고 견딜 때 생기는 근육수축에서 오는 쾌감과 다른 하나는 배설을 하고 난 후에 근육이완에서 오는 쾌감이다. 이 시기 앞의 상황에서 고착될 때 수전노처럼 인색함이 성격의 특성으로 나타난다. 부모가 대소변 훈련을 적절히 했을 때 유아는 용변 보는 행위가 대단히 중요하다는 생각을 갖게 되며 성장하여 생산적, 창조적인 마음씨를 갖게 된다.

3. 요도성격(尿道性格, urethral character)

요배설물(소변)이 나오면서 요도점막을 자극하기 때문에 일어나는 흥분(쾌감)이 성감의 바탕을 이루는 요소가 돼있다. 이 쾌감은 구순과 항문의 성감과 합쳐져서, 성기성감으로 통제되어, 성인의 성욕이 된다는 것이 프로이드의 설이다.

이 쾌감이 고정될 때 이른바 요도성격을 구성한다. 이 성격자는 야심적이고 자부심과 경쟁심이 센 것이 특징이다. 따라서 명예욕, 자존심, 노출욕, 남성적인 기백이 있다. 이 남성적인 요도성격자에 비겨서 항문성격자는 일반적으로 여성적인 것으로 인정된다. 시기적으로는 항문기와 전후하는 것이 아니고 같은 시기다.

4. 남근성격(男根性格, phallic character)

어린애 성욕의 한 단계로서 구순기, 항문기, 요도기의 다음에 나타나는 리비도의 발단단계를 남근기(phallic period)라고 한다. 4세 내지 7세까지를 말하는데 이 시기에 이르면 성감대는 항문에서 성기로 옮겨진다. 이 시기에는 사내아이나 계집애나 모두 사내의 성기에 흥미가 집중되고 사내아이는 남근(penis)이, 계집애는 음핵(clitoris)이 성감의 장소가 되나 질(vagina)에 관한 관심은 아직 없고, 따라서 성의 대상을 구하는 데까지 이르지 않은 시기이다.

프로이드에 의하면 이 시기의 남자아이는 오이디프스 콤플렉스를 느끼게 된다는 것이다. 오이디프스 콤플렉스는 아이들이 이성의 부모에 대한 성적 애정과 접근하려는 욕망을 느끼는 것을 말한다. 프로이드는 남자아이는 이때 자기 어머니에게 성적애착을 느낀 나머지 아버지를 어머니의 애정쟁탈자로 생각하며 적대심을 가지게 된다고 한다. 이러한 적대감은 아버지와의 갈등유발, 즉 아버지가 자기를 해칠 것이라 생각하게 되고 자기의 가장 중요한 성기를 없앨 것이라고 상상한다. 이러한 상상은 성기가 제거될 것이라는 공포, 거세불안을 유발한다.

이러한 거세불안을 감소하기 위해 어머니에 대한 성적욕망과 아버지에 대한 적개심을 억압하며 동시에 어머니가 인정하는 아버지의 남성다움을 갖기 위한 기제로서 아버지를 동일시 하게 되는 것이다.

동일시 현상은 아버지(어머니)와 같다고 여기거나 아버지(어머니)처럼 행동하거나 부모의 태도, 사고, 가치 등을 제 것으로 내면화하려는 노력으로 나타난다. 이를 통해 남자아이는 어머니에 대한 성적욕구를 간접 해결하며 아버지로 부터의 공격에 대한 불안을 해결하게 되는 것이다. 이렇게 하여 남자아이는 남성적 역할을 습득하여 아버지의 도덕률과 가치체계를 내면화, 양심과 자아이상을 발달시켜 나가는 것이다.

계집애의 경우도 마찬가지로 나타나는데 아버지에 대해 가지는 성적 충동과 접근의 소원을 프로이드는 일렉트라 콤플렉스라고 불렀다.

계집애의 경우는 남근이 없으므로 남자아이와 같은 거세불안 대신 자기에게 없는 남근에 대한 부러운 감정, 즉 남근선망(男根羨望) 상태가 된다고 한다.

이와 같이 남근기에 리비도가 고착되었기 때문에 형성되는 성격유형을 남근성격이라 하는데 이것은 거세공포에 대한 반동형성이 그 기반이 된 것이다.

일반적으로 무뚝뚝하고, 대담하고, 혹은 단호한 태도를 갖는 것이 그 특색이다. 반면, 방만불손해지기 쉬우며, 무력해지는 것을 제어하는 그런 생각에서 벗어나기 위해 공격적, 지배적인 성격을 형성하게 된다.

남근기 다음 아이들이 오이디프스 콤플렉스(일렉트라 콤플렉스)를 극복하면 일종의 평온한 시기를 맞게 되는데 이를 잠복기(latency period)라고 한다. 이 잠복기는 7세부터 12세까지의 기간인데 프로이드의 견해로는 이 시기 아이는 성적욕구가 철저히 억압되므로 앞에 서술한 많은 욕구들을 모두 잊게 된다고 한다.

그러나 이 시기는 아이들이 학교에 입학하는 시기이므로 비교적 평온한 상태이긴 하지만 주위환경에 대한 탐색이 활발하게 이루어지는 시기이다. 인지적 발달면에서는 적극적 시기라고 할 수 있다. 실제로 이 시기 아이들은 운동이나 게임, 그리고 사회적으로 용납되는 모든 행동에 에너지를 발산하고 있는 시기인 것만은 틀림없다.

5. 성기적성격(性器的性格, genital character)

그 동안 밝혀 온 구순기, 항문기, 요도기, 남근기, 이 발달의 4단계를 합쳐서 '전 성기단계'라고 한다. 이 전성기적 단계에서는 고착이며 반동형성을 볼 수 없고 리비도의 성기단계에의 충분한 발전과 승화에 의하여서 형성된 성격유형을 성기적 성격이라 한다. 이 시기는 12세부터 죽을 때까지를 말한다.

프로이드에 의하면 이전까지는 자기 자신의 신체에서 성적쾌감을 추구하거나 자기애착적인 경향을 보였는데 사춘기에 접어들면 비로소 타인인 여성(남성)으로부터 성적만족을 얻으려 한다는 것이다. 그래서 사춘기 이후를 '이성애착기' 라고도 한다. 따라서 이 시기까지 순조로운 발달을 성취한 사람은 타인에 대한 관심과 협동의 자세를 갖게 된다.

따라서 성기적 성격을 지닌 사람은 이타적이고 원숙하나 모두다 이성과의 성숙한 사랑은 이루지 못하고 있다. 만약 성공적으로 거쳐나오지 못한 때는 권위에 대한 적대감이 해소되지 않고 동일시에 있어 혼란이 일기 때문에 이때와서 야기되는 성적 에너지를 원만히 처리할 수 없다. 이로 인해 권위에 대한 반항, 비행 또는 이성에 대한 적응 곤란이 일어나기도 한다.

프로이드는 청년기 이후의 개인적 발달과정을 '부모로 부터의 해방' 이라고 불렀다. 즉 부모와의 유대 또는 갈등에서 탈피, 자신의 생을 확립해야 한다는 것이다.

그러나 부모로 부터의 독립이 쉽게 이룩되기는 어렵다고 생각했다. 오랫동안 부모에게 의존하여 왔기 때문에 정서적으로 독립한다는 것은 한편으로 큰 고통을 수반하게 된다고 한다.

프로이드의 제자인 오토 랭크(Otto Rank)의 성격이론에는 성기성격은 창조적 인간의 유형으로 되어 있고, 에릭 프롬(E.Fromm)도 이 성격을 창조형으로 분류한다.

홀(Calvin S.Hall)의 자세한 성기적 성격을 소개하면 다음과 같다.

잠재기에 의한 중단에 잇달아서 성본능은 생식이라는 생물학적 목표를 향하여 출발한다. 청년기의 남녀는 이성에게 끌리기 시작한다. 이 끌림은 드디어 성적 합일에 이른다. 발달의 최종상은 성기단계라고 불리운다. 성기단계는 나르시시즘보다는 오히려 대상 선택에 의하여 특징지어 진다. 그것은 사회화, 집단활동, 결혼, 가정의 건설, 가족의 양육, 직업적 진보며 그 밖의 성인적 책임에 대한 진지한 관심의 발달 등이 행해지는 시기다.

그것은 4단계 가운데서도 가장 긴 단계로서 10대의 끝 무렵에서 노년기 -이시기에 사람은 또 전성기기로 되돌아간다.-가 시작될 때까지 계속된다.

그러나 성기단계가 전성기단계로 바뀌졌다고, 그렇게 생각해선 안된다. 차라리, 전성기적 충당이 성기적인 그것과 융합하게 되는 것이다. 입맞춤도, 애무도 그 밖의 구애의 형식도 -그것들은 이성과 짝짓는 본의 일부로서 습관적으로 즐겨 해온 것이지만- 전성기적 충동을 만족시켜 준다. 더구나 존위며 승화며 그밖의 전성기적 충당의 변형은 영구히 성격구조의 일부가 되는 것이다.

인간의 길, 앎의 세계

인간의 길(道)에는 세 가지 앎, 곧 '삼지(三知)' 가 있다. '삼지' 란 생지(生知), 학지(學知), 곤지(困知)를 일컫는데 '생지' 란 나면서 아는 것이고 '학지' 란 배워서 아는 것이며 '곤지' 란 스스로 애써서 아는 것이다. '생지' 는 예나 지금이나 별반 차이가 없으나 '학지', '곤지' 는 많이 달라졌고 앞으로도 계속 변하리라 생각한다.

21세기는 학문 · 직업이 극세분화돼 그 수를 헤아릴 수 없을 정도로 다양화됐다.

따라서 학문이나 직종은 노력여하에 따라 자기의 개성과 소질에 합당한 분야를 선택할 수 있다. 그러나 인간은 원래 호기심과 탐욕이 강한 존재여서 한 가지에 만족치 못하고 새로운 것을 상상하게 된다. 이에 부응코자 학문도 전공과 부전공으로 나눠 갈고 닦게 됐다.

최고학부를 우수한 성적으로 나오면 그 사람은 세상 모든 것을 다 섭렵한 인격적 완성체로 바라보는 시각이 있다. 전공분야가 많지 않았을 땐 그렇게 보기도 했지만 지금은 전혀 틀린 판단이다. 따라서 최고 학부를 나와도 전공분야에만 밝지 폭 넓은 분야에는 앎의 폭이 좁다고 할 수 있다.

얼마 전 서울 중구 예장동 '문학의 집 서울' 에 일이 있어 들린 김에 본관 1층 자그마한 전시실에서 '얄개의 추억' 이란 전시(5.19-6.30)를 관람했다.

'얄개' 하면 소설가 조흔파를 떠올리게 되고 조흔파하면 청소년 잡지 「학원」을 상상하게 된다. 이 잡지는 1952년 창간돼 30여 년간 지속되면서 당시를 '학원세대' 라는 특이한 세대로 구성할 정도로 그 당시 중·고생들에게는 다양한 지식과 재미를 제공하는 잡지였다. 소설 「얄개전」은 1954년에 게재한 명랑소설로 학생들은 물론, 학부모들까지도 폭발적 인기가 있었던 소설이다.

이 작품을 쓴 조흔파 소설가는 1940년 대학졸업 1년 전 '백민' 지에 소설 「종소래」로 등단. 1980년 작고하기까지 40여 년간 소설가로 살아왔다. 그는 대학을 졸업하고 아나운서로 시작, 교사, 신문기자, 공무원 등 다양한 직업을 섭렵하면서 「계절풍」, 「청춘유죄」, 「얄개전」, 「홍길동전」, 「고명아들」, 「주유천하」, 「만주국」, 「에너지 전쟁」, 「소설한국사」, 「대한백년」, 「그림이야기성경」, 「사건백년사」, 「소설성서」 등 엄청난 분량의 소설과 칼럼집, 수필집, 소설집 등을 남겼다.

전시실에는 타계 30여 년이 지난 그가 사용하던 타자기, 인지를 찍던 도장과 낙관, 그리고 제서들과 각종 애장품 등을 전시하고 있어 감개

무량했다.

더구나 단행본 「얄개전」앞에서는 걸음을 멈추자 두수와 용수가 집안에서나 밖에서 저지르던 개구쟁이 행각이 파노라마처럼 나의 뇌리를 스치고 지나갔다. 난 이 단행본을 몇 차례 읽었고 1965년 내가 나이를 먹어서 만들어진 정승문 감독 · 김승호, 안성기 주연의 〈얄개전〉, 1977년 석래명 감독 · 이승현, 김정훈 주연의 〈고교얄개〉까지 본 기억을 회고하고 있었다.

전시관을 나서면서 난 이런 사념에 사로 잡혀 있었다. 자기 전공(또는 직종)과 상식적 지식의 습득에만 기울다보면 먼저 알아야 할 기본 지식을 소홀히 하거나 망각하는 사람이 얼마나 많을까라는 것이다. 앎의 세계는 배워도, 익혀도 끝이 없는 것이다.

그래서 공자(孔子)는 "아는 것을 안다고 하고 모르는 것은 모른다고 했다. 대성인도 모르는 것은 모르는 것은 모른다고 했다. 아직 잘 모르는 것은 부단히 노력해 지식을 확실하게 하라는 가르침이다.

우리가 반드시 알아두어야 할 지식은 '생지' 가 아니고 '학지' 도 아니다. '학지' 는 전공분야의 학습과정에서 습득이 가능하나 총체적 지식은 될 수 없다. 따라서 우주의 탄생, 생명의 탄생과 생사의 문제들은 학습과정에서는 감질 날 정도의 지식을 대략 선보일 뿐 보다 확실한 지식의 연마는 '곤지' 를 통해 얻는 지식이어야 한다.

이 '곤지' 를 통해 얻는 지식이어야 한다.

이 '곤지' 는 젊어서 배움 중이나 배움이 모두 끝난 후부터 죽을 때까지 알려고 하는 것 모두를 의미한다. 결국 사람은 죽을 때까지 배우고 익혀야 하는 존재이며, 그렇게 해도 다 못 배우고 못 익히고 떠나야하는 불완전한 존재인 것이다.

지난 날 「얄개전」에서 본 주인공의 반짝이는 재치와 유머, 상쾌한 도전정신 그것으로 인해 나는 얼마나 많은 어려움을 만나서도 주저치 않고 극복하면서 살아왔는가?

나는 전시관을 나서면서 조흔파 소설가에게 크게 고마움을 느끼며 명복을 빌었다. 작가는 이 많은 글을 쓰기 위해 얼마나 애썼는가를 같은 글쓰는 입장이 되면서 상상하고 있었다.

더구나 30여 년간 롱런한 「얄개전」의 인기, 그리고 청소년을 위해 「소설 한국사」, 「대한백년」, 「소설성서」,「사건백년사」등의 교양물을 쓰는 데 얼마나 어려움이 많았을까? 그 많은 자료 수집, 읽고, 쓰고 이는 분명 뼈를 깎는 아픔이 없이는 쓸 수 없는 것들이다. 이것이 조흔파 소설가에게 있어서 '곤지' 의 세계이다.

3 어느 배우의 학창시절

꿈에 그리던 백두산

산을 좋아하는 사람치고 백두산에 올라보고 싶은 꿈을 꾸는 사람은 한 두명이 아니다. 난 산밑에서 태어나 어릴 때부터 산에서 뛰어놀며 자란 까닭인지 지금껏 산을 저버린 일이 없다. 나이를 먹으면서는 전문산악인처럼 돼 버리기도 했으며 세 동생을 모두 산악인으로 만들었고 그 중 막내를 산에서 죽게 할 만큼 산을 좋아했다.

이렇게 산을 좋아했으면서도 늘 마음이 후련하지 못한 것은 우리나라에서 가장 높다는 백두산을 등반 못한 것이다. 백두산은 나에게 있어 꿈의 산처럼 돼버렸고 등산의 실현을 위해 늘 가슴 조여 왔다. 그런데 그 기회가 온 것이다. 그 꿈의 산을 오르게 된 것이다.

우리 일행이 홍콩에서 비자를 받아 중국 땅에 들어선 건 1989년 8월 16일이었다. 북경을 경우, 장춘을 거쳐 연길에 닿은 것은 8월 20일. 장춘(長春)에서 기차로 11시간 만에 연길에 내리니 약속된 조선족 가이드가 마중을 나와 줬다. 백산(白山)호텔에 짐을 푼 우리들은 간단히 아침식사를 하고 짐을 맡겨둔 채 바로 얼도베이하(이도백하 二道白河)로 출발했다. 봉고차로 6시간이라지만 우리는 밤새 기차에 시달렸음에도 백두산을 오르려는 일념에 1시간 정도로 느껴졌다.

얼도베이하에 도착, 천지호텔에 도착한 건 오후 3시께였다. 우리들은 그곳 천지호텔에서 자고 그 이튿날 새벽 5시 출발을 약속했다. 그런데 어찌된 일일까? 새벽에 일어나니 어제까지 맑던 날이 비가 주룩주룩 내리고 있었다.

우리들은 봉고차에 몸을 싣고 1시간 정도 포장도 안 된 밀림속의 길을 계속 달렸다. 그러자 쌍갈래 길에 당도했다. 한쪽은 천지로 오르는 길이고 한쪽은 백두정상으로 오르는 길이란다.

우리가 도착했을 때는 이미 몇 대의 차가 와 있었는데 정상을 오르는 길은 막고 있었다. 8시 이후에 개방한다는 것이다. 우리들은 재빨리 천지부터 오르기로 단안을 내렸다. 도보로 5분가량 걸었을까, 한쪽에 온천이 움 솟고 있었고 한쪽으로는 냇물이 흐르고 있었다. 우리들은 계속 비를 맞으며 10여분 올랐다. 드디어 65미터나 된다는 장백폭포의 장관이 눈앞에 들어왔다.

네 줄기 폭포 우측으로 오르니 마치 호수와도 같은 호반이 이어졌다. 천지에 당도한 것이다. 8시 15분. 2194미터에 위치한 거대한 천지의 장경이다. 그러나 그 주위는 안개에 쌓인 채 안개소리만 들린다. 우리들은 기다리다 안개비가 점점 굵어지자 하산해 정상을 오르기로 했다. 급히 내려온 우리들은 지프차에 올라 정상으로 향했다. 비가 오지 말아달라고 빌면서….

지프차로 40여분 꼬불꼬불 올랐을까. 정상에 닿으니 앞은 전혀 보이지 않는데다 영하의 날씨였다. 지프에 탄 우리들은 안개가 걷히길 기다렸으나 좀처럼 걷히질 않았다. 도로확장이 한창이고 보도블록을 까는 중국인들의 모습을 지켜보면서 우리들은 하산 할 수밖에 없었다. 천문봉에 올랐을 뿐 최고봉 장군봉은 고사하고 불운봉, 백운봉 등도 볼 수 없었다. 그러나 백두산은 영산이며 분명히 꿈의 산인 것만은 확인할 수 있었다. 2300여종의 식물들, 600여종의 동물들, 그리고 진귀한 약초와 오묘한 야생화와 버섯들이 많은 산.

우리들은 언젠가 이 산을 다시 오르기로 하고 일정 때문에 물러섰다. 그것은 언제 또 이루어질 것인지. 백두산은 다시 나에게 있어 꿈의 산이 돼버린 것이다. 난 첫번째 간 곳을 같은 방법으로 그 이듬해 여름에 다시 올랐다. 이때는 얼도베이하에 도착하니 날씨가 쾌청해 갈래길까지 그대로 달려갔다. 그리고 지프에 옮겨 타고 내친김에 백두산정상에 올랐다. 천지를 가운데 두고 둥그렇게 병풍처럼 둘러싸고 있는 연봉들이 모두 한 눈에 들어왔다. 지난해의 경험이 백두산을 제대로 보게 해준 것이다. 다음날 천지를 올랐는데 천지가 온통 안개비에 가려 볼 수가 없었다.

1991년 세번째 백두산을 갈 때는 비자를 한국에서 받고 북경에서 연변으로 직접 가는 비행기편이 마련됐고 온천수가 흐르는 곳에는 온천을 할 수 있는 간이온천이 마련돼 온천수에 몸을 담그고 올 수 있었다.

네번째는 겨울철 백두산을 보고 싶어 다시 그곳을 올랐는데 백두산은 역시 겨울에 가야 그 이름이 어울리는 것 같았다. 춥고 미끄럽고 해 많이 고생은 했지만 퍽 의미 있는 등정이었다.

이제는 인천공항에서 연변 가는 직항로가 열려 여비도 저렴해졌다. 꿈에 그리던 백두산을 네번씩이나 올랐지만 진면목은 아지 보지 못했다. 난 중국령 장백산(長白山)에 올라 백두산을 바라만 봤지 그 곳엔 갈 수가 없었다. 북한은 언제 백두산을 개방할까. 그땐 백두산을 밟아 볼 수 있을까?

책벌레의 서재

난 책벌레였다. 서울의 고서점, 지방의 각 처 헌책방을 즐겨찾았는데 이것은 내가 여행을 즐긴 목적 가운데 하나이기도 했다. 나는 헌책 가운데 사야 할 책이 두 세권 있으면 주저하지 않고 모두 구했다. 이러한 책을 듬뿍 배낭에 담고 집으로 돌아 올 때가 내 생활의 가장 즐거운 때였다. 그래서 내 책사는 모습을 본 친구들은 나를 '책벌레' 라고 불렀다.

그렇다고 헌책만 수집 하는게 전부가 아니었다. 나는 연극과 관련된 서적이 새로 나오면 그것을 가격에 관계없이 모두 사 놓아야 마음이 안정되곤 하였다.

내가 이렇게 책을 모으고 읽게 된 건 고등학교를 나오고 연극을 시작하면서 연극 관련 책을 구하러 서점에 다녔는데 희곡집 몇 권과 연극 이론서 두어권 밖에 없다는 충격 때문이었다.

대학에 들어가서는 더욱 절실함을 느낄 수 밖에 없었다. 일부 교수는 노트를 해가지고 와서 읽어주는 것이 고작이었고 실기교수들은 거의 체험담에 의존, 이야기를 펼쳐가고 있었다. 이에 분개한 나는 후학들에게 필요한 책들이 많이 나와야 된다고 생각하고 책이나 신문.잡지에 나오는 연극 관련된 내용은 모조리 노트에 옮겨 적었고 신문은 오려서 스크랩하는 습관이 만들어졌다.

이런 생활이 시작된지 20여년, 그때부터 매년 발간되는 책들의 숫자가 늘어났고 반세기가 지난 요즘에 이르러 그 숫자는 급속히 늘어나기 시작했다. 요즘은 1 년에 발간되는 책들이 잡지까지 200여점에 가깝다. 책을 모으기 시작한지 반세기가 지난 요즘, 그 동안 모은 책들이 내 책들이 아니고 모두 연극을 전공하는 사람들이나 관심이 있는 분들이 읽어야 할 필독서가 되어야 한다고 여겼다.

이젠 책도 흔해졌으니 그만 구해야 하지만 난 아직도 예전 행해오던 습관을 버리지 못하고 있다. 지금도 고서점과 새책방을 헤매고 있으니 말이다.

난 그 동안 모은 책과 공연 자료 25만여점을 경남 남해군에 기증했다. 그리고 이동면에 있는 폐교된 다초초등학교를 리모델링해서 남해국제탈공연예술촌 내에 도서관을 꾸몄다. 이름하여 공연자료 도서관이다.

이렇게 도서관을 꾸미고 나니 옛날 생각이 난다. 예전엔 책이 너무 많아 방, 마루, 다락 할 것 없이 책으로 꽉 찼고 그것도 넘쳐 아우의 집 빈방을 빌려 서고로 활용하기도 했다.

이렇게 되다보니 책상과 의자도 내던져 버리고 방도 혼자 생활 할 수 있는 아주 작은 공간 만이 나의 유일한 공간이 될 수 밖에 없었다. 책을 찾으려하면 온갖 책들을 모두 들쳐야 하기 때문에 서점에서 구할 수 있는 책은 다시 서점에 가서 구해다 보는 것을 시간 절약이라고 보았다.

이제 남해군에 기증하고 나니 책 찾아 보기는 편하게 되었다. 여러개의 책꽂이에 장르별로 나누어 꽂다보니 책찾기가 아주 쉬워진 것이다. 그리고 도서관내에는 책읽을 수 있는 공간과 글을 쓸 수 있는 공간도 마련되어 있다. 각종 서적을 복사할 수 있는 스캐너까지 있어 요즘 세대에 꼭 맞는 곳이란 생각까지 든다.

책을 읽고 글을 쓸 수 있는 공간이 더 넓어졌는데 난 아직도 예전처럼 방바닥에 누워 책읽기를 좋아하고 글을 쓰는 것도 엎드려 쓰는 걸 좋아하고 있다. 그러니까 도서관은 내 서재가 아니라 여러분들, 우리 전체의 서재가 되었고 난 지금도 넓은 방에 누워 읽고 쓰는 일을 계속하고 있다. 책벌레의 글방은 그대로 방인 것이다.

나반존자와 밤을 밝힌 운문사 사리암

"나반존자, 나반존자……"

지금으로부터 20여 년 전으로 기억된다. 1992년 봄, 우리들이 청도 운문사에서 저녁공양을 마치고 운문사의 유래를 스님으로부터 경청하고 떠난 것은 이미 밤이된 후였다. 운문사에서 버스로 2Km쯤 갔을까. 그곳에는 몇 대의 승용차와 버스가 서 있었고 우리들은 그곳에서 내려 산을 오르기 시작했다.

얼마쯤인가 가파른 산길을 오르니 산울림소리가 들리기 시작했다. 그리고 멀리 불빛도 나무들 사이로 보이기 시작했다. 사리암이 그곳에서 멀지않음을 느낄 수 있었다.

숲을 헤치고 계곡을 타고 올라가면서 들린 소리는 어수선한 기도 소리에 섞여있는 "아란존자" "나반존자" "만존자나"등의 네 단어였다.

우리들이 그곳에 가까이 갔을 때까지도 그 정확한 부르짖음은 확인할 수 없었다. 수십 개의 가파른 계단을 올라 그 곳에 도착한건 밤이 늦어서였지만 많은 사람들이 밤을 잊고 소리를 내고 있었다. 계속 합장배례 안 하는 사람, '나반존자' 를 외치며 합장 배례하는 사람, 앉아서 '나반존자' 만 뇌는 사람, 그 층은 아이들부터 할머니까지였으며 젊은층의 남녀들도 많았다.

나반존자, 같이 간 일행들 중 이 나반존자에 대해 아는 사람은 없었다. 지금처럼 인터넷이 있다면 몰라도 그때는 알 길이 없었던 것이다. 다른 사람에게 물으려했지만 기도에 열중하는 사람뿐이었다. 이 궁금증을 풀기 위해 필자는 기도장을 나서야 했다. 기도장을 나서고보니 그 옆에 나반존자에 대해 간단히 설명한 간판이 보였다.

내용인즉 부처님의 십육나한 중 한분으로 부처님께서 열반에 들지도 말고 이후 미륵불이 출연할 때까지 세상에 남아 중생들을 제도하라고 일렀다는 것이다. 내용이 너무 간단해서 스님들에게 물어보려고 했으나 한 분도 눈에 띄지 않았다.

우리 일행들은 일부는 참배한 후 대중방으로 자러가고 일부는 기도장에서 기도를 밤새도록 하기로 했다. 필자는 이왕 기도장에 왔으니 밤을 새며 기도장에 머물기로 하였다. 필자도 남들처럼 '나반존자' 를 외치면서 우선 백팔배를 끝내고, 굴속으로 산신각으로 다니며 참배하고 본당 앞에 깔아 놓은 돗자리 위에서 밤새도록 참선을 했다.

이튿날 새벽 3시가 되니까 통 눈에 띄지 않던 비구니 두 분이 나와 아침 쇳송에 들어갔고, 이어서 예불이 시작되었다. 그것을 마치고 나니 5시쯤 되었다. 우리들은 사리암 비구니가 운문사에 아침공양을 부탁해 놓았다고하여 그곳 사리암을 떠나야 했다.

운문사에서 아침공양을 끝낸 우리들은 250여명 학승들과 함께 그곳에서 승가대 학장 명성스님의 설법을 들었다.

그곳에서 학장의 설법 중 250여명의 학승들을 모두 그곳 사리암이 먹여 살린다는 말씀과 나반존자에 대한 설명을 들으면서 모든 궁금증은 조금씩 가시어졌다. 즉, 나반존자는 '독성(獨聖)' 이란 이름으로 불리는데 이는 두 가지로 설명될 수 있다는 것이다. 그 하나는 이 세상 부처님께서 나시기 이전 천태산에서 홀로 12연기의 진리를 깨닫고 수행하여 성인의 지위에 올랐다는 분(聖)을 말하며 (독수성, 獨修聖), 또 다른 설명에 의하면 그는 원래 부처님의 제자 빈두로 파타야였다고 한다.

그는 흰머리와 길다란 눈썹을 가진 십육나한 중의 한분으로 부처님 성도 6년에 추마국의 외도 수제(樹提)거사 앞에서 높은 장대에 매달린 전단발우를 꼼짝 않고 앉은 채 집어내리는 신통력을 나타내 보여서 우바리존자의 책망과 부처님의 꾸중을 듣게 되었다고 한다. 이에 부처님께서는 "목숨이 다하도록 너를 쫓아내노니 이 '남섬부주' 에 주하지 말 것이며, 또한 열반에 들지도 말고 이후 미륵불 출현시까지 세상에 남아 중생들을 제도할지어다" 라고 하셨다는 것이다.

그리하여 빈두로존자는 옷과 발우만을 손에 든채 남섬부주를 떠나 구야로 가서 불법옹호와 확산을 위해 노력하고 계시다는 것이다.

명성스님의 설법은 조리있고 유머가 넘쳐 우리들과 학승들 모두 가까운 분위기 속에 경청했다. 우리들은 운문사를 떠나 대구 팔공산 동화사에 들렀고 동화사 경내를 둘러보고 나와 미륵불에 참배한 후 귀경을 서둘렀다. 그런데 이상한 일은 갈 때는 12시간이나 걸려 갔던 길을 10시간 만에 서울에 올 수 있었고 그 날밤 뜻하지 않은 전화를 받았다.

가톨릭대학 신학과를 나와 초현실주의 문학연구회(주재;조향)에서 필자와 함께 활동을 하던 나보다 20세 아래인 문상연이란 친구가 6 년 만에 스님이 되어 나타난 것이다.

난 다음날 설레이는 마음으로 그를 만났다. 그런데 그는 6 년전 출가하여 스님이 된 후 2년 여 동안 인도에 있다가 책 출판 관계로 귀국했다는 것이다. 그는 곱게 만든 〈가람, 절을 찾아서 Ⅰ〉(산방간행)를 나에게 건네 주었다.

필자는 기뻐하며 정각스님의 책을 펼쳤는데 그 펼쳐진 곳이 '독성과 환웅' 부분이었다. 난 그걸 보는 순간 나반존자를 대하듯 기뻤다.

정각스님은 그 후 귀국, 부산 범어사에 머물다가 동국대 대학원 박사과정에 등록, 1998년부터 필자와 불교학과 교수들이 연구하는 〈불교의례, 연극 연희화 방안 연구〉에 가담, 함께 연구논문 집필자로 참가하였다. 이것이 인연이 되어 졸업논문도 〈불교의례〉를 계속 연구 발표 박사학위를 취득했다. 필자는 논문인연으로 불교학과 박사논문 심사에 처음 심사위원으로 참여하는 계기가 되었다.

그후 정각스님은 고양시에 법당을 만들고 계속 정진하면서 후학 배양에 힘쓰고 있으며 대학에도 출강하고 있다. 정각스님과의 인연 때문에 필자는 나반존자를 더욱 분명하게 알게 되었다. 신통력을 지닌 분이라는 점이다. 요즘 간간히 정각스님의 글을 여기 저기서 대할때면 난 곧잘 운문사 사리암을 생각하게 된다. 그곳엔 지금도 많은 사람들이 모여 밤새며 기도하고 있을 것이다. 필자가 별안간 운문사 사리암의 나반존자를 생각하게 된 것은 무슨 까닭일까? 나반존자와 함께 밤을 밝히고 싶은 충동은 왜 일어나는 것일까?

손돌이 추위

겨울이 되면 사람들은 모두 추위를 생각하게 되고 이로하여 월동준비를 단단히 해서 추위를 모면코자 한다. 대한추위, 소한추위등 이름있는 추위는 극성을 부려 너도 나도 견디기 어려워 춥다는 소리를 연발한다.

그래서 겨울은 춥다는 소리와 함께 영글어 가고 제법 겨울스런 분위기에 휩싸이게 된다. 그러나 이런 이름있는 추위는 늘 느끼면서 이름없는 날, 닥치는 추위가 불현 듯 사람들을 놀라게 한다. '손돌이 추위' 가 그것이다.

'손돌이 추위' 는 이름없는 날 불어닥치는 추위의 하나가 되었지만 그 추위가 오히려 다른 이름있는 추위보다 더 맵게 느껴지는 까닭은 이름있는 추위는 그 바람이 일기 전에 대비, 예상하는데 비해 이 이름없는 추위는 예상은 커녕 추위에 대비한 그 어떤 준비도 없는 까닭이다. '손돌이 추위' 는 바로 이름이 있으면서도 세상에 이름이 알려지지 않은 추위중의 하나이다. 그럼 그 추위의 바람, '손돌이 바람' 은 어디서 불어오는 것이며, 왜 자꾸 잊혀져 가고 있는가? 바람을 일으키는 곳, 손돌목을 가보기로 한다.

고려 태조 왕건이 고려를 건국(서기 918년)하면서부터 제 23대 고종에 이르기까지 300여년동안 고려는 갖은 음모, 변란, 외침등으로 많은 어려움을 겪게 된다.

손돌이 이야기는 서기 1231년 몽고병이 침범하여 고종은 위급함을 모면하려고 화평을 내세워 돌려보냈으나 몽고는 많은 조공을 요구, 들어줄 수 없게 된다. 고려는 최후까지 항전할 것을 결심하게 되고 1232년(고종 19년) 송도(개성)에서 강화로 파천하기에 이른다. 고종은 충신들과 송도를 떠나 예성강 벽란도를 거쳐서 손돌이의 배를 타고 임진강과 한강 하류를 거쳐 강화도로 오게 된다. 오는 도중 지금의 김포군 대곶면 신안리와 강화도 광성진 사이의 해협이 협소하고 급류가 흐르는 목에 닿게 된다.

이곳은 지금 가 보아도 앞이 막힌 듯이 보이는 지형으로 처음 가는 사람은 뱃길이 막힌 곳으로 착각하기 쉬운 곳이다. 그러니 당시 망원경도 없는 고종으로서는 심기가 매우 어지럽고 초조하지 않을 수 없었으리라. 왕은 노하여 선원인 손돌이에게 주의를 여러차례 환기, 뱃길을 바로 잡도록 하였으나 손돌이 아뢰기를

"이 곳은 바다의 자연암초와 험산으로 목이 막힌 뱃길이오니 절대로 염려치 마옵소서"라고 고종에게 진언하였으나 왕은 국위가 위급한 때이라 초조한 나머지 손돌이 무슨 흉계를 품은 것이라 여기고 신하들에게 분부하여 손돌을 참수하게 된다.

손돌은 깜짝 놀라 읊조리며 "저 죽는 건 원통치 않으나 상감마마의 진로에 영광이 깃들어야 하오니 소신의 애기를 따라 시행해 주옵소서" 하면서 조그만 표주박을 꺼내 "뱃길에 이 바가지를 띄우니 이 바가지가 떠내려가는 대로 따라가면 자연 뱃길이 트일 것이옵니다."라는 마지막 말을 남기고 조용히 참수당하게 된다.

그 후 고종의 배는 그 박을 따라 진로를 택하여 무사히 강화도로 파천할 수 있었다. 강화도에 도착한 고종은 늦게서야 깨달아 손돌이를 잘 장사지내고 넋을 위로하기 위하여 사당까지 세워주고 매년 손돌이가 죽은 날을 추념하여 천도재를 지내주도록 하였다.

후세 사람들은 이 뱃길목을 손돌이의 목을 베인 곳이라 하여 '손돌목'이라 부르게 되었다. 손돌의 제사는 고종시대부터 시작하여 조선조 말까지 계속 지내오다가 일제의 침략 이후 중단되었다. 그런데 이상한 일은 그 이후부터 그가 죽은 날인 음력 10월 20일이면 어느 해나 매운

바람과 추위가 몰아닥친다는 점이다. 신안리 사람들은 이것을 필경 '원통한 죽임을 당한 손돌이 원혼의 분발' 이라고 여기고 이 바람을 '손돌이 바람(孫乭風)' 이라고 하고 이 '손돌이 바람' 이 몰고오는 추위를 '손돌이 추위' 라고 일컫게 되었다.

올해는 11월 15일(음력 10월 20일)이 손돌이가 죽은 지 782주년 되는 해이다. 1970년대부터 신안리 사람들은 손돌공 진혼제라는 이름으로 그의 넋을 기리고 있다.

2+2=5 교수법

오스트레일리아의 수영선수 콘라츠의 수영법을 보면 어느 수영선수와도 별로 다른 점은 없다. 그렇지만 그의 폼은 너무나도 멋지어 마치 그의 수영하는 모습을 보면 물위를 미끄러져 나가는 것 같다. 두 팔과 다리에는 힘이 들어 보이지 않지만 그의 두 팔, 두 다리로 비롯되는 속력은 2+2=4가 아니라 2+2=5의 효과를 나타내고 있는 것이다.

콘라츠는 이름이 알려지지 않은 소년선수에 지나지 않았지만 후에 그가 차츰 세계 최고기록을 갱신하여 중장거리의 세계 제일인자가 된 원동력은 2+2=5가 될 수 있는 '두 팔', '두 다리' 에 있었던 것이다. 그러므로 2+2=4라는 일반적, 수학적 통념은 2+2=5라는 새로운 공식을 낳게 하였고, 그 뜻은 각 민족, 각종 인간들에게 각양 각색으로 크게 작용하여 왔다.

난 대학에 재직할 때 신학기가 되면 늘 2+2=5가 될 수 있는 지도방법을 생각하게 되었고 그런 나머지 강의법을 매번 바꿔 보는 게 습관이 되었었다. 뒤에 설명되겠지만 한 때는 '탈선형'의 방법을 써보기도 했고 또 어느 때인가는 '미사일 형'의 방법도 써 보았고, '염불형'에, '뒷바라지 형', '나불나불 형'을 각각 사용하기도 했었다. 그러나 이와 같은 실험은 고작 2+2=4 밖에 교육적 성과는 계속 오름세를 보이지 않음을 절감하게 되었다.

그런 나머지 나는 그동안 해 온 방법을 하나하나 검토하고 비판하기 시작했다. 첫째, 코미디를 엮어 가는 코메디안처럼 유모어, 새타이어, 아이러니 등을 섞어 가며 재미있게 구사하던 '탈선형' 수업방식은 그동안 경험에 따르면 지루하거나 졸지 않게 하면서 계속 웃음을 유발케는 했으나 기말에 이르면 학생 쪽은 아무것도 남지 않아 하는 모습이었던 것을 상기시켰고, 그 다음

둘째, '미사일 형'이 실력을 붙이는 데는 가장 효과적인 방법이라고 생각한 나는 주어진 시간 내내 질문 공세를 폈는데 이 방법은 대부분의 학생이 겁을 먹은 듯했고 싫어하고 있었다.

셋째, '염불형'의 방법은 '탈선형'의 다음으로 실행해 보기도 했고, '미사일 형'에 이어 실험해 보기도 했는데 알건 모르건 해 나간 이 강의법이 '탈선형' 다음으로 실험될 때는 따분하고 지루한 감을 나타냈으나 '미사일 형' 다음에 행해 졌을 때는 모두 좋아했으나 결과는 아무것도 머리에 남지 않더라는 점을 느끼게 되었다.

넷째, 학생들 스스로 조사, 연구케 하여 그들이 발표한 후 마무리만 하는 '뒷바라지 형'엔 대다수 학생이 그 행해지는 기간 동안 뒤에서 욕을 하고 있었으나 종국에는 크게 효과를 나타내게 했는데도 그들의 과반수 이상이 수업을 포기하는 사태까지 보여 당황하게 했다.

다섯째, '나불나불 형'에는 두 가지 방법이 있다고 나는 생각하고 한번은 '노트필기' 중심으로 나불거려 보았는데 결과는 조금도 모르겠다는 반응이 절반 이상을 점했다. 이 방법은 2000년 전후까지 제일 많이

사용한 방법이었다. 교수는 '소귀에 경 읽기' 이고 학생은 잠꼬대로 밖에는 치지 않는 결과가 된다고 볼 때 걱정마저 들기도 했다.

이쯤 검토하면서 나는 그동안의 교수법이 2+2=4는 몇 명에 지나지 않았고 2+2=3이란 억측만 낳았다는 사실을 발견하게 되었다. 이는 어쩌면 내가 2+2=5의 방법을 생각한 자체가 잘못이었다는 결론이지만, 콘라츠의 2+2=5라는 성과를 확인한 이상 다시 실험하지 않으면 안 되었다.

1995년부터 나는 그동안 경험한 방법을 토대로 한 학기에 한 가지씩 실험하던 교수법을 다섯 등분하여, 첫째는 '탈선형' 의 방법을 쓰다가 두 번째 '미사일 형' 으로, 셋째, '염불형' 넷째, '뒷바라지 형' 으로 옮겨, 마지막에 가서 '나불나불 형' 의 방법을 사용하기 시작하면서 성과는 2+2=4 정도로 오르고 있음을 확인하게 됐다. 그러나 2+2=3이라고 할 만한 학생도 그동안에도 몇 명씩 눈에 띄었다.

희곡작가 체홉의 말과 같이 "대학은 온갖 천재를 양성한다. 단, 둔재를 포함한다."는 말에 따르면 2+2=3은 그대로 두면 그 뿐이지만 학교란 잘하는 사람보다 못하는 사람을 기르는 곳이라고 생각하면서 나는 "교수(教授)"라는 한자어를 "교수(絞首)"로 바꾸어 생각하고 그들에게 올가미를 씌어 끌고 또 끌었다. 그 결과 몇 명인 2+2=3도 결국 2+2=4에 이르렀다. 그럼 여기서 만족해야 할 것인가?

나는 남해국제탈공연예술촌에서 프릿츠 카린찌의 〈수업료를 돌려주세요〉란 연극을 올린 적이 있다. 멍텅구리라도 좋고 2+2=4까지에 해당한다고 해도 좋을 한 졸업생이 직장을 몇 군데 전전하다 보니까 자기가 배운 과목들이 사회에 어떤 도움도 되지 않아 직장에서 밀려나면서 그동안에 학교에 낸 수업료를 계산 학교장 앞에 나타나 반환해 줄 것을 요구한다. 그러나 그는 선생들의 재시험 결과 모든 과목에 최우수를 받고 다시 밀려나는 꼴이 된다.

교육계의 모순과 피교육자의 허점을 꿰뚫어 풍자한 이 작품은 말하자면 2+2=3을 시행하는 선생과 2+2=3의 학생, 그리고 고작 2+2=4의 교육적 결과만 가지고는 성과는 별 것이 아니라는 나의 생각과 일치했다.

다시 말하면 교수의 정신은 무엇보다 학생을 자기보다 우위에 오르게 해야 하고 또 자기도 계속 2+2=4 밖에는 되지 않지만 2+2=5의 방법을 터득해야 하고 알려줘야 한다. 나는 2+2=4의 입장 밖에는 될 수가 없고 2+2=5는 이상이라고 생각하면서 실험에 실험을 계속하려고 했었다.

그럼 2+2=5의 성과는 학생이 갖게 될 수 없을까? 있다. 실제교육, 이를테면 전문적인 교육의 시행보다는 이에 앞서 몇 시간을 우선 교수법의 이해를 시키는 일방, 그 교수법에 흥미를 갖게 하고 다섯가지의 단점을 찾아 보여주는 일이라고 생각한다.

즉, 첫째 '탈선형' 은 교수의 코미디에 말려들지 말고 더욱 냉철하게 서는 입장에 놓여 좀 더 혼자 공부하는 습관을 길러야 한다. 교수가 제 아무리 탈선해도 나만은 지금 어디에 있다는 것을 다짐해야 하며, 이렇게 혼자 공부해 나가면 그때는 강의의 재미가 학문적 흥미로 변해 성과를 거둔다는 사실을 알려주는 일이다.

둘째, '미사일 형' 의 경우는 복습과 연구, 조사, 오히려 지명당하는 것이 기다려지고 방어하려는 자세에서 공격자세로 변해 실력을 쌓는 데 크게 도움이 된다고 알려야 한다.

셋째, '염불형' 의 강의에는 모르는 것은 그때그때 질문공세를 펴서 교수의 텍스트와 학생의 질문으로 다리를 놓는 게 필요하다. 이쯤되면 염불은 골수에서 혼을 일깨워 오히려 좋은 결과를 가져오게 되는 것이다.

넷째, '뒷바라지 형' 은 학생이 연구, 조사해 온 것을 발표하면 거기에 대해 질문과 토론을 벌이고 마지막에 교수가 마무리해 주는 것이지만 교수의 결론을 학생 스스로가 찾아가고 마무리 노트를 해두면 성과는 크다. 이런 때에는 사소한 것보다는 그 핵심의 큰 것에 관심을 기울여야 한다는 점을 알리는 일이다.

다섯째, '나불나불 형'은 교수들에게 가장 많은 타입임을 알려주는 일과 두 파가 있는데, 교과서 파는 교과서 중심, 노트파는 노트 중심으로 나불나불 지껄이다가 열을 식히는 경우가 허다한데 이런 일은 없어야 됨을 알려야 한다. 노트나 책에 있다고 해서 소홀히 대하다 보면 기본적인 점은 물론 무엇을 배웠는지 모르게 된다. 그러므로 책일 경우는 미리 읽어 오고 노트일 경우는 참고서를 밝혀주어 노트를 해오는 습관이 필요함을 알려야 한다. 그 다음 교수는 전공과목을 어떠한 방법에 의해 강의하든 학생은 흥미를 갖게 되고 2+2=5가 되는 것을 자기도 모르는 사이에 체득하게 된다. 고등학생이상 대학생이면 자기 스스로 닦아나가야 되는데, 요즘 학생들 대다수는 아직도 교수(絞首)가 되어 목을 끌어 당겨도 버티고 있다. 이는 학생 스스로에도 책임이 있겠지만 교육자 자체에도 책임이 있다.

교수(教授)의 목표는 학생에게 방향만 제시하면 그만이지만 요즘의 교수는 그에서 그쳐서는 안된다고 생각한다. 텍스트가 없던 데스피스(세계최초의 배우)나 소클라테스처럼 학생의 틈바구니에 끼어들어 대화를 가져야 한다.

그런 연후 방향을 알려주면 콘라츠와 같이 2+2=5라는 교육의 실제적 성과는 드러나리라고 생각된다. 그러면서도 나는 2+2=4에 머물고 있었던 것은 무슨 까닭인가? 교수직을 〈거룩한 직업〉(이근삼작의 단막희곡)이라고 생각한 까닭인가? 아니다. 학생은 2+2=5가 될 수 있지만 교수는 고작 2+2=4에 머물며 5라는 숫자는 학생으로부터 얻게 된다고. 이는 연극이나 영화에 있어 연출가나 작가가 배우로 하여금 명성을 얻는 경우와 같은 것이다.

그런데 문제는 또 있다. 1995년부터 학내에 컴퓨터가 급히 보급되더니 컴퓨터를 활용한 교육이 2000년대부터 확산되어 교수법도 하나 더 늘었다. '천리안형' 이라고 부를까?

나의 길, 희곡 작가의 길

난 90세까지는 글을 쓸 것이라고 대학생일 때부터 생각을 굳혀왔다. 내가 글을 쓰게 된 것은 많이 읽은 것이 원인이 되었다. 고등학교 1학년 때부터 하루 4시간만 자는 습관이 생겼다. 그것은 지금도 지켜지고 있는데 이 습관이 많은 책을 읽을 수 있게 했다.

문학관련 서적은 나오는 대로 독파했고 학교에서 재미없는 과목시간에는 읽는 시간으로 돌리곤 했다. 몰래 읽다가 선생들에게 군밤 먹은 것은 한 두 번은 아니었고 끝내는 정학처분 받아 학교도 전학하여 졸업하기도 했다.

내가 대학에 들어갔을 때 관심사였던 희곡문학은 대체로 세가지 유형이 한참 붐을 형성하고 있을 때였다. 희곡문학은 다른 예술과는 달리 인간행위의 진실을 추구하고 심화하는 예술이다. 이는 고대 그리스나 로마의 고대희곡도 역시 마찬가지였다. 그리스 희곡이 인간의 운명적 깊이를 묘사했던 것인데 이것이 당시 희곡문학의 귀착지가 되고 있었다.

첫째, 표현주의와 상징주의가 발표된 후 변형된 신표현주의 혹은 현대 상징주의며 이 계열에 속하는 희곡작가는 미국의 테네시 윌리엄스가 있다. 그리고 윌리엄스와는 많은 차이를 보이고 있으나 운명적 비극성의 추구에 집착하는 작가는 프랑스의 장 아누이와 독일의 브레히트가 있다.

둘째로는 입센에게서 볼 수 있었던 근대극의 이른바 사회성을 다분히 내포한 작품계열은 〈세일즈맨의 죽음〉의 작가 아더 밀러를 대표로 들 수 있다. 밀러는 차가운 비판가인 동시에 사회적 현실주의자인 것이다.

사회비판을 하는 작가로는 존 스타인벡이 있는데 〈분노는 포도처럼〉이라는 작품으로 장기공연의 기록을 세운 일이 있다. 한편, 영국에서도 주목받는 앵그리 영맨이 외치는 주장도 엄격한 의미에서 볼 때 사회적 현실주의라고 할 수 있다. 즉 사회적 부정과 사회제도의 비 인간화에 과감히 투쟁하고 비판하는 작가적 자세를 모색하는 것이다.

셋째로는 극형식의 본원성으로 봐서 가장 그리스 희곡에 접근한 방법이다. 이 방법도 두 개의 조류로 나누어지는데 하나는 장 폴 싸르트르와 까뮤를 대표로 하는 실존주의이며, 다른 하나는 이 실존주의에 도전하는 사무엘 베케트와 이오네스코 및 아다모프 등을 중심으로 한 반 극작가 무리들이다.

표현방법이야 어떻든 희곡이 궁극적으로 추구하는 것은 인간의 참된 모습의 형상화에 있다. 소위 반 희곡이라는 앙띠 떼아뜨르 같은 경우를 보면, 근대희곡이 갖는 모든 극적공약과 극적과장성을 배제하고 인간의 현실적 · 존재적 진실을 찾아 헤맨다.

실존주의와 같이 내적 존재 세계를 파헤치는 일도 거부하고 미국의 희곡작가들처럼 인간심리의 사건적 처리마저 부정해 버린다. 이들은 무대에서 울고 웃으며 떠들지 않으며 진실한 태도로 진실성에 육박한다. 무대위에서 벌어지는 사건에 따라서 관객도 현실적 존재적 진실에 빠지며 하나의 관람객이 아니라 극중 인물로써 등장한다. 연극이 진행되는 동안 관객은 구경꾼이 아니라 자신과 무대위의 극중인물, 또는 작가 자아와의 삼각관계 속에서 연극을 하고 있는 것이다.

이렇듯 희곡이 하나의 유희물이 아니라 인간 생명의 진실을 재현하는데 가치가 있기 때문에 관객 역시 보는 입장에서 진실에 정면으로 서는 입장이 되어야 한다는 의미이다. 이들의 주장은 희곡에 어떤 의미도 붙일 필요가 없다는 것이며 다만 인간 진실의 양상만 추구하면 된다는 것이다. 인간의 생명적 진실, 이것은 모든 예술의 공통적 특색이다. 그러나 희곡은 인간이라는 생명을 지닌 주체적 존재가 시간과 공간의 현실에서 인간을 재창조한다.

그래서 희곡은 바로 실존이며 인간 재현의 행위라고 하는 것이다. 싸르트르는 〈파리떼〉에서 인간실존의 철학을 보여주었고 까뮤는 〈카리귤라〉에서 우주와 인간의 부조리를 보여주었다. 윌리엄스는 〈욕망이라는 이름의 전차〉에서 부랑쉬라는 한 여성으로 하여금 끝없는 불안과 인간의 향수를, 베케트는 〈고도를 기다리며〉에서 돌아오지 않는 고도(구원의 신)를 한없이 기다리는 허무적 신화를 구현하였던 것은 모두 인간의 진실을 추구한 작업이다.

이 세 유형을 보면 희곡이 추구하는 주안점은 '인간의 참된 모습의 형상화' 에 있다. 따라서 나는 철학, 심리학, 종교학, 생리학, 정신 분석학 등에 관심을 갖고 탐독해 나가야 했다. 그중에서도 니이체의 '인생은 수난이 아니고 수난, 그것이 바로 인생' 이라는 대목이었다.

'인생' 이란 'ㅇ' 으로 시작하여 ' ㅇ' 으로 끝나며 '빈 손으로 왔다가 빈 손으로 가는 것' 인데 왜 참진치에 얽매어 있는가? 즉 인간이란 태어나 초목표인 죽음에 이르기까지 구체적 상항과 한계상항이 연속되는데 수난과 장애로 삶의 불안을 느끼고 갈등과 투쟁으로 죽음의 공포속에 살아가는 것이 인생이라는 결론이다.

그렇다면 수난(장애=삶에 대한 불안)과 죽음에 대한 공포(투쟁과 갈등)를 어떻게 하면 극복할 수 있을까? 그 해결방법이 아폴론(Apollon)

적 생활과 디오니소스(Dionysos)적 생활이다. 아폴로(Apollo)는 그리스의 태양신(관조의 신) 즉, 교육의 신이다. 죽음에 이르는 동안 배워야 한다는 점이며 디오니소스(주신)는 술의 신 즉, 도취의 신이다. 매사에 취한 듯 생활하다보면 삶의 불안과 죽음의 공포를 잊고 편안한 생활을 할 수 있게 된다.

나는 결국 인간의 최후의 목표인 죽음을 형상화 하되 주인공의 수난과 장애가 어떻게 투쟁과 갈등을 유발하는가에 역점을 두기로 했다. 수난과 장애가 강하면 강할수록 투쟁과 갈등은 심화되며 성격이 두드러진다.

이것이 나의 길이며 희곡작가의 길이다.

어느 배우의 학창시절

진실하게 사는 길

막상 이 글을 쓰려고 하니 시인 조병화의 「예술론」이 떠오른다.

예술론

조병화

예술은 아름답게 사는
길이 아니라
진실하게 사는 길이옵니다.

아름답게 사는 길엔

수식이 있을 수 없지만
진실하게 사는 길에는
아무런 가식이 있을 수
없습니다.

1960년대 중반으로 기억된다. 그때는 생활이 윤택한 사람이 거의 없을 때였다. 지금처럼 잘 사는 사람, 못 사는 사람, 중산층이 나누어져 있지 않은 때였다. 그때는 대학생들의 복장은 교복 아니면 대부분 군 야전복을 물들여 입고 다니던 시절이다.

이때는 학생이나 직장인들은 도시락을 싸들고 다녔고 일부분만 식당에서 국밥이나 빵을 사먹는 정도였다. 길거리에서는 개비담배를 즐기던 때였다. 온전한 한 갑을 넣고 다니는 학생이 거의 없었던 시절이다.

이 시기 대학에는 정원은 있되 정원 외로 들어오는 이른바 청강생제도가 있을 수밖에 없는 것은 학생이 외부에 직업을 갖거나 좋은 일이 생기면 그만 중퇴하는 경우가 많았기 때문이다.

내가 다니던 학과도 정원은 20명이었는데 나중에 보니 30명이 다니고 있었다. 이런 제도는 1960년대 말까지 계속 되었는데 이 일은 1966년에 있었던 경우이다. 이 30명 가운데 유난히 키가 작고 약삭빠르게 생긴 친구가 끼어 있었다. 그는 키는 작지만 눈치가 빨라 선배들은 모두 그에게 심부름을 시켰다. "담배 한 개비 가져와!"하면 손이 포켓에 들어가기도 전에 뛰쳐나가며 "네"하곤 했다. 그때 그만은 담배를 갑채 지니고 있던 터였다. 그는 있는 체를 안 하면서도 자기 몫을 다하는 학생이었던 것이다.

그런데 이상한 일은 강의시간에는 얼굴을 내밀지 않았다. 꼭 소극장에서만 놀고 연습시간에만 참여하고 있었다. 이렇게 하여 3년여 다니던 어느 날부터 그가 나타나지 않았다. 그는 입대하여 군 생활을 했던 것이다. 교우관계가 좋았던지 그의 부대에는 거의 매주 학생들이 면회를 가고 있었다.

그런지 몇 년, 그는 제대했다. 제대 후 그는 이 극단 저 극단을 오가며 단역배우로 출연하고 있었다. 그 후 '이해랑 이동극장' 엘 가니 그는 이곳에서 활동하고 있었다. 몇 년 후 이해랑 이동극장이 폐단 되면서 그는 보이지 않더니 동문회가 결성되면서 다시 볼 수 있었고 동문연극이 시작되면서 그는 그 연극에 참여하고 있었다. 그 뒤 얼마나 지났을까? 학교에는 그의 2세인 딸이 입학했다는 소릴 들을 수 있었다. 딸은 고급 학년이 되면서 분장사로서 활동을 시작, 졸업 후에도 얼마간 극단을 오가며 활동하더니 시집가면서 무대 활동을 접고 말았다.

한편 얼굴을 볼 수 없었던 그는 어느 틈엔가 술독에 빠져 헤매다 겨우 목숨을 건졌다는 소식이 전해졌다. 회복기세가 보이자 그는 유산으로 받은 부동산을 팔았고 다시 술을 들기 시작, 병이 재발되어 세상을 하직했다. 그 후 소식에 의하면 그의 처도 외국에 나갔다가 세상을 떠났다고 한다.

이 조그만 배우의 장례식에는 친지들이 굉장히 많았는데 그의 처 빈소를 찾으니 찾는 이가 없이 그의 자식 남매만이 자리를 지키고 있었다.

이 동문은 대학에 적을 둔 바도 없었고 또 등록금은 물론, 성적표를 받아 본 일도 없는 '동문 아닌 동문' 이었다. 그러나 그는 동국대 소극장을 자기 집 아끼듯 매사에 열심히 임했기 때문에 학생이 아니라는 사실을 아는 선배도 후배도 없었다.

이미 재학생들 사이엔 몇 기로 되어 선후배가 분명했는데 그를 누가 의심했겠는가?

필자도 조교를 하면서 '그가 시험을 쳐 낙방했다 '는 사실을 발견했지만 당시 교수나 학생들은 물론, 장본인에게 확인하려고 들지 않았다. 이미 선후배가 분명했고 그가 선후배 모두에게 인정받는 동문이 되어 있는데 '이제 이 사실을 밝혀 무엇 하겠는가' 이다. '동문 아닌 동문' 이 죽었을 때 빈소를 찾을 수밖에 없었던 것은 그는 족보 없이 살다가 연극이 좋아서 궂은 일, 좋은 일 가리지 않고 해내던 것이 안스러웠다는 점, 그리고 아무리 작은 역이라도 맡겨만 주면 해내던 '이름 없는 별' 정신이 새삼 그리워지기도 한 까닭이다.

그런데 지금도 의문이 풀리지 않는 것은 있다. 그는 왜 당시 남들보다 돈을 만지며 살았는데 등록을 하지 않았을까 하는 점이다. 그러나 분명한건 '그만큼 연극을 좋아한 학생이 있었던가?' 이다. 연극은 좋아서 해야 한다는 것이 그가 남긴 교훈이다.

이 이야기를 이제야 발설하는 것은 세월이 흘러 이 '이름 없는 별' 의 이야기가 전설처럼 남아 귀감이 되어야 한다고 여긴 까닭이다. 올해가 그가 죽은 지 20년째 되는 해여서 기록으로 남긴다.

4 욕심장이 장 꼭또

우이동과 육당 최남선

서울 강북구 우이동 186번지는 내가 태어난 곳이며 나의 잔뼈를 키워주었고, 대학을 나오고도 오랫동안 살던 곳이다. 따라서 우이동은 고을고을 내 발길이 안 미친 곳이 없으며 옛부터 그곳에 사는 사람이면 서로 모르는 사람이 없을 만큼 모두들 이웃처럼 친숙하게 지내온 터였다.

그러나 우이동은 많이 변했다. 그렇게도 조용하고 한적하던 곳이 이젠 서울시내 어느동네 거리와도 같을 만큼 혼잡해졌고, 꽉 들어찬 집들은 이젠 헤집을 틈도 없이 하늘로 치솟고 있다.

우이동은 도봉산, 우이암, 오봉, 소당바위, 백운대, 인수봉, 만경대를 중심으로 소귀(牛耳)처럼 산이 둘러 싸여 있어 소귓골, 우이동이라고 한다. 예전에 벚나무와 밤나무가 무성하였던 곳이 이젠 모두 잘리우고 집들이 빼곡히 들어찬 것이다.

벚꽃이 일본의 국화라는 사실은 알고 있어도 그 원산지가 우이동이란 사실을 아는 사람은 드물다. 차라리 창경원이 1970년대까지만 해도 유명하더니 요즘은 하동, 군산이 벚꽃가로수 길로 이름이 났다. 우이동은 이제 도선사로 오르는 용개울 어귀와 도봉산을 오르는 병문안 여기저기 몇 그루씩 보이는 것이 우이동 벚꽃나무의 실상이다.

나는 우이동 초입 냇가에 치솟은 아파트를 보면서 화가 치밀었고 울음까지 터뜨리지 않을 수 없었다. 그곳엔 역사적 인물이 됨직도 한 육당 최남선 선생의 유택이 있었고 그 분을 기리기 위한 탑이 그 집 밑쪽에 소원(素園)을 형성하고 있었으며 유택입구는 벚나무가로수가 길 양쪽에 즐비했었기 때문이었다. 벚꽃의 원산지가 우이동이라는 사실을 일깨워

주신 최남선 선생, 그 분의 숨소리를 느끼게 했던 곳에 아파트가 세워진 것이다. 지난 해 어머님 영구차가 우이동을 거칠 때 난 아파트 앞에 차를 멈추게 했다. 순간 옛날이 파노라마처럼 나의 뇌리를 스치고 있었다.

최학주(육당의 손자)와 난 우이초등학교 같은 반 친구였다. 수업이 끝나거나 쉬는 날이면 함께 자치기도하고 용개울에서 수영도 즐기고 물고기도 낚으며 지낸 아주 가까운 친구였다.

벚꽃이 지고 열매가 까맣게 익을 무렵이다. 우리들은 집 앞 벚나무에 올라 빼찌를 따먹고, 탐스럽게 달린 몇 가지를 꺾어 학주의 방에 들어가서 놀고 있을 때였다. 문이 드르륵 열리며 할아버지께서 들어서셨다. 보통 때 하도 무서웠던 할아버지라 우리 둘은 급히 일어나 차렷자세를 취하고 섰다. 할아버지께서는 벚나무 가지를 발견하시자 그것을 달라고 하며 한쪽에 앉으시면서 우리들도 앉으라고 하셨다.

"옛날에 우이동에는 벚나무가 없었단다. 집도 두어 채 밖에 없었지. 그 두집 사람들은 나무를 잘라 숯을 만들어 파는 사람들이었지. 그런데 하루는 나무를 하기 위해 물푸레골에 올라갔다. 하루 종일 나무를 자르다보니 배가 고프고 피곤하여 누워서 쉬었다는 게야. 단잠을 깨 보니 앞의 나뭇가지에 까만 열매가 주렁주렁 달렸더란다. 그래서 두 사람은 그걸 따서 배가 부르도록 먹었다. 그런데 그 이듬해 밭을 갈았는데 이상한 풀이 나서 뽑아 보니 벚씨에서 싹이 터서 나왔더라는 거야. 그래 그냥 놔 뒀다. 그렇게 하여 우이동엔 벚나무가 많이 퍼지기 시작했다는구나. 숯구이 아저씨들이 그걸 씨째로 먹고 똥을 누었는데 그걸 밭에다 거름으로 주니, 그게 하나하나 나기 시작한 거지."

우리 둘은 할아버지와 함께 깔깔 웃었다. 그러자 할아버지는 말씀을 계속하셨다.

"그런데 이상하지? 벚나무의 원산지는 우이동인데 이걸 일본 놈들은 자기네 국화로 여기고 있으니 말이야!"

우리들이 호랑이처럼 여겼던 할아버지는 그 다음부터는 가까이 대할 수 있었는데 그만 6.25가 터지는 바람에 난 학주도 그의 할아버지도 만나 뵐 수 없게 되었다. 그러나 내가 중학교, 고등학교로 진학하면서 그 분이 얼마나 유명한 분인가를 알게 되었고 1957년 10월 10일 그분이 작고하셨다는 아버님의 말씀을 듣고는 그렇게 서운할 수가 없었다.

최남선선생은 분명 친구의 할아버지이긴 했지만 나에게 있어서는 훌륭한 스승이었다. 나는 나이를 먹으면서 그 분이 지은 온갖 책들을 읽으면서 사숙 아닌 사숙을 해왔으니까.

중국 상해 홍구공원의 노신기념관이나 모스크바 체홉, 또스또예프스키, 톨스토이 기념관을 보면서 최남선 선생의 소원도 그렇게 조성했으면 얼마나 좋았을까 여겼었다. 다른 나라는 잠깐 살다간 집까지 기념관으로 남기는데 우리는 최남선 선생의 유택은 물론 소원까지 몽땅 사라지게 했으니...

난 그 날 영구차를 타고 들린 후 아직 우이동을 가지 않았다. 우이동하면 육당 소원을 꼭 들리고 어머님이 계신 동생의 집을 들렀는데 이젠 들릴 곳이 모두 사라진 것이다. 우이동을 언제 가게 될지 기약할 수 없게 되었다. 사람은 늙으면 고향을 찾아든다는데 난 멀리 남해섬으로 떠나 온 것이다.

<검사와 여선생>

요즘은 사회에서 우러러 보아야 할 직업을 가진 사람들의 이야기가 매스컴을 뜨겁게 달구고 있다. 국회의원부터 시장, 법조인, 그리고 중고

교 교사에 이르기까지 그 층도 가지가지다.

얼마 전에는 여류 법조인이 형을 받아 형무소로 향하는 걸 볼 수 있었고, 검찰은 범죄자라고 치부했는데 판사의 판결은 무죄로 되는 등 그 어느 때보다 주의를 끌게 했다.

학교 내 폭력이 심화되고 금품까지 갈취해 학생들이 불만에 떨고 있다. 반면 선생들은 어쩔 바를 몰라 하는 등 손을 쓸 수가 없어 하는 동안 폭력은 집단화, 계보화 돼 있음이 드러나 경찰이 개입하는 지경까지 이르렀다.

이제 이 문제는 일반에 널리 알려졌고 나도 혀를 쯧쯧 찰 수밖에 없었다. 그러다보니 왜 요즘은 예전처럼 휴먼스토리가 보이지 않고 이렇게 되었단 말인가? 스스로 질문해 보기도 했다. 그러자 어릴 때 아버지께서 들려주시던 〈검사와 여선생〉 이야기가 머리를 스쳤다.

"예전에 마음씨 고운 여선생님이 계셨단다. 이름은 영애, 오늘도 여느 날과 같이 수업이 끝나기 무섭게 집에 돌아온 선생은 집안일에 몰두하고 있었어요, 그런데 더부룩한 남자가 집안으로 허겁지겁 뛰어 들었지. 마침 남편이 출장으로 집을 비운 사이에 별안간 일어난 일이라 선생은 생각할 겨를 없이 이 남자를 숨겨주었지.

순경들이 간 다음 이 남자를 나오게 해 자초지종을 듣게 되니 그는 탈옥수였단다. 선생은 탈옥수로부터 들은 사연에 감화된 나머지 탈옥수의 딸까지 보살펴주기 시작했단다. 그러다 한 달간 출장 갔던 남편이 돌아왔지. 돌아온 남편은 동리사람들로부터 아내가 탈옥수와 지낸다는 소리를 여러 사람을 통해 듣게 되었지. 남의 말 좋아하는 동리사람들이 만들어낸 소문에 남편은 아내를 의심하기 시작했고 급기야는 닥달하기 시작했다.

그러던 어느 날 남편은 화가 머리끝까지 치밀어 홧김에 부엌에 들어가 칼을 들고 나오다 문지방에 걸려 넘어지고 말았어. 제 손에 들린 칼에 찔려 죽게 되었던 게야.

목격자가 없었던 이 사건으로 아내인 영애 선생은 남편을 죽인 죄로 감옥에 가게 됐지. 그리고는 재판을 받게 되지 않았겠어. 남편을 죽인 살인자의 누명을 쓴 여선생의 재판장엔 임검사가 지켜보고 있었는데 그는 옛 제자였단다.

임검사는 배고팠던 학창시절 자신의 도시락을 내어주는 것도 모자라 다른 학교로 전근하면서도 제자에게 저금통장까지 쥐어주고 간 마음씨 좋은 그 영애 선생님이 아닌가?

여선생을 한시도 잊지 않았던 제자는 신문팔이로 돈을 벌어 공부를 열심히 했어. 그리고 검사가 되어 자신의 은인이자 옛 은사인 영애선생을 법정에서 마주 대하게 된 것이다.

증거 없는 이 사건은 탈옥수의 증인과 임검사의 변호로 결백이 증명돼 결국 영애 선생은 무죄로 석방되었단다.

영애 선생이 풀려나고 임 검사는 영애선생을 자신의 집으로 모셨단다. 그리고 옛날 자기에게 쥐어 준 저금통장을 보여주고는 아내와 함께 극진히 영애 선생을 모셨다"는 것이다.

이 이야기는 내가 대학에 입학하고 읽은 김춘광의 4막6장의 장막극 〈검사와 여선생〉이었던 것이다.

아마 아버지께선 극단 예원좌에서 1939년 11월에 공연된 연극을 보셨거나 아니면 1948년 6월에 개봉된 김영순 프로덕션제작, 김춘광작 윤대룡 감독, 이영애, 이업동, 정웅 주연의 〈검사와 여선생〉을 종로 우미관에서 보시지 않으셨나 여겨진다.

이 내용이 당시 이채롭게 느껴졌던 사실은 당시까지는 임선규, 이서구 등의 신파극은 주로 기생이나 가난한 사람, 무식한 여 주인공들을 다루었는데 김춘광은 그런 인물에서 탈피해 중류정도의 유식한 여선생을 여주인공으로 설정했기에 주목거리가 되었을 것이다.

임 검사가 어린 시절 굶주림 속에서도 신문팔이로 병든 할머니를 지극히 봉양한 것이라든가 질투심에 불탄 나머지 죽음을 자초한 남편에 대한 사랑을 끝내 지키려는 아내의 열녀적인 자세 등이 주목거리였을 것이다.

이 작품은 다시 1947년 극단 청춘극장에서도 다시 상연하였고 영화로도 윤인자, 이향, 이룡, 복혜숙 등이 출연, 다시 제작되기도 했던 작품이다.

〈검사와 여선생〉의 여선생처럼 선생들은 학생들에게 최선을 다해야 되는데 요즘 선생들은 자기희생을 너무나 하지 않는 게 아닌가 여겨진다. 자유당 시대에도 학생들 가운데는 깡패들이 있었으나 사건, 사고는 학교 밖에서 거의 이뤄졌지 교내에서는 보기 힘들었다. 학교에서는 규율이 엄했고 선생들이 지금처럼 지켜보고만 있지 않았다.

그러니 학내에서 사건을 일으킨다는 것은 생각조차 할 수 없었던 것이다.

중국인의 아큐정신

- 상하이의 루쉰공원-

우리나라 사람들이 중국 상하이에 가게 되면 꼭 들르는 곳이 루쉰(魯迅)공원이다. 그런데 이상한 것은 그곳에 가면 정작 루쉰기념관은 찾지 않는다. 윤봉길 의사와 관련된 곳을 보기위해서 이리라. 윤봉길(尹奉吉)은 1930년 3월 '장부출가생불환(丈夫出家生不還)' 이란 글을 남기고 상하이로 건너 가 세탁소 외무사원, 모직공장 직공 등의 일을 해 가며 김구(金九)가 주도하던 항일애국단에 들어간다.

그는 1932년 김구로부터 폭탄을 받아 4월 29일 일본천황 생일인 천장절(天長節)과 겸하여 상하이 사변 전승기념식장인 홍커우(虹口) 공원에 들어가 폭탄을 던져 상하이 파견 일본군 사령관 시라카와 요시노리 대장과 거류민 단장 가와바다 등을 즉사시켰다. 윤봉길은 거사현장에서 체포되어 오오사카로 이송, 군법회의에서 사형선고를 받고 순국했다. 그러나 윤의사가 거사를 편 곳이 어딘지 확실히 아는 사람도, 또 표적이 될 만한 것도 없다.

그냥 '루쉰의 무덤 우측 뒤쪽 나무숲이 우거진 둔덕 위' 라고만 알려지고 있을 뿐이다. 허망하기 그지 없다. 그럼 그곳을 본 허망함을 그대로 끝내야 하겠는가? 루쉰의 무덤과 장엄한 비석, 그리고 그의 기념관을 보게 되면 허망함은 메꾸어질 수 있다고 여겨진다. 더구나 요즘은 그 홍커우 공원도 그 이름을 루쉰공원으로 바꾸었으니 루쉰기념관은 봐야 되지 않겠는가? 우리는 한 문인의 기념관 열기도 어려운데 이들은 전국에 몇 개나 되는 루쉰기념관을 만들어 놓고 이곳엔 공원까지 형성해야 했단 말인가? 이것이 그들 중국인의 정신이다.

아큐정신. 그 정신을 배양하는 곳, 루쉰 기념관을 찾아보자. 내가 1993년 루쉰 기념관을 찾았을 때는 홍커우 공원이었다. 입구에서 기념관까지는 백여 미터 전방 우측 대나무 숲에 가려 있는 3층집이었다. 이곳에 가면 루쉰의 본명은 주수인(周樹人)이라는 것과 절강성에서 태어나 일본 센다이 의전에서 수학했음을 알게 된다. 1906년 교실에서 노일전쟁 관련 영상물을 보고 격분해 중퇴하고 오직 문학에만 전념하게 된 것도 소상하게 전시되어 있다.

그는 1909년 귀국해 고향에서 교편을 잡았다가 민국혁명 후 동향선배의 알선으로 북경교육부에 근무하면서 많은 작품을 쓰게 된다. 처녀작인 〈광인일기〉에 이어 〈공을기〉, 〈약〉, 〈두발고사〉, 〈풍파〉, 〈고향〉, 〈아큐정전〉 등을 발표했다.

〈아큐정전(阿Q正傳)〉은 세계 명작이 된 그의 대표작답게 화가들의 아큐풍자 그림이 벽에 즐비하게 붙어 있었고 각국에서 번역, 발간된 책도 많이 비치되어 있었다. 이로 하여 유명해진 그는 북경대학 등에서 강의를 하면서 그 명성은 날이 갈수록 높아졌다. 1925년 정부의 문화탄압에 위협을 느낀 그는 광동중산대학으로 옮기고 국공분열 이후의 불안한 사회정세를 피해 1927년 샹하이에 정착한다.

1930년 중국 좌익작가연맹의 중심인물로서 프롤레타리아 문학이론을 내세우게 된다. 그는 1936년에 세상을 떠나는데, 만년의 유물들도 그곳 전시관에 진열되어 있었다. 기념관 1, 2, 3층을 관람하다 보면 아큐는 날품팔이 농민으로 자신의 어리석음과 약점을 모르고 제 잘난 맛에 사는 인물이고 싸움에 졌을 때는 자기가 양보했다고 생각하며, 상대가 약하면 큰소리를 치는 성격의 소유자임을 알게 된다. 결국 아큐는 신해혁명의 혼란 속에서 축제날처럼 들뜬 기분으로 폭동에 참여하게 되고 폭도의 일당으로 몰려 잡혀 처형당한다.

〈아큐정전〉이 유명해지자 주인공 아큐도 유명해졌고 결국 아큐는 중국인의 정신을 상징하는 인물이 된다. 남에게 경멸과 학대를 받으면서도 관념속에서는 자신이 참된 승리자라고 생각하는 정신승리법을 상징하는 것이다. 그래서 홍커우 공원은 루쉰공원이 되었고 그 아큐정신은 루쉰공원과 함께 중국인들의 마음속에 살아 있게 된다. 한국인들이 루쉰 기념관을 많이 찾게 되자 중국 정부는 기념관을 새롭게 단장하고, 윤봉길 기념관도 2003년 12월 4일 개관했다. 루쉰공원의 윤봉길 의거장과 기념관을 보면서 민족의 얼을 되새기고 아울러 중국인의 아큐정신과 아큐의 정신승리법도 눈여겨 보아야 할 점이다.

시인 고월 이장희의 집

난 7월만 되면 시인 고월(古月)의 집을 찾아 헤매던 일을 생각하곤 한다. 1978년으로 기억된다. 나는 당시 틈만 있으면 여행을 즐겼다. 여행을 즐기다 보니 그때는 여행지 부근의 예술인의 집을 찾아보는게 습관이 되었다.

그때 나는 대구를 중심으로 둘러쌓인 산을 모조리 오르고 대구가 낳은 시인의 집을 찾기로 한 것이다. 대구는 다른 도시에 비해 여름은 몹시 덥고 겨울은 매우 추운 것이 둘러쌓인 가야산, 비슬산, 최정산, 팔공산 때문이다. 1978년 여름은 말복이 지나도록 몹시 무더운 탓인지 산을 오르는 사람보다 오히려 바다를 찾는 사람이 많았다.

그렇기 때문에 가야산을 오르는 계곡엔 그리 많은 사람이 없었고 팔공산을 오르 때도 퍽 한가로웠다. 그러나 비슬산, 최정산이야 더 한적할 수 밖에 없었다.

며칠동안의 등산을 끝내면 나의 습관은 도시의 내음새를 맡으며 별미의 음식을 찾는 일과 헌책방을 찾는 일인데 그때 난 대구의 명물 "따로국밥"을 빼놓을 수 없었고 대구의 헌책방이 즐비하게 몰려있는 시청앞 거리와 대한극장 정면에 산재한 책방을 들릴 수 밖에 없었다.

책방을 들리고는 〈청천(靑天)의 유방〉 〈봄은 고향이로소이다.〉의 시인 고월 이장희(李章熙)의 옛집을 찾으려는게 내 심산이었다.

내가 대구에서 낳은 시인 중에 유독 이장희에 관심이 컸던 것은 그는 이상화(李相和)나 백기만(白基萬)과 비슷한 시기 시작에 심혈을 기울였지만, 불과 30여세의 젊은 나이에 스스로 목숨을 끊었다(1900.11.9~1929.11.9)는 사실과 그때 제자 중의 하나가 고월의 연구에 몰두하고 있었기에 도움을 주고 싶었던 까닭이다.

그리고 또 이유가 있었다면 그는 일정한 직업도 없이 항상 집거 생활 속에서 사색으로 지냈고 발표욕이나 명성에 지배되지 않았으며 그의 시작이 1960년대 시인들과 같이 극히 즉물적(卽物的)인 감각과 수사법으로 심미적 이미지를 엮어내는 특이한 작품을 벌써 1920년대에 발표하므로써 문단을 놀라게 했다는 것이다.

그런데다 당시의 시단 풍토의 주조는 서구적 문예사구조를 무비판적으로 수용하여 낭만주의, 퇴폐주의, 상징주의 리리시즘이 마구 혼류를 이룰 때 였으나, 그의 시는 너무도 섬세한 감각을 지니고 있어서 감각의 이미지를 보여주었다는 점이다.

우선 나는 그의 가족사항을 판단하기 위해 집을 찾기 전에 중구청을 가서 호적을 열람해 보았다. 그러나 밝혀진 그의 집 주소, 중구 서남로 1가 123번지에는 "이× 희" 란 이름이 몇 개 나와 반가워 했으나 아무리 뒤져도 이장희란 이름은 없었다.

실의에 찬 나는 되돌아설까 망설이기도 했으나 너무나 대구에 온 것이 무의미하게 될까봐 그 주변 주소를 더 찾기 시작했다. 그 결과 서남로 1가 123번지가 아니라 125번지에서 고월의 부친 이름을 발견했다. 그러나 그 번지내에도 고월의 이름은 없었다. 난 일단 안도할 수 있었다. 예전에도 이런 벽에 부딪 쳤으나 결국 찾아내고만 경험을 되살려 호적계 최순자 계원에게 원적을 찾아 줄 것을 당부했다. 그 동안 나는 시민홀 소파에 앉아 그의 〈저녁〉이란 시를 외고 있었다.

저녁

버들가지에 내 끼이고
물위에 날으던 제비는
어느덧 그림자를 감추었다.

그윽히 빛나는 냇물은
가는 풀을 흔들며 흐르고 있다.
무엇인지 모르는 말 중얼거리며 흐르고 있다.

누군지 다리우에 망연히 섰다.
검은 그 양자 그리웁고나
그도 날같이 이 저녁을 쓸쓸히 지내는가.

몇 번 되뇌이는 동안 먼지로 휩싸이고 겨를대로 겨른 두툼한 원적을 창고에서 찾아왔다. 이렇게 고마울 수가, 난 빼앗듯이 123번지를 찾으니 그의 이름 '이장희'가 나왔다. 나는 나도 모르게 계원의 두 손을 꽉 잡았다. 이건 정말 진땀 뺀 최순자씨의 수고 결과로 찾을 수 있었던 것이다.

원적을 들추면서 난 깜짝 놀랠 수 밖에 없었다. 고월의 부친(이병학)은 세 번을 결혼했는데 고월은 두 번째 부인 조명희(趙明熙)씨와의 사이에서 난 아들로 스물 한 남매 중 셋째아들이다. 남자가 17, 여자가 4명이다.

이쯤 확인하고 난 그곳을 나와 택시를 잡아타고 서남로 1가로 달렸다. 대략 30 여 분만에 그의 집을 찾아냈는데 찾고 나니 맥이 빠졌다.

옛모습의 집이 아니고, 같은 번지에는 2층 건물이 덩그러니 서 있었으며 개인병원으로 사용되고 있었다.

이장희 부부의 병원을 노크하니 묘령의 간호원이 나와 응해 주는데 고월과는 아무런 관계가 없지 않는가.

난 또 실망했다. 맥이 빠져 그 자리에 주저 앉으며 시인 이장희 집을 아느냐고 했더니 모른다고 했다.

얼마쯤 앉아 있다 나는 다시 일어났다. 일반적으로 알려진 125번지를 찾아 나섰다. 호적과 현주소는 틀릴 수도 있다는 생각이 문뜩 뇌리를 스치고 지나갔기 때문이다.

나는 병원을 끼고 한쪽 골목에 이르니 50번지인데 '이× 희' 라는 문패가 있었고 대문부터 고색찬연하여 벨을 눌렀다. 무조건 " 이 집이 시인의 집이죠?" 했다. 그랬는데 "그렇다"고 했다. 그 집 아주머니 안내로 드니 그 집은 고월의 집이 아니고 상화(相和)의 친척집이었다. 어떻든 시인의 집은 시인의 집이었다. 이제는 앞길이 훤해지는 듯 했다.

그때 들은 얘기지만 아까 찾은 병원도 상화의 친척집, 또 위쪽 골목에 있는 집도 상화의 친척집인데 고월은 병원자리에서 낳아 125번지인 윗골목에서 명을 달리 했다는 것이다.

나는 그 집을 나와 윗 골목집을 찾아 들었다. 상화의 친척 한 분이 나와 그 집의 내력을 설명해 주었다. 고월은 이집 열두 대문칸 행랑채의 작은 방에서 스스로 목숨을 끊었다고 방문까지 열어 보여 주었다. 침침한 방안, 왜 이렇게 쓸쓸해 보일까?

어느 듯 가을은 깊어
들이든 뫼이든 숲이든
모다 파리해 있다.
언덕 우에 우뚝히 서서
개는 짖는다.
날카롭게 짖는다.

비-ㄴ 들에
마른 잎 태우는 연기
가늘게 떠 오른다.

그대여
우리들 머리 숙이고

고요히 생각할 그때가 왔다.

그의 〈쓸쓸한 시절〉을 상기 시켰다.

몇몇 시인의 집을 방문해 보았지만 그 쓸쓸함은 공통적이었다. 세익스피어가 태어난 집과 살던 집, 체홉이 살던 집은 마치 꿈의 궁전처럼 느껴지는데 왜 한국 시인의 집은 버려진 채 이렇게 쓸쓸할까?

나는 고월 이장희 집을 나서면서 이런 생각에 사로 잡혔다.관광객이나 문학을 지망하는 이들에게 꿈을 북돋아 주는 그런 집은 될 수 없을까? 우이동 육당 최남선이 살던 집은 흔적도 없이 사라지고 그곳엔 아파트가 들어섰다. 고월 이장희 집은 그대로 있을까. 아니면 헐어버렸을까? 아냐, 지금쯤 고월 기념관으로 남아있겠지. 나는 나도 모르게 그의 시 「청천(青天)의 유방」을 뇌이고 있었다.

내가 아끼는 가장 작은 책
장소협(張笑俠)의 검보대전(臉譜大全).

내 책 가운데 가장 작은 책,
가로 5cm, 세로 7cm의 두 권 한 질의 책자
장소협(張笑俠)의 검보대전(臉譜大全).

이 책은 중국서국(中國書局)에서 1994년 2월 발행된 책자로 표지는 군청색 양장본에 내지는 120파운드의 아트지로 된 각 권 5백여 페이지나 되는 두툼한 책이다.

두 책은 아주 작은 상자에 나란히 담겨져 있었는데, 상권은 558개의 피황검보(皮黃臉譜), 하권은 559부터 1008까지의 '피황축(丑)검보' 가 천연색으로 그려져 실려 있었다. 내가 이 책을 구한 것은 1994년 8월 북경 중심가 왕푸칭거리 중국서국에서였다.

나는 1988년 백두산을 다녀 온 후, 거의 매년 거르지 않고 중국을 방문했다. 내가 중국에 대해 관심을 갖게 된 것은 한국연극사의 올바른 이해와 중국연극과의 비교연극학적 모색을 위해서였다.

1970년대 초 부터는 타이완을 자주 드나들면서 책도 모으고 말도 배우다가 중국본토의 문이 열리면서 본토에 드나들게 된 것이다. 중국 각 성을 다니면서 많이 보고 많은 자료를 구했지만, 그 중에서 책 구하는 일이 제일 기뻤다.

1990년대 중국의 출판 풍속은 초판 1000부 찍어내면 그 책은 재판되지 않기 때문에 때를 놓치면 구하기가 어려웠던 것이다.

1994년 여름 난 북경에 들기 전에 중앙희극학원(연극대학)에 2주간 묵을 처소와 명청(明清)시기의 극장을 안내해 줄 분을 수소문했다. 그 결과 숙소는 중앙희극학원에, 안내는 이 방면에 해박한 주화핀 교수를 설득, 함께 돌게 되었다.

북경에 도착한 다음 날부터 주교수의 안내로 북경의 골목골목을 누비고 다녔다. 개혁 · 개방이후 많은 분야가 개혁의 바람이 불고 있었지만 연극분야는 퍽 더디게 개혁되고 있다고 보았는데 첫 날 돌면서 놀라지 않을 수 없었다.

자금성 안에 있는 '양음각희루' 는 원형 그대로 있는 반면, '개평서희루' 가 대형 수술을 하는 광경을 보았으며 이화원 '덕화원희루' 가 그냥 그대로 있는 반면, '공왕부희루 '는 거의 반 이상을 헐고 새로 짓다시피 대형수술을 하고 있었다. '홍광회관' 은 박물관까지 겸한다고 했으며, 내년에 문을 열테니 한국공연단을 오게 해달라고 부탁까지 했다.

현재 연극은 예전에 비해 공연숫자가 줄었을 뿐만 아니라 상연상에도 많은 변모가 이루어 졌다는 사실은 알고 있었지만 이렇게 많은 극장이 정리, 정돈되고 있다는 것은 전혀 모르고 있었다. 우리네 같으면 떠들면서 수리 할 텐데 그들은 조용히, 아주 조용히 수술, 개혁하고 있다는 것을 알게 된 것이다. 난 3일간 온 종일 옛 극장을 다니면서 구경했다. 그리고 4일째 되던 날은 홀로 서점가를 돌기로 했다.

북경에 가면 들리던 서점들을 차례대로 뒤졌다. 올해 나온 책은 올해 사야지 몇 년후에 다시 와서 사자면 이미 그 책은 내 수중에 들어올 수 없다는 사실을 알고 있기 때문에 난 눈에 띄는 대로 공연관련 서적들을 사들였다.

그런데 어찌된 일일까? 그렇게 싸던 책값이 조금씩 오르더니 이번엔 많이 올랐다고 할 만큼 가격이 뛰었다. 서점가에도 개혁의 바람이 일고 있구나 하는 것을 느낄 수 있었다.

십 여군데 서점을 둘러보고 마지막으로 중국서국에 들렀다. 한참 중국연극관련 서적을 골라놓고 나니 한쪽에 조그만 상자관이 보였다. 다가가 보니 『검보대전』이란 글자가 눈에 들어왔다. 열어보니 아주 작은 두 권의 책자가 상자 속에 가지런히 들어 있었다.

뚜껑을 열고 책장을 넘기니 매 페이지마다 한 명의 경극분장 모형이 천연색으로 그려져 있었다. 그 동안 구해 본 검보에 관한 책 가운데 천여개의 검보가 인쇄된 책이 있었던가? 검보가 천여점이나 된다는 사실을 알고 있는 사람은 몇 명이나 될까?

난 골라놓은 다른 책과 함께 구입하기로 했다. 대다수 경극이나 지방극 분장을 소개한 책은 커다란 책이 대부분인데 이렇게 작은 책자가 있다니 동양연극사를 가르칠 때 보여주기 편한 책이라는 생각이 들었다. 그리고 동학들에게 선물로도 좋겠다고 여겨, 더 있느냐고 물었더니 이 책이 마지막이라고 했다.

1994년 난 북경을 방문한 것을 무척 다행으로 생각했다. 만약 방문치 않았다면 이 책은 구경도 못했을 것이다. 이 책은 나의 집 나의 2만여 책자 중 가장 작은 책자가 되었고 이후 10여년 동안 애지중지 아끼는 책이 되었다. 정년퇴직하고도 당신의 책 가운데 가장 아끼는 책이 무엇이냐고 묻는다면 난 주저치 않고 이 책을 가장 아끼는 책이라 할 것이다.

남해국제탈공연예술촌 장서 가운데서도 가장 아끼는 책은 오래된 책으로 남들은 보겠지만 난 이 작은 책자를 가장 귀중한 책자로 여길 것이다. 이 책을 구한 이후로 난 책은 크기로 보는 것 보다 작더라도 내용이 알찬 것이 되어야 한다는 생각을 하게 되었다.

나의 수집벽

서울 강북의 소귓골(우이동)엔 육당 최남선 선생이 살고 계셨는데 우리집은 선생의 집과 멀지 않은 곳에 있었다. 6、25로 인한 변화는 우이동에도 불어 닥쳤다. 그렇게도 좋아하시고, 사랑하시던 우이동을 육당 선생은 떠난 것이다. 이삿짐은 온통 책뿐이었다. 세트럭이나 될 만큼 많았다.

시간이 흘러 내가 교회에서 처음 연극을 시작하고 직장생활을 하다 대학에 입학했을 때는 책이 얼마나 귀하다는 걸 느낄 수 있었다. 전쟁통에 쓰고 놀면서 부서진 육당의 탈들이 새록새록 떠오르면 육당선생의 얼굴이 머리를 스치고 지나가 당황하곤 했다. 대학에 입학했을 때 공연예술에 관한 책은 찾기 힘들었다. 대학교육은 경험담 위주여서 이에 만족할 수 없었다.

난 타과의 강의를 많이 청강했다. 국문과, 영문과 등의 강의를 많이 듣다가 서라벌예대까지 가서 도강했다. 신문, 잡지에 나오는 공연예술 관련기사를 모두 오려 스크랩했다. 1년에 1~2권 나오는 전문서적을 나오자마자 구해 읽고 또 읽었다. 각 단체의 공연은 빠지지 않고 보면서 전단과 팸플릿을 구해 놓는 일도 게을리 하지 않았다. 내 다음 세대에겐 쉽게 자료를 볼 수 있게 해 주겠다고 생각, 공연예술 관련 자료들을 수집해갔다.

대학을 졸업하고 연극계에 뛰어들어 일을 하다 보니 배우가 아닐 바에야 제작, 기획 그리고 극작 세 분야를 넘나들면서 연극발전을 도모해야겠다고 다짐했다. 이렇게 결심하고 나니 나란 존재는 가정에 어떤 도움도 되지 않는다고 여겨 출가자의 심정으로 홀로 생활을 시작했다.

그후부터 나의 수집벽은 더욱 거세졌다. 1970년대 중반부터 자료확충을 위해 스틸카메라를 구해 사용하기 시작했고 자료확충의 행동반경을 국내에서 국외로까지 넓혀갔다. 이때부터 국외탈을 모으기 시작했다. 1980년대에 이르러 복사기가 널리 보급되자 도서관이나 개인이 지닌 책들이나 논문, 대본들을 복사·제본하기에 이르렀고 1980년대 중반이 되면서 비디오카메라로 공연현장이나 국내외 여행기록 등을 직접 담아올 수 있었다. 그런데 날벼락을 맞았다.

서울 필동 반지하에 거처를 정하고 여름 해외여행에서 돌아오니 방의 세간은 물론 2천여권이나 되는 대본과 책들이 물에 잠기고 습기에 썩어 도저히 재생시킬 수가 없었다. 나는 눈물을 머금고 책과 대본 그리고 옷가지를 말릴 수 있는 한 말리고 버릴 건 버릴 수밖에 없었다. 그때 버린 대본들은 양면괘지에 먹지를 대고 쓴 1940년대부터 50년대 것들이어서 더욱 가슴이 아팠다.

귀한 것일수록 단층집에서는 책꽂이 윗칸에 꽂아 놓아야 하고 집은 최소한 이층 이상에서 살아야 한다는 걸 이때 깨칠 수 있었다.

1980년대 후반 난 현장활동을 접고 대학에 몸 담았다. 반지하 생활공간에서 오장동의 큰집 이층으로 옮겼다. 그리고 재직 20여년간 열심히 후학들에게 방향을 제시하고 국내외 여행을 통해 자료수집에 박차를 가하기로 결심했다. 20여년간 책과 탈, 자료들이 엄청나게 모아졌다.

오죽하면 집주인이 집 무너지겠다고 까지 했을까? 월세 3만원이 50만원이 될 때까지 살았으니 나올 때도 됐다고 여기고 전셋집을 찾아 헤매다 미아역 부근 단층집을 찾아 들었다.비탈에 있는 이 집은 커다란 빈 차고에 넓은 다락이 있어 자료들 보관이 적합하다고 여겨 옮겼다. 이삿짐센터에서 3트럭이면 되겠다고 했는데 막상 이사를 하다 보니 6트럭에 사다리차까지 동원, 짐 싣고 내리는데만 하루 온종일이 걸렸다.

2000년대 중반에 동국대를 정년퇴임하고 경기도 여러 곳을 보고 또 보고 하다 평생 모은 공연예술 자료 25만여점을 남해군에 기증했다. 결국 나는 가출한 자니 불효처럼 보일수도 있으나 난 부모님들께 자랑거리가 됐다. 또 많은 후학들은 나를 멀리 떠났다고 배반자로 볼 수도 있다. 그러나 풍광 좋은 남해의 넓은 공간, 남해국제탈공연예술촌은 시공을 초월한 곳이라는 점을 잊어서는 안된다.

다초 8개 마을이 모두 예술촌으로 바뀌고 있다는 것을 알아야 한다.

2010년엔 금석마을에 '극단신협전시관' 과 '원방각 무대미술전시관' 이 문을 열었다. 초양, 다천마을순으로 뮤지컬 전시관 '영화감독 박상호 기념관' '대학극전시관' 등이 갖추어질 것이다. 그리고 유비쿼터스 시대에 걸맞는 작업이 이루어질 것이다. 이렇게 되면 남해섬은 전국 유일의 공연예술촌으로 거듭나게 되며 세계의 주목을 받을 것이다. 이러한 일들이 마무리되면 난 다시 초심으로 돌아가 국내외 공연예술자료 수집에 나설 것이다. 나의 전생의 직업은 수집가였나 보다.

내게 있어서 이 책 한 권 –「삼국유사」

경북 군위군 고로면에 가면 인각사라는 조그마한 사찰이 있다. 그곳에서는 매년 '일연 삼국유사 문화제'가 펼쳐지고 있다. 내게 있어서 '남에게 권하고 싶은 중요한 책 한 권'을 택하라면 난 주저 없이「삼국유사」를 택하게 된다.

「삼국유사」 이야기를 꺼내니 내 지난 일들이 새록새록 머리를 스치고 지나간다. 지난 일기장을 들추니 2002년 8월이다. '일연 삼국유사 문화제'가 펼쳐진다는 소식을 듣고 그곳에 갈 생각을 굳혔다. 그런데 그때 통영의 '한산대첩축제'와 같은 시기여서 두 가지를 반반씩 보기로 하고 우선 초청된 세미나 발표(한국희곡작가협회)를 위해 통영으로 떠났다.

8월 13일 통영의 '한산대첩축제'의 세미나장에 참석해 주제를 발표하고 나서 통영문화마당을 서성이는데 나의 마음은 자꾸「삼국유사」에만 몰두하게 되어 계획을 바꿔 다음날 군위를 향해 떠났다.

설레이는 마음을 진정하고 군위군청 대강당에 오르니 제2회 일연 삼국유사 문화제의 일연학술세미나가 열리고 있었다. 두 분의 연구발표를 모두 듣고 토론에 들어가기 전 난 세미나에 참여한 몇 분을 만난 후 인각사 상인 주지스님을 소개받고 인각사를 향해 떠났다. 인각사 경내에서 베풀어지고 있는 '청소년 백일장'을 보기 위해서였다.

계속 내리던 비는 인각사로 갈 때 더더욱 쏟아져 앞을 분간키 어려울 정도였다. 물어물어 인각사에 도착하니 백일장의 흔적으로 냇가에 플랜카드만 펄럭일 뿐이었다. 경내에 드니 8월 15~16일 양일간 있을 '일연선사 다례제'와 '「삼국유사」에 대한 강연(염무웅)'과 '시낭송회 및 국악한마당'을 펼칠 임시가설무대의 정비를 서두르는 듯 보였다. 그곳에서

묵으려 했으나 요사체가 마땅치 않아 보여 동행한 이들과 함께 영천을 거쳐 대구로 향했다. 대구에 들어서니 비는 멎는 듯 했으나 동행한 두 분 말씀이 "대구는 비가 오기 어려운 곳"이란다. 저녁을 들며 일기예보를 들으니 내일도 비는 계속 내린다는 것. 대구에서 머물다 아침 새벽 인각사를 가려던 꿈은 접어버릴 수밖에 없었다. 난 그냥 심야우등버스로 귀경하고 말았다.

나는 내가 왜 보각국사 일연(1206~ 1289)과 「삼국유사」에 집착하고 있는가를 되새겼다. 그 결과 일찍부터 일연과 「삼국유사」를 탐독해왔다는 사실과 이를 통해 여러 편의 희곡을 썼다는 고마움이 그 집착의 원인이라 여겼다. 분명히 내가 지니고 있던 많은 책 가운데 교과서와 사전류를 빼고 가장 많이 읽은 책이 「삼국유사」라는 생각을 다시 하게 됐다. 그리고 내가 이 책을 읽어 왔기에 한국인으로 클 수 있었고, 지금도 한국적인 예술에 집착하고 있다고 여긴다.

한국인이 되려면 자기나라 역사를 알아야 한다. 그러자면 김부식의 「삼국사기」와 일연의 「삼국유사」는 필독해야 한다. 이 속엔 신라, 고구려, 백제의 역사가 들어있고 신화, 전설은 물론, 정치, 경제, 사회, 문화 등 모든 것이 점철돼 있다. 그래서 육당 최남선 같은 이는 「삼국사기」와 「삼국유사」 중에서 하나를 택하여야 될 경우를 가정한다면 "나는 서슴치 않고 후자를 택할 것"이라고 까지 하지 않았던가?

가장 많이 읽힌다는 '성경(구약、신약)은 남의 나라 역사 이야기다. 「삼국유사」를 늘 탐독하자. 남해탈공연예술촌에 내려온지 5년여. 명년 일연 삼국유사문화제는 꼭 「삼국유사」를 읽은 남해섬 사람들과 함께 시간을 내서 찾고 싶다.

욕심장이 장 꼭또

초등학생한테 "너는 커서 뭐가 될래"라고 물으면 의사, 변호사, 선생님, 작가, 건축가 등 다양하게 나온다. 중학생한테 물으면 거의 50%가 연예인이 되겠다고 하고 고등학생한테 물으면 다시 다양한 대답이 나온다. 전공을 택한다는 것도 어렵지만 직업을 택한다는 것은 더욱 어려운 모양이다.

직업은 3만 여종이 있으나 더 세분화하면 5만 여종의 직종이 있다고 한다. 3만여 직업 가운데 하나도 택하지 못하고 있다는 것은 욕심이 많은 것이 원인일 수 있고 5만 여종의 직종 가운데 하나를 선택 못한 것은 어리석음의 소치일 수도 있다.

또 직업을 정하면 한 길을 걸어야 하나 대다수의 사람들은 하나에 만족치 못하고 또 다른 길을 찾는 걸 흔히 보게 된다. 이는 다분히 그 직업이나 직종에 만족치 못한 까닭이다. 한 직업이나 한 직종에 몰두하다 보면 모든 것이 자기 직업, 자기 직종과 연계하여 상상하게 된다. "뭐 눈에는 뭐만 보인다."는 말은 그래서 생긴 것이다. 내가 욕심장이 장 꼭또를 예로 드는 것은 내가 하는 일은 남해탈공연예술촌 촌장이지만 평생 직종은 글 쓰는 사람이어서 일 것이다.

나는 요즘 장 꼭또를 남해섬에서 만날 순 없을까 하는 기대속에 살고 있다. 많은 것을 포용하면서도 줄기차게 한 가지 길에만 몰두한 장 꼭또(1989~1963) …… 폴 발레리의 말처럼 "꼭또는 육체적으로는 허약한 사람이다. 그러나 그는 사자보다 무서운 혼을 가진 시인이다."라고 한 말이 기억에 새롭다. 사실 그 스스로도 "모든 예술은 시로부터 탄생되었다."라고 하면서 시를 예술의 원천으로 보았고 시를 여섯개의 시로 구성되어 있다고 여겼다.

제 1의 시는 시 자체로서의 시이며, 제 2의 시는 소설시, 제 3의 시는 극시, 제 4의 시는 평론시, 제5의 시는 회화, 미술, 조각, 뎃상의 시, 제 6의 시는 영화시라고 굳히지 안았던가?

그는 20세 되던 해 처녀시집 「알라딘의 등잔」을 출간하고 시인으로 출발하여 소설도 쓰고, 희곡도 쓰고 평론도 쓰고 연극도 연출하고 무대장치 디자인도 하였다. 그리고 그는 이에 그치지 않고 영화 시나리오에 영화감독까지 한 욕심장이가 아니었던가?

후에 꼭또를 가리켜 '비둘기와 조개와 장미의 시인' 이라고 불렀고 그의 사상에 대하여는 "꿈길에서 하늘의 천사를 유혹할 만큼 아름답다" 고까지 극찬하였다.

그는 1924년 소설 〈사기꾼 또마〉 〈무서운 아이들〉을 발표, 소설가들을 놀라게 하였다. 그 뿐만 아니라 그는 최초의 극시 〈에펠탑의 신부〉를 내놓은 후 〈오이디프스왕〉〈지옥의 기계〉〈원탁의 기사〉〈무서운 부모들〉〈쌍독수리〉 등을 비롯, 총 18편의 연극 각본과 모노드라마(일인극)〈목소리〉를 내놓아 연극인들의 경악하는 모습도 볼 수 있었다.

1930년에는 평론집 「아편」을 내놓고 이어서 〈존재와 곤란〉〈미지인의 일기〉등을 내놓아 평단인들에게 혀를 차게 하였고 회화, 미술 뎃상이 공유하는 것을 위해 무대장치까지 디자인하여 세간을 놀라게 했다.

영화 〈시인의 피〉〈영원한 귀가〉〈트리스탄과 이졸데의 사랑〉〈쌍독수리〉〈무서운 아버지〉〈올페」〈유령남작〉〈미녀와 야수〉등을 감독, 각색, 제작까지 하여 영화인들을 놀라게 하지 않았나.

꼭또는 「시의 한 형식으로서의 영화」라는 논문에서 영화로 표현 할 수 있는 극의 세계를 역사시, 현실시, 환상시, 낭만의 시, 신비의 시, 죽음의 시, 삶의 시 등이라고 말하고 영화만이 이들을 모두 포용할 수 있고 포용가능한 시로 여겼던 것이다.

이렇게 보았을 때 장 꼭또는 분명히 욕심장이고 고집불통이고 용기와 패기가 넘치는 젊음이 있었으며 시와 영화속에 살다 간 시인이었던 것이다.

내가 장 꼭또를 알게 된 것은 1963년 그가 저 세상사람이 되었다는 기사를 보고 그에 관한 작품들을 대하면서 나의 확실한 길이 정해졌다.

나는 공연예술가란 직업을 택하되 첫째, 각본을 쓰고(극작) 둘째, 만들고 (기획, 제작), 셋째, 후배들에게 알려주는(교육) 세가지 일에 전념해야 되겠다고 다짐했다.

난 1964년 문단에 데뷔했고 한쪽으로는 글쓰며 한쪽으로는 연극을 기획하고 제작했다. 그러길 20여년, 1987년 난 후진 양성하는데 신경쓰자는 생각을 굳히고 대학교단에 섰다. 여기서 20여년, 난 정년을 하고 남해로 내려와 정착(2008)했다. 난 오직 한 길만 내다보고 모든 것을 포기하면서 걸어왔다. 모두 공연예술을 위한 길이 나의 길이었다.

나는 후진들에게 이런 이야기를 하고 싶다. 직종은 일찍 택할수도 있지만 늦어져도 실망하거나 좌절해서는 안된다. 나이 3,40세에도 길을 정하지 못했다면 지금이라고 정하라고, 앞으로는 100살까지 인간수명이 길어진다고 생각하면 아직도 6,70년이 남지 않았는가. 새로 시작하면 안될 일이 없을 것이다. 뼈를 깎는 아픔과 짓누르는 고통을 이겨내는 일, 이것이 삶일진대 중도에 포기해서는 안 될것이다.

장 꼭또처럼 길이 정해졌으면 욕심부려 그 한길만 가면 결과는 꼭 오고 말 것이다. 다만 꼭또처럼 항상 새로운 것을 찾아야 할 것이다.

고창수 시인과 시네포엠 <모헨조다로>

1996년 8월로 기억된다. 한국소형영화 동우회(회장 유현목 감독)가

파키스탄을 간다고 하여 여행에 가담하기로 했다. 파키스탄 대사로 있는 고창수 시인이 우리를 맞아 주었다. 대사의 안내로 우리는 일주일 동안 국립박물관과 파키스탄 영화인과의 만남, 모헨조다로 방문, 파키스탄 대사관저의 만찬 등 많은 구경과 만남이 있었다. 그 가운데 모헨조다로 현지 방문과 고창수 시인의 영상시〈모헨조다로〉상영, 디오니소스와의 만남도 나에게 있어 오래 기억에 남는 추억이 되었다.

모헨조다로

I

우리가 그대의 공항에 착륙한 때마다
그대는 알 수 없는 고요 속에 웅크리고 있다.
모헨조다로여!
그대는 길고 숨 막히는 몇 천년 동안
인간이 포기한 우주적 사건이다.
그대의 미적분으로 헤아리면
망각이란 영원으로 눈길을 돌리는 것과도 같다.
그대 신비의 한가운데에는
태풍의 중심에서 폭풍을 만날 수 없듯
어떤 존재도 느낄 수 없다.
우리는 늘 인간적 논쟁의 상투어로
그대의 존재를 정의해 왔다.
실은 그대는 우리의 시공 밖에 존재하였다.
그러나 그대는 우리존재의 캄캄한 심연에 도사린
원초적 집단 기억처럼
우리 존재의 캄캄한 심층에 살면서
황홀한 고통의 섬광으로 우리에게 다가왔다.

초초한 나머지,
그대는 성곽과 사원을 하늘 높이 세우고
인간적 오만으로 신의 경지를 거역하면서도 그리워하였다.
그대의 계획은 참으로 음흉하였다.
울리는 종소리는 우리의 그림자를 구불게 하고
우리의 음악을 왜곡하였다.
울리는 종소리는 우리의 시공을 휘게 하고
우리의 동작과 감정을 휘게 하였다.
그대는 노래와 주문으로
창공에서 새들을 끌어 내리고
인간 오만의 날개를 태워 버릴 음모를 꾸몄다.
종말에 가까워지면서 그대의 몰락은 빠르고 걷잡을 수 없었다.
다른 세계로부터 닥치는 폭풍과 모래바람 앞에 어쩔 줄을 몰랐다.
그대의 부재(不在)는 우리의 존재를 밝혀주고,
그대의 부재는 우리의 수 만개 겨울 속에 울러 퍼졌다.
그대를 괴롭히던 꿈들은
그대의 낮과 밤의 윤곽과 사연들은 만들어 냈다.
그대의 그물은 환상의 물고기를 낚았다.
물고기는 그대의 세속적 환상의 찰나였다.
그대의 무덤인 궁극적 우중의 단서를 잡으려고
그대는 그물을 던졌다.
그대의 도시들은 그 목적지를 향하여 싸워졌다.
그대의 건축의 구조는 죽음을 향했고
그 곳에서 완성되었다.
몇 천년 동안 번개는 그대를 때리고 능욕하였다.
번개와 홍수는 그대의 영역을 침범하였다.

그대는 이 필사적 굴욕을 묵묵히 참아왔다.
그대는 자연의 변덕과 굴욕을 묵묵히 견디어 왔다.
그대의 오만은 거듭거듭 혹독한 징벌을 받았다.
그대의 어둠은 아직 싱싱하고 원초적이다.
그대의 은유는 아직 살과 뼈를, 뼈와 혼을 이어준다.
그리하여 무한히 멀리 떨어져 있는 순간과 순간을 이어 주는
연금술사들의 눈 앞에 어른거리던
그 노루를 우리 눈 앞에 보여 준다.
우리는 아직도
풀리지 않는 뼈와 화석과 인더스 문자 속에서
그대의 머나 먼 목소리를 듣는다.
짐승과 사람과 영웅들을
그들 개선의 절정에서도 끌어내리는 인력을
그대는 아직도 저항하고 있다.
시간은 공간과 더불어 건축을 만들어 낸다.
그러나 그대의 건축은 먼 옛날의 어떤 계시처럼
우리의 시공 밖에 있다.
강물은 방황하고 분출하기도 하며
침몰하고 솟아오르기도 한다.
어둠은 솟기도 하고 침잠하기도 한다.
그러나 모두 다 그대 영혼의 틈새를 통하여 부침 할 뿐이다.
우리의 전유물인 시간의 시각에서 보아도
그대 증언의 신기루는
아직도 우리의 심안에 보인다.
그대의 참모습은 아직도
소금이 스며있는 벽돌을 통하여 보인다.

빙빙돌면서 춤추는 탁발승과
절망하는 사람들의 비탄을 통하여
그대는 말을 하고,
그들의 황홀하고 고뇌하는 환상과 목소리를 통하여
그대는 손짓을 한다.
그대는 그들의 눈을 통하여 바라보고
양을 치는 목동의 입을 통하여 말을 한다.
그대는 시인들의 라가 (raga)타령과 카발리(qawwali)가곡을 통하여
사람을 황홀케 한다.
그대는 풀 수 없는 상형문자 속에
그대의 지문(指紋)을 보여준다.
그대의 영원은 우리의 시간 속에 울러 퍼지고
그대의 영원은 우리 존재의 돛대에 윙윙 거린다.

Ⅱ
모헨조다로여!
그대의 주민들은 시장의 찬란함에서
무서운 흐름을 대면해야 하는
그들의 꿈 속 신음과 뒤침으로 늘 돌아왔다.
뒤숭숭한 별과 달이 그들 시공 밖의
어떤 중심을 향하여 수렴하는 사이에
어둠이 빛을 통하여 번쩍이듯
죽음은 생명을 통하여 번쩍인다.
하지만 그 번쩍임은 그대 목숨에 닿지 못한다.
영원은 시간을 통하여 번쩍이고
어둠은 빛을 통하여 번쩍이지만

결코 그대 목숨 안에 와 닿지 못한다.
기도와 의식만이 그 간격을 메울 수 있다.
한 찰나를 다른 찰나로부터 분리시키는
그 무한한 간격을 메울 수 있다.
기도만이 산자와 죽은 자를 결합할 수 있다.

모헨조다로여!
그대 마음의 축소된 시공을
시공의 지렁이가 가로질러 기어가고 있다.
수 만리 시공을 떨어지는 찰나는
영겁을 언뜻언뜻 보여준다.
그대의 신화는 영원으로 인도하는 회랑(廻廊)이다.
우리는 모두 신화를 열망한다.
또 다른 궁극적 존재에도 문을 열어주는 신비를 열망한다.
우리는 아직도 같은 어둠과 절망에 시달리고 있다.
별들은 아직도 그대의 부재 주위를 맴돌고 있다.

인더스강은 영원의 수정(水晶)으로 번득이는
지구의 젖이다.
시공과 함께 흘러가는 동안
인더스강은 서로에게서 무한히 떨어져 있는
찰나와 찰나를 이어주면서
그대 시공의 병을 치유해 주었다.
인더스강의 모든 분수령은 어둠 속에서
아직 이루지 못한 시공을 절규한다.
물은 그대 생명을 이어주는 피였다.

물은 그대 시공의 탯줄에 흘렀다.
물은 그대의 가장 밀교적 의식을 자극하고 키워 주었다.
물은 그대의 명상과 주문을 맑게 씻어 주었다.
물은 늘 정화 되어야 한다.

그대 존재는 우리의 흩어진 신비를 모아주는 나침반이다.
그대 존재는 연금술사들을 사로잡던 그 환상의 노루,
은을 금으로 만드는 그런 신비이다.
그들의 혼과 환영을 사로잡던
연금술사들의 사라지는 그 노루는
서로에게서 멀리 떨어져 있는 찰나들을 이어 주었다.
마치 그들이 철과 은, 은과 금을 연결시키면서
영원의 모습을 보여 주었듯,
그대의 다급한 절규는
우리 꿈의 흐름을 따라 흘러내린다.
우리들 광란의 환영은
수억 개 무명의 거울 속에 부서진다.
그대 강물 속에 스쳐가던 물고기는 종종
우리 조상의 목소리가 흐르는 꿈 속을 스쳐간다.
기억은 지워지기도 하고 새로워지기도 하며
추억은 병들기도 하고 치유되기도 한다.
그대 꿈에 번쩍이던 물고기 비늘은
때때로 우리 꿈속에 번쩍인다.
그대의 바위는 아직도 꿈의 음악으로 울려 퍼진다.
망각이란 결국 영원을 뒤돌아보는 눈길이다.
우리는 아직도 풀리지 않는 형상들과

인더스 상형문자 속에서 그대의 머나먼 목소리를 듣는다.
인간의 수사학은 존재하고 또한 존재하지 않게 되는
그러한 신비를 망각하고 있다.
우리는 우리 눈으로 보라고
그대가 보내 준 전갈인
그대 상형문자를 풀어 볼 수 없다.
마치 그대가 자신의 암호를 풀지 못했듯이
그대의 수수께끼 상형문자는
그대 신비의 모습을 언뜻 보여 주는
현미경이다.
그것은 우리가 그대 시공을 뚫어보고
그대 신비를 명상하도록
우리에게 그대가 준 렌즈이다.
그대는 이 풀 수 없는 상형문자를
우리에게 주어
역사와 그 너머까지
우리가 바라보도록 해 준다.
그리하여 우리 존재가 늘 그렇듯
맹목적으로 기뻐하고 절망하도록 한다.
그대의 상형문자는 이방의 전갈을 전해 주든지
우리를 어리둥절케 하여
어떤 깨달음에 이르게 하기 위한
그대의 휘어진 혀이다.
하루살이는 종국(終局)의 황홀을 찾아
불길에 달려든다. 그대 시인들은 시에 사로잡혀 인간 생명의
불꽃을 영구화하려고 애썼다.

그들은 종종 실신하여
필사의 벼랑 아래로 떨어지고
아득히 떨어져 있는 찰나들을 용해시켜
영원으로 연결하였다.
벽돌을 쌓고 물을 길어 올리며
그들 캄캄한 방에서 은유의 불길을 피어 올렸다.
밀교의식은 흔히
공통의 게시를 향한 여정이었다.

Ⅲ
그대는 별빛 한 줌을 집어
어둠 속에 던졌다.
그대 목소리는 아직 그대 시공과 우리 시공에 울려 퍼진다.
그것은 그대가 의도한 바 음악이자 비음악이다.
그대의 빛은 아직 우리의 시력에 번쩍인다.
토기 조각과 뼈의 화석은 그대 폐허 위에 깔려 있다.
말 못하는 동물의 손이 그대 침묵 속에서 튀어 나온다.
진흙 집과 사암(砂岩) 천정에 그려진
그대 얼굴과 장소는
지정 할 수 없는 미지의 목적지를 향하여
영원히 움직여 나아가고 있다.
뇌 속에 기억 속에, 시공을 통하여
그대의 풀리지 않는 상형문자와 조각들 속에
미래에 관한 기억과 과거에 대한 환상
그대 도시의 남녀들은 영원한 포옹을 하고 있다.
뇌 속 우주 속에, 꿈 속 우주 속에

빙빙 돌며 춤추는 탁발승처럼
물 속에, 창공 속에, 별들 사이에 빙글빙글 돌면서
미래에 관한 기억과 과거에 대한 환상
그대 도시의 남녀들은 영원한 포옹을 하고 있다.
그대 마을의 서사시와
그대 마을의 칭송은
단절된 그러나 어김없는 우리 종족의 기억을 따라 흘러간다.
그대의 알 수 없는 열띤 꿈과
그대 열병 같은 악몽 속 중얼거림은
우리의 단절된 그러나 어김없는 종족의 꿈 속을 흘러내린다.

Ⅳ
모헨조다로여!
그대의 기막히게 설계된 도로와 수로는
미래의 승리와 재난의 설계도였다.
그대의 설계자들은 그들 기상천외의 환상과 광란을
그대 문명의 기하학으로 전환하였다.
그들의 세계관을 그대 도시의 구조 위에 실현시켰다.
종종 끊기고 짤린 그대의 꿈과 악몽을 물려받듯,
우리는 그대의 서사시를 물려받는다.
해명할 길 없는 그대의 꿈과 비탄의 유산을
우리는 물려받는다.
그대의 조각들은 우리의 집단 기억의 강물을 흘러내린다.
그리하여 우리는 그대의 시인들에게
그대의 물레에서 그들이 짠
끊기고 깨어진 이야기들을 이어 받아

그들의 서사시를 이어간다.
이는 바로 신화와 역사가 지닌 의미이다.
우리는 그대의 마른 우물에서 마실 물을 퍼올린다.
물과 불은 문명을 키우고 처벌한다.
약탈은 종종 권력과 영광의 자랑거리다.
그대의 영영 죽은 자들을 화강암의 응시에서 일깨워
환상과 목소리, 탐욕과 은혜가 살아있는
시공의 불길 속으로 시선을 돌리게 하라.
우리의 더듬는 손에
그대는 풀리지 않는 상형문자와 조각을 쥐어 준다.
그대의 종교와 의식은 그대의 주민들을
자궁에서 무덤으로, 동굴에서 성당으로 이끌어 주었다.
그대 존재의 유일한 목적은
궁극적 패배와 붕괴를 그대 스스로 은밀히 알도록 하는 데 있었다.

모헨조다로여!
그 동안 그대는 놓친 것이 별로 많지 않다.
그대 내부의 방들에 퍼지던 빛과 어둠은
아직 우리 내부의 공간에서 울리고 있다.
그대의 가장 깊은 내부의 공간에서 돌아온
귤나무와 사과꽃과 풀을 먹는 양들은
아직도 그대의 외부 공간을 밝히고 있다.
모헨조다로여!
화석의 공룡처럼
우리 시공의 황야에서 다시 일어서라.
일어서서 그대 침묵의 동굴에서

거대한 야수처럼 포효하여 보아라.
모핸조다로여!
우리가 참으로 인간적인 결론에 도달하기 전에
한 천년을 더 좋아 보아라.
수 천년이나
그대 화강암의 눈은 화강암의 창공을 응시하였다.
우리 모두 한 천년을 더 기다려 보자.
과거와 현재의 참뜻은 미래 속에 있다.

모헨조다로여!
우리는 처음으로 사람이 그대의 눈으로
세상을 바라본 날을
기념하고 송축한다.
우리는 사람이 처음으로
제 심장의 고동이 우주의 맥박임을
깨달은 날을 송축한다.
우리는 지금 여기서
어둠과 무명에 대한 우리의 사랑을 가꾸러 왔다.
우리는 그대의 가장 비밀한 곳에서
그대의 빛과 어둠을 가꾸러 이 곳에 왔다.
우리의 유일한 유산인, 있고 없음의 신비를 명상하려고
이 곳에 왔다.
마치 우리의 손과 얼굴이
시간이 끝나는 날 그들을 받아줄
어떤 자비로운 손길을 향하여 움직여 가듯
그대 도시의 자리와

그대의 화석 뼈와 물레방아들은 모두
어떤 자비로운 목적지를 향하여 가고 있다.
조각들과 춤추는 소녀와 사제(司祭),
그대 건축물과 그대의 아픈 부재는 모두
아직 유효한 그런 종말을 향하여 움직여 가고 있다.

고창수 시집 〈소리와 고요 사이〉(2,000)에서

파키스탄에서 30여분 정도 계속된 영상시 〈모헨조다로〉 감상회는 참석자 모두에게 적잖은 충격을 주었다. 모헨조다로 전경과 인물조각상을 배경으로 앞에 선 고창수 대사는 영상 속에서 영시 〈모헨조다로〉를 심도 깊게 읊조리고 있었다.

이 배경 인물조각상은 카라치 국립박물관에서 보았던 조각품인데 박물관 밖에는 'Prest King' 이라는 글자가 선명한 모조 석상이 앉아 있었다.

읊조리는 고창수 시인의 뒤에서 이 조각상은 빙빙 돌면서 촬영되기도 했고 클로즈업 되었다가 점차 멀어지기도 하면서 계속 배경 조각상은 움직이고 있었다.그리고 각종 모헨다조로의 형상들.

상영이 다 끝나고 시인 고창수 대사는 함경도 억양이 섞인 한국말로 모헨조다로에 대해 설명해 주었다.

모헨조다로(Mohenjo-Daro)란 '죽은 자의 흙무덤' 을 말한다. 1922년에 처음 이 유적지는 모헨조다로라는 것을 인정받았다. 그 뒤 계속 발굴되면서 이 모헨조다로는 인더스문명의 큰 도시유적임이 확실시 된 것이다.

둘레가 무려 5Km나 되는 도시의 규모로 보아 모헨조다로는 과거에 넓은 지역을 지배했던 고대국가(BC2,500년~BC1,700년)의 수도였음이 알려진 것이다.

그동안 이곳에서는 토기와 동기를 비롯 그리고 아직도 해독되지 않은 문자(상형문자)가 새겨진 인장 따위의 유물이 발견되었으나 많은 것이 아직도 수수께끼로 남아 있었다.

브리태니커 백과사전에 따르면 “현재 인더스강에서 3Km 떨어져 있는 모헨조다로 지역은 오늘날과 마찬가지로 과거에도 인위적 장벽으로 인더스강의 범람을 막았으며, 도시는 놀라울 정도의 규칙성을 보이는 12개의 구역 혹은 섬으로 이루어져 있다.

각 구역의 크기는 남북 길이 384m, 동서 길이 228m로서 그 안은 곧거나 구부러진 통로로 다시 나뉘어져 있다.

도시 서쪽의 중앙부는 6~12m 높이로 진흙과 진흙벽돌을 쌓았고, 그 규모는 불확실하지만 구운 벽돌로 사각형 탑을 덧쌓아 이를 더욱 보강했다.

정상부에 위치한 건물에서는 베란다로 둘러싸인 우아한 욕조 또는 수조와 더불어 대형 주거용 구조물, 거대한 곡물창고와 최소한 2개의 복도가 딸린 집회소가 확인되었다. 요새로 보이는 이 건물은 유적 전체가 종교의식과 관계된 본부가 있었던 곳임에 틀림없다(중략).

건축물을 장식했다는 증거는 남아있지 않는데 이는 지금은 사라진 목재구조물의 가공에만 장식을 했기 때문으로 보인다.

석조물 역시 거의 보이지 않지만 좁은 이마, 사람을 깔보듯 가늘게 뜬 눈, 눈두덩을 덮고 있는 머리띠 그리고 원래는 붉은색 점토로 채워진 삼판무늬 부조로 조각된 외투를 왼쪽에 걸친 수염 난 사람의 완전한 머리와 어깨부조 등 몇몇 단편적인 증거는 찾아볼 수 있다.

이 도시에서 발견된 조형 예술품 중 미학적으로 가장 뛰어난 것은 - 그 이름이 널리 알려진- 팔찌 몇 개 만을 벌거벗은 몸에 두른 채 춤추고 있는 어린 소녀의 청동상이다(중략).

발견된 증거를 통해 모헨조다로는 비정상적으로 높은 수위가 장기간

지속된 대홍수의 재난을 여러 차례 겪었음을 알 수 있다. 이 재난은 인더스강의 수로 변경으로 강이 도시 가까이 흐르게 되었거나, 모헨조다로와 바다 사이의 지역이 지각 상승을 받아 인더스강 유역의 배후지가 호수화 되었기 때문인 것으로 보인다."는 것이다.

인용이 좀 길어졌다. 파키스탄 대사인 시인 고창수는 모헨조다로를 파악하기 위해 여러 차례 아니 수십 차례 이 유적지를 둘러 보았을 것으로 보인다. 그리고 그때 그때의 느낌과 상상의 나래를 현실의 눈으로만 본 것이 아니라 옛날로 돌아가서 이쪽 저쪽에서 보면서 심경을 시각화한 것으로 보였다.

데이비드 매캔은 고창수의 시집 『소리와 고요사이』 서문에서 "시인은 이 시의 창작과정을 고대도시의 내부와 주변지역의 답사를 위한 여행으로 묘사하였는데, 이곳에서 그는 여러 관점에서 이곳을 바라보았고 여러 목소리와 소리를 듣고 이를 명상하여 이 시의 구절과 행과 복합적인 연을 통하여 차례차례로 그들을 조명해 줄 방법을 발견하게 된다."고 하였다.

고창수 시인은 목에는 항상 스틸카메라를 그리고 어깨엔 캠코더를 메고 줄기차게 여행을 즐기는 기록예술가이다. 그의 시를 보게 되면 항상 여행자의 입장에서 사물을 관조하는 모습이 엿보인다. 카메라의 렌즈가 그의 눈이며 동시에 관찰자를 포착하는 사물의 입장이 되기도 한다.

고창수 시인은 1996년 영문시집 『모헨조다로』를 출간하였고 같은 해 파키스탄 민속박물관에서 단편영화로 〈모헨조다로〉가 제작되었다. 이러한 공로로 인해 파키스탄에서 보란국제문화공로상(시부문)과 파키스탄정부 문화 훈장를 수상했던 것이다.

한편 고시인은 1965년 외무부에 입부한 후 본부에 근무하다 주 이디오피아 대사, 주 시애틀 총영사, 국제문화협력대사를 거쳐 주 파키스탄 대사를 끝으로 1996년 정년퇴임 하였다.

그 후 귀국하여 1997년 부산국제영화제, 1998년에는 미국독립영화제에 〈모헨조다로〉를 출품하여 입선함으로써 영상예술분야에 깊이 참여하게 된다. 즉 외교관에서 시인 및 영상예술가로 행동반경이 바뀐 것이다.

고창수 시인과는 서로 먼발치에서 알고 있었던 사이였지만 파키스탄 여행과 〈모헨조다로〉 감상 후에 급속하게 가까워졌다. 말수가 적은 면도 같고, 어깨엔 캠코더 그리고 목에는 스틸카메라를 메고 다니는 모습도 같고, 우리 민속에 관심을 가지는 모습마저 서로 같았다.

1997년부터 2006년까지 고시인은 틈만 나면 주말나들이를 우연찮게 나와 함께 하게 되었다. 지방축제는 물론 서울에서 진행되는 각종 축제나 행사에서 종종 만날 수 있었던 것이다.

2008년 1월에 나는 남해섬으로 내려왔다. 남해로 내려간다는 것만 이야기 했을 뿐, 언제 내려간다는 소리는 하지 않은 채 난 서울을 떠나왔다. 그리고 개관부터 떳떳한 전시관을 만들기 위해서 난 탈촌을 가꾸는 일에만 전념하였다.

그런데 2012년 고창수 시인으로부터 전화를 받았다. "남해 내려가려는데 재워주려오?" "암요! 재워드리고 먹여드리죠!"

고시인의 방문은 〈모헨조다로〉를 다시 볼 수 있게 DVD로 옮겨 보내주길 부탁했다. 그후 상경, 고시인도 파키스탄에서 보았던〈모헨조다로〉를 비롯, 〈파키스탄 음악〉(기록영화) 영상시 〈현실과 초현실〉(4분짜리), 고창수 감독. 촬영. 이풍우 편집의 〈길〉(6분), 고창수, 정성태 감독의 〈시간 마을에 가다〉(50분) 등의 DVD를 받아 볼 수 있었다.

받은 DVD를 몇 번씩 보았다. 그리고 남해섬에서도 시네포엠 운동이 일어나야 된다고 생각했다. 2013년 3월 30일 (토) 오후 3시, 고창수의 시네포엠 강연과 그의 영상시 감상회는 이렇게 해서 마련된 것이다.

남해섬에도 시네포엠에 관심을 갖는 이들이 많이 창출되었으면 하는 바램이다.

시극 쪽에 관심있는 시인은 많은 반면, 영상시에 관심있는 시인이 많지 않은 이유는 어디에 있을까? 그것은 촬영과 감독을 갖추었을 때 가능하다는 이유 때문일 것이다.

서울 내지 한국에서 독보적인 존재인 고창수 시인을 만날 수 있다는 것은 그가 평소 여행을 좋아하고 촬영과 감독술을 일찍부터 익혀 온 까닭 때문이다.

시에 관심 있는 분, 촬영이나 감독에 관심을 가진 많은 이들의 참석을 한다.

"남의 결점을 지적하고 잘못을 가르쳐 주는 현명한 사람을 만나면 그 사람을 따르라. 그는 나에게 보물이 감춰진 곳을 일러주는 사람이다. 그와 같은 사람을 따르게 되면 좋은 일은 있어도 나쁜 일은 없다. 〈법구경〉

5 인생은 난타전이야

발리섬의 바롱극

인도네시아의 발리섬 중앙에는 해발 3,142m의 아궁산이 있다. 이 산은 활화산(活火山)으로서 발리섬 사람들은 성스러운 산으로 여기고 있다. 반면, 발리섬은 전체가 바다로 둘러 싸여있어 바다를 악령이 득실거리는 곳으로 여기고 있다.

이 산쪽(까자)과 바다쪽(끄룻)이 이들의 방향 감각이 되며 집을 짓거나 의식을 행하거나 할 때는 반드시 "까자"와 "끄룻"을 고려하여 방향을 결정하는 것이다.

뿐만 아니라 발리섬 사람들은 선(善)과 악(惡), 삶과 죽음, 빛과 어둠 하는 식으로 모든 것이 이원론적으로 생성한다고 믿고 있다. 말하자면 그들은 힌두가 생활 속에 깊이 녹아 들어가 마치 신들과 함께 살고 있는 듯한 모습을 보게 된다.

그들은 아침부터 밤중까지 집단의 도처와 집밖의 도로변, 골목골목, 산천 등 어딜가나 신이 존재하고 아울러 악령이 득실거린다고 생각한다. 그러므로 아침 저녁 사방 10cm의 조그만 바구니에 넣은 제물(짜난)을 집안 도처에 놓으므로 하루를 끝내는 것은 신뿐 아니라 악령들에게 제물을 올리므로 안온이 가정과 개인에게 돌아온다는 것을 철저하게 믿기 때문이다.

발리섬 어느 곳엘 가나 반드시 가믈란 음악에 맞춰 춤을 추는 것을 볼 수 있는 것도 이 때문이다. 몇 천개나 되는 발리 힌두 사원들은 사원 탄생 210일마다 '오다란' 이란 축제를 지내는 것이 상례로 되어있기 때문이다.

지금에 이르러 발리의 무용은 종교적 요소가 강한 〈따리 와리〉, 의례적인 무용 〈따리 브발리〉, 그리고 세속적인 무용 〈따리 발리발리안〉 세

가지가 있다.

〈따리 와리〉는 사원의 경내 깊숙한 곳에서 행해지는 것으로 "루잔"(봉납무,奉納舞)이 그 대표적인 것이며 〈따리 브발리〉는 사원의 정원에서 행해졌으며 대표적인 것으로는 "짜로나란"(바롱댄스)과 "감부(Gambuh)"란 무용극이 있다.

그리고 〈따리 발리발리안〉은 사원 밖에서 행해지는 오락성이 강한 것으로 〈토팽〉이나 〈발리스〉등과 20세기 전반부터 행해진 〈증꾸바르〉 종류의 가믈란이 발전함과 함께 생겨난 이른바 현대판 무용이다.

다시 말하면 발리의 무용은 세속적인 것부터 종교와 관련된 것까지라고 할 수 있는데 이는 모두 발리 사람들의 생활과 종교와 밀접한 관계가 있는 것이다. 발리인들에게 있어 힌두교는 그들 생활자체이며 생활의 모든 것이라 해도 과언이 아니다. 종교가 곧 생활이라면 생활이 종교에 속박된 듯한 느낌이 들지만 발리섬 사람들에게 있어서는 오히려 종교가 생활의 리듬을 부여하고 있다고 보는게 옳을 것이다.

사원의 축제를 위해 어떤 사람은 아름답게 야자 잎에 무늬를 넣은 장식품을 만들고 어떤 사람은 사원을 청소한다. 마을 사람들은 이와 같이 누구나 무엇이든 신들과의 교섭을 위해 역할을 나누고 있다.

무용도 이러한 역할의 분담으로 이루어진 것이다. 춤을 추는 것 그 자체가 관객에게 보여주기 위한 예술이 아니고 그들에게 있어서는 생활의 일부라는 사실이다. 따라서 그들의 한편 한편의 무용은 무용이라기보다 춤이 있고 노래가 있고 대사가 있는 총체 연극이라 볼 수 있다. 특히 그들 자신들도 연극으로 보고 있는 〈짜로 나란(바롱댄스)〉을 보면 이런 점이 실증되고도 남음이 있다.

바롱극〈Barong〉은 성령과 악령, 즉 선과 악 사이의 영원한 싸움을 연출한다.바롱(신화상의 동물)은 성령,즉 선을 의미하고 있다. 랑다(Rangda, 신화상의 괴물)는 악령, 곧 악을 의미한다.

고음의 가물란 음악과 더불어 춤이 시작된다. 호랑이가 그의 친구인 원숭이를 뒤따라 나타나며 가면을 쓴 세 사람의 무희가 등장한다. 그들은 숲에서 야자술을 만드는 사람인데 그의 아들은 호랑이에게 살해되었다. 세 사람은 화가나서 호랑이를 공격하고 원숭이는 호랑이를 돕는데 싸우는 도중 한 사람이 코를 물려 잘려진 것이다. 극은 이때부터 시작되는데 모두 5장면으로 나누어져 있다.

1장에서는 랑다의 시녀로 분장한 두 명의 소녀 무희가 등장하여 그들의 수상을 만나러 오는 데위 쿤티(Dewi kunti)의 시녀들을 찾고 있다.

2장이 되면 데위 쿤티의 시녀들이 나타난다. 랑다 시녀 중의 하나가 마녀로 변하여 데위 쿤티의 시녀들의 몸속으로 들어가 그들을 성난 모습으로 만들어 버린 채 수상을 만난 후 데위 쿤티를 만나러 함께 떠난다.

3장에 이르면 데위 쿤티와 그의 아들 사데와(Sadewa)가 나타난다. 데위 쿤티는 랑다에게 사데와를 제물로 바칠 것을 약속하는데 한 명의 마녀가 나타나 데위 쿤티의 몸속으로 들어간다. 그러자 그녀는 화가 나게 되어 수상에게 사데와를 숲속으로 데려갈 것을 명령한다. 이 수상도 마녀가 몸 속에 들어가 있으므로 사데와에 대해서 연민을 가지지 못한다. 그리고 사데와는 숲속으로 끌려가서 나무에 묶여버린다.

4장에선 랑다가 모르게 시와신(God Siwa)이 나타나 시데와에게 불사신을 몸에 넣어주고 간다. 랑다가 사데와를 죽일 준비를 하고 나와서 그를 잡아 먹으나 사데와는 여전히 살아있다. 그러자 그녀는 이를 포기하고 사데와에게 그녀를 구원해 줄 것을 요청하므로 사데와는 승낙하고 랑다를 죽인다. 랑다는 천국으로 간 것이다.

5장에선 칼리카(Kallika)라고 불리는 랑다의 시녀 하나가 사데와 앞에 나타나 그녀 역시 구해 줄 것을 청하지만 사데와는 거절한다. 칼리카는 화를 내며 멧돼지로 둔갑하여 사데와와 싸운다. 멧돼지가 패하자 새로 둔갑하지만 역시 패하고 나서 마지막으로 그녀 자신을 랑다로 둔갑시키나 사데와는 그녀를 죽이지 못한다. 그러한 상황에 처한 사데와는 생각 한 끝에 그를 바롱으로 둔갑시킨다. 랑다가 여전히 강해 보이고 싸움은 끝나보이지 않으므로 바롱의 부하들이 나타나 그를 도와 랑다를 물리친다는 것이 이 극의 주요 내용이다.

이 작품은 최근까지도 정기적으로 공연되고 있는 바롱극(Barong & kris Dance)인데 약간 변형된 유형이지만 바롱극은 바롱극이다.

마녀 랑다와 성수 바롱의 싸움은 미래의 영겁에 이르기까지 계속됨을 나타낸다. 이 둘은 어느 쪽이든 승리 할 수 없는 것이다. 그리고 마지막 부분에 다다르면 이것이 무용이나 연극이라는 개념은 사라진다. 연극의 마지막은 바롱과 랑다의 맹렬한 싸움으로 바롱이나 랑다의 가면을 쓴 무용수들이 먼저 신 내린 상태에 깊이 빠지게 되고, 관중인 마을 사람들 중에는 실신하거나 쓰러지거나 하는 사람들이 속출하게 된다. 이것은 오락이나 예술의 범주를 넘어서 경우에 따라서는 생사를 건 관극이 되는 것이다. 그래서 발리섬 사람들은 섬자체를 "신들의 섬"이라고 일컫고 있는 것이다.

악이 때로는 선으로 바뀌는 것을 실제 체험하게 되는 것이다. 그러므로 발리섬 사람들은 랑다(악령)를 사랑하고 랑다에게 기도하고 랑다를 모시는 것이다. 바롱극의 매력은 바로 이점에 있다.

국제탈공연예술촌에는 필자가 직접 촬영한 영상물과 스틸사진이 있다. 바롱가면과 이 극에 나오는 가면들이 있다. 관심있는 분들의 감상을 기대해 본다.

중국 왕소군 묘역의 기념 공연

중국에는 묘가 많다. 그래서인지 유명해지면 묘가 여러군데 있어 어떤 것이 진짜 묘인지 구분하기 어렵다. 대만의 따이중에 가면 공자묘가 있는데 본토에도 같은 묘가 있어 관광객들을 놀라게 한다.

마찬가지로 왕소군(王昭君)의 묘도 몽골에만 여러 곳이 있다고 하며, 중국 남부 감숙성에도 있다고 전하지만 내몽골의 수도 후허하오터(呼和浩特)시의 남부 대흑하(大黑河)에 근접해 있는 그의 묘가 진짜라는 데는 중국인이나 몽골인 모두 긍정적으로 받아 들이고 있다.

그럼 어찌하여 왕소군이 그렇게 유명하게 되었는가? 이는 더 말할 나위 없이 그녀의 묘와 연극 때문이다. 필자가 그의 묘를 찾은 것은 1991년 여름이었다. 입장료를 내고 이 묘역에 들어섰을 때 깜짝 놀란 것은 그 규모와 형상에서였다. 묘역에 들어서니 바로 앞에 몽골인들의 기상을 볼 수 있는 말을 탄 동상이 있고, 왼쪽에는 임시 가설무대가 있으며, 오른쪽엔 묘로 올라가게 되어 있었다.

묘 앞에는 두보(杜甫)의 시비를 비롯 1963년 당시 중국의 부주석 동필무 (董必武)가 이곳을 참관하고 지은 시비가 눈에 보이고, 그 제일 앞쪽에 "한명비 왕소군지묘"라는 묘비가 있었다. 우측 돌계단을 올라서면 바로 묘 앞에 "소군청총(昭君青塚)" 색외유방(塞外流芳)"이라 쓴 비석이 또 보인다.

묘 전체의 높이는 33미터, 천천히 둘러보며 오르면 10여분이 걸릴 정도였다. 계단을 하나하나 밟고 묘 꼭대기까지 오르니 중앙에 노대(露臺)가 있고 그 위에는 6각으로 된 누각이 우뚝 세워져 있다.

묘 주위는 꽃과 나무들이 울창하며 누각 안팎 둘레에는 사람들이 그 위에서 시원한 휴식을 취하며 경관을 감상 할 수 있게 확 트여 있다. 우리식의 묘가 없어 "쉬에 까오, 쉬에 까오(눈떡, 아이스크림)"을 외치는 여인에게 물었더니 자기가 앉아 있는 주변이 묘라고 가리킨다.

원나라 문채파의 작가 마치원(馬致遠)의 연극 〈한궁추, 漢宮秋〉 에는 , 한원제(漢元帝)는 화공 모연수(毛延壽)가 의식적으로 잘못된 그림을 그려 왕에게 보이므로 오래도록 가까워질 기회를 못 얻는다. 그러나 우연한 기회에 왕에게 발견된 왕소군은 왕의 총애를 받게되나 모연수의 간계에 의해 흉노왕 호한사단우에게 시집가게 된다.

그녀가 가는 도중 자살하고 만다는 것이 〈한궁추〉의 내용이다. 즉 마치원은 〈한궁추〉를 통해 왕소군과 한원제의 사랑과 애국적 민족 감정을 묘사, 왕소군에 대한 아름다움을 사람들에게 한층 더 깊은 인상으로 심게하려는 작의를 두었을 것이다. 그러나 이는 작품이지 그녀애 대한 얘기는 그의 무덤만큼이나 많은 얘기를 남기고 있다.

즉, 소군이 흉노왕에게 시집간 후 곧 그가 죽자 왕의 아들에게 시집간 것을 이 작품에서는 국경의 강에 몸을 던져 버린 것으로 묘사했고, 모연수가 재물에 탐을 낸 것을 더 과장, 한나라를 반역해 나중에 흉노에게서 압송하여 한나라에서 형을 당했다는 등 이야기는 구구하다.

사실 진한(秦漢)이래 한과 흉노사이엔 장기전이 계속돼 쌍방 국민들도 화평을 갈망하고 있었다. 이에 흉노왕은 한과 좋게 지낼양으로 공원전(公元前)51년에서 33년사이 세차례 한원제를 친견한다. 그 결과 한원제도 변방의 안녕을 위해 그의 제안을 받아들인다.

또 왕소군은 서한 때 지금 호북성에서 출생, 한원제의 궁녀였다는 설도 있다. 서한 전설을 기록한 속문학작품집『서경잡기』가운데는 왕소군이 나타나 가깝게 지낸 이야기가 전한다. 한원제 때 궁녀가 너무 많아 왕은 일일이 만날 수 없으므로 화공에게 궁비를 그리도록하고 그 그림을 보고 초치했다. 그래서 많은 궁녀들이 5~10만금을 화공에게 뇌물로 주면서 만나기를 원했다. 그렇게 하지 않고는 한원제를 볼 수 없었다. 이런 사실을 안 한원제는 궁에서 화공전부를 내쫓아 버렸다는 것이다.

필자가 왕소군의 묘에서 내려왔을 때 무대에선 〈한궁추〉가 막 시작되고 있었다. 이 연극이 〈한궁추〉인지 후에 변경 된 〈왕소군〉인지 필자는 아깝게도 모두 볼 수 없어 단언을 내릴 수 없다. 다만 왕소군을 기리기 위한 기념 연극인것만은 틀림없다고 생각했다.

베트남 수상인형극

베트남의 수상인형극은 다른 나라에서는 볼 수 없는 독창적인 그들 고유의 연극이다. 베트남이 이러한 수상인형극이 발전할 수 있었던 것은 국토의 대부분이 강이나 호수, 연못 등과 같이 물과 친숙한 나라이기 때문이다.

주로 벼농사를 짓는 베트남 농민들은 경작을 함에 있어 자연재해 문제에 관심을 기울여야 했다. 농번기가 시작 될 무렵이면 마을마다 곡물의 풍요를 비는 모습들이 보이기 시작했는데 여기에 그들의 즐거움과 기분전환 그리고 오락적 요소를 나타내기 시작했다. 즉 종교적 영향을 받은 전통 의상들을 갖추어 입고 강에서 배 경주, 레슬링, 연 날리기, 수영, 새들을 이용한 경주, 폭죽 터뜨리기 등이 그것이다. 이러한 요소가운데 베트남 북쪽 델타 지역에서는 강이나 연못 위에서 인형놀이가 행해지기도 했다.

이러한 인형놀이는 베트남 북부일대에 널리 퍼져나갔고 자연환경과 어우러진 농민들의 단합과 놀이를 공유한 형태로 발전되어 축제의 중심이 되어갔다.

베트남 수상인형극은 1121년 베트남 하남지방 두이 티엔 지역에 세운 도이(Doi)탑에 기록된 금거북 이야기가 수상 인형극의 한 장면이라는 견해이다. 그 후 타이탑 부근에서 수상인형극을 행하던 터가 발견되므로 베트남 수상인형극은 11세기에 농촌에서 시작되어 널리 퍼지기 시작되었음이 확인되었다.

베트남의 수상인형극은 일반 연극과는 달리 인형을 조종하는 조종실과 인형이 연기할 수 있는 물 무대, 그리고 관람객이 볼 수 있는 관람석으로 구성되어 수상인형극장이 된다.

조종실은 가로 6m, 세로 6m의 정사각형이 대부분이다. 이곳은 호수나 연못 바닥에 구조물을 고정시키고 물위와 지붕의 높이를 6m로 맞춘다. 지붕은 두 개의 층으로, 지붕을 겹층으로 만든 암자를 상상하면 될 것이다. 이 이층집 같은 모양의 조종실 지붕 부분은 기와나 타일로 보이도록 그림을 그려 효과를 낼 수 있다.

조종실은 두 개의 공간으로 하나는 고정된 공간이고 하나는 인형을 움직이기 위한 장소로 되어 있다. 고정된 공간에는 음악연주단이 앉아 음악을 연주한다. 인형을 다루기 위한 조종실은 앞과 뒤로 비스듬히 나누어져 있다.

그 비스듬한 앞쪽 바닥은 물 속에 잠겨 있고 공간의 가로 넓이 전체를 활용 할 수 있다. 그리고 조종자들을 가리기 위해 설치해 놓은 대나무 스크린 뒤에서 조종자들은 그들이 맡은 인형을 물 위로만 드러내며 조종한다. 까닭에 조종하는 연결 막대는 물 속에 잠겨 보이지 않으며 물위에 있는 인형만이 공연을 하고 있는 것이다. 조종실의 뒷공간은 인형과 여러 부수적 장치들, 액세서리와 같은 소품과 장신구들을 보관, 준비하는 창고 역할을 한다. 이곳에서 인형을 조종하고 움직이는 조종대의 준비, 인형의 교체와 보관하는 곳이 된다.

수상인형극의 무대는 조종실 바로 앞에 있는 물이다. 물위가 무대이기 때문에 인형의 움직임이 마치 바람을 타고 움직이는 것 같다. 진짜 바람이 볼 때에는 물의 움직임이 여러 가지 상태로 바뀌기도 한다.

옛 전통 수상인형극에는 "한마"라는 문이 있었다. 이 문은 폭죽을 사용할 때나 또는 막간 희극에 있어 땅의 효과를 내기위해 사용하기도 했다. 그러나 이는 시간이 지나면서 없어지고 말았다. 인형들이 연기하는 공간은 두 개의 가는 줄과 막대기를 사용하여 공연이 시작 할 때 깃발을 교차하고 세우면서 시작하게 된다.

요즘 볼 수 있는 수상인형극 무대와는 다르게 전통 수상인형극은 거의 장식은 없었다. 그러나 대나무로 만든 스크린 8개를 사용하여 인형들의 행동 공간으로서의 무대와 조종실을 구분한 것이다.

무대에서 인형들은 물 속에 있으므로 겉으로 보기엔 아무것도 보이지 않는다. 그러므로 언제, 어디서 인형이 나타날지 알 수가 없다. 또 불현듯 나타나게 하는 것이 수상인형극의 볼거리 일수도 있다. 인형들은 무대의 중앙으로부터 구석진 곳까지 모두 사용하는 것을 볼 수 있다.

수상인형극은 태양의 광을 이용하였기에 낮에 이루어졌다. 연못이나 호수가 그들의 무대였기에 관객을 위해 수풀을 제거하는데 신경을 썼고 소품들을 어디다 보관하느냐에만 신경을 썼다.

수상인형극의 관객들은 들판에 있는 돌과 물에 핀 꽃, 거위들의 시끄러운 꽥꽥 소리 등이 인형 주위에 공존하고 있다. 관객은 자리를 어디에 잡느냐에 따라 이들을 공유하거나 무시할 수 있는 것이다.

관객석은 강가의 정면이나 가장자리 등 다양하다. 대체로 10m~15m 정도의 거리를 두고 떨어져 있어야 하는데 이는 조종실과 관객 사이에 무대 공간을 둠으로 인형들과 자연의 일루젼을 위한 것이다. 관광객들의 특권은 자유자재로 앉아 볼 수 있다는 점이다.

수상인형극은 인형의 동작을 표현하면서 타악기를 사용하는데 이는 연기의 통일성을 위한 것이다. 수상인형극에서 항용되는 악기들은 큰북과 작은북, 원통모양의 여러 북과 대나무로 만든 종과 공, 뿔과 조개껍

질로 만든 악기 등이 사용된다.

수상인형극은 대개 10여편의 짧은 에피소드로 구성되어 있다. 이는 전체가 통일된 주제가 아니고 약 10여분정도의 짧은 극들이 모여 전체를 구성하고 있다.

주요소재는 베트남 농경사회의 민속적 농경적인 것들이 대부분이다. 장면구성은 사건의 전체가 아닌 일상모습을 인형이 즐겁게 표현하는 것이 대부분이다. 내용은 심각하지 않으며 작고 소박한 농민의 정서가 담긴 것들이다.

공연이 시작되기 전 무대안 악사들의 드럼소리, 나무종소리, 대피리 소리등이 들리더니 급히 폭죽 터지는 소리, 폭죽이 허공을 가른다. 주위 사람들이 웅기중기 깃발로 나열된 줄을 따라 물가 근처 천막 아래로 모이게 된다. 그러면 관객석 모양이 저절로 구축된다.

음악이 흐르고 나면 아름다운 복장을 한 두 명의 요정이 스크린 뒤에서 나온다. 우아한 동작의 춤을 추면서 나왔다 사라지면 나머지 여덟 명의 요정이 짝을 지어 함께 등장한다.

이때부터 집단무용이 시작되고 조종실에서는 여러 악기들의 하모니가 요정의 노래와 함께 독무로 바뀐다. 이윽고 두 마리의 사자가 리듬에 맞춰 무대에 나오고 둥근 공이 물 속에서 떠오르면 리듬은 더 빨라진다. 두 사자가 공을 차지하기 위해 달려들기 시작하자 물살이 일면서 공은 이리 빠지고 저리 빠지길 반복한다.

사자들은 공 잡는 일에 지쳐 녹초가 되어 버린다. 공은 사자들의 눈에 얼씬거리지만 잡히지 않는다. 둘은 합세하여 공을 잡게 되고 관객은 격려의 박수를 보내면 사자들은 인사를 하게 된다. 다시 음악이 시작되면 세 명의 요정들이 하늘을 날아 등장하고 각각 물위에 있는 큰 물고기 등에 올라타게 된다.

물고기들이 중앙으로 모인다. 이들은 후추 잎말이, 빈랑나무 열매,

꽃다발 등이 담긴 쟁반을 가지고 관객에게 인사한다. 꽃과 후추 잎말이 등을 관객 한 명에게 전해준다. 그리고는 다른 관객을 찾아가 요정들이 들고 있던 접시에 놓여진 돈을 앞으로 내밀어 전달한다. 그럼 주위가 열광의 도가니처럼 변한다. 이런 행위들을 마친 뒤, 요정은 조종실로 되돌아 간다.

이윽고 새로운 멜로디가 흐른다. 큰 물소 두 마리가 무대 양쪽에서 등장한다. 흰색과 검정색인데 두 마리 모두 휘어진 뿔을 가지고 있다. 둘은 뿔을 들이대며 싸움을 시작한다. 밀고 , 밀리고를 반복하면서 베트남 악기의 흥분된 감정의 리듬이 고조된다.

둘은 맞붙어 싸우다가 뿔을 푼 다음 한 마리가 다른 소의 위에 올라탄다. 이윽고 밑에 깔렸던 소가 도망치면서 승패는 나는데 항상 이기는 소는 검정색 소로 되어 있다. 이때 물의 파장이 일어 무대는 화산처럼 폭발하는 모양이 되는데 관객들의 환호성까지 폭발한다. 흰물소가 도망치자 검은 물소가 계속 따른다. 물을 벗어나 무대 밖에서 까지 물소 싸움은 계속되는 경우도 있다고 한다.

이런 에피소드들이 연결되어 한편의 작품을 만들고 있는데 요즘은 강이나 호수에서 공연되는 것은 보기 힘들고 국립수상인형극단이 옥내극장에서 매일 공연하는 것을 볼 수 있다.

베트남 하노이에 관광을 가면 탕롱(Thang long)수상인형극장에서 그 흔적을 찾을 수 있다. 남해국제탈공연예술촌에는 베트남에서 1990년대초 탕랑극장에서 필자가 찍은 영상과 스틸사진, 그리고 인형들이 보관되어 있다.

인도네시아의 케착댄스

발리섬은 인도네시아 땅이다. 특히 힌두교가 섬 전체를 뒤덮고 있어서 발리섬을 방문하는 사람들은 어느 성지에 찾아온 착각을 느끼게 된다. 그 만큼 이 섬은 힌두교 사원이 즐비하다. 어떤 의미에서 이 섬 사람들은 사원이 그들의 생활터전이고 모든 게 힌두교에 의해서 존재한다고 믿고 있다.

이 섬 사람들이 즐겨 추는 춤에는 여러 가지가 있으나 그중 〈케착댄스(Kecak Dance)〉는 가장 돋보이는 춤이다. 원숭이가 중심이 되어 있기 때문에 이 춤은 일명 〈원숭이 춤(Monkey Dance)〉이라고도 부른다.

이 춤은 이 섬사람들의 오랜 힌두교 전통에 의해 만들어진 것으로 거의 섬사람들 모두가 축제일에는 즐겨 추어왔다고 한다. 따라서 마을별로 행해지는 축제 때문에 이 춤은 거의 매일 추어진다고 한다.

필자가 이 춤을 볼 수 있었던 곳은 발리섬 남부 덴바사에서 승용차로 30여분 거리인 바투불란 (Batubulan)에 있는 아트센터에서였다.

이 센터에는 두 개의 옥내 소극장과 하나의 야외대극장이 있었는데 이 〈케착댄스〉는 옥내극장에서 저녁노을이 무르익을 무렵 입장, 캄캄해지면서 시작되었다. 무대는 사원의 앞부분처럼 꾸며진 영구 상치무대였는데 중앙 뒤쪽에 등.퇴장구가 있고 그 앞에 4개의 계단, 그리고 좌우 뒤쪽엔 원숭이를 조각한 돌탑이 양쪽에 하나씩 관객석 쪽을 행해 서 있었다.

무대 우측엔 4열로 정열하여 각열 5명씩 연주석이 따로 마련되어 있었으나 이 무용에서는 사용되지 않았다. 좌측에는 객석이 시작되면서 ㄷ 자모양으로 우측 연주석까지 연결되어 있었고 객석은 뒤로 가면서 높게 마련되어 있었는데 의자의 밑은 바람이 잘 통하게 훤히 뚫려 있었다. 관객석은 약 500여명을 수용할 정도. 필자가 관람하던 날도 객석은 관광객들로 꽉 차 있었다.

무대에 원숭이로 분장한 남자들이 반나체로 100여명 아무 소리없이 나타나 서너겹으로 둥글게 둘러앉는다. 장내는 차츰 긴장의 분위기 속에 압도되어 간다. 이어 100여명의 남자들은 마치 바람을 일으키듯 혀를 굴려 소리를 내기 시작한다. 처음엔 폭풍이 부는 소리처럼 들리나 이 소리가 점차 높아짐에 따라 "케착.케착.착"하는 소리가 명료하게 느껴진다. 이 소리는 높낮게 계속 반복되면서 관중이나 연희자나 다 같이 도취의 도가니로 변한다.

드디어 사원의 중문이랄 수 있는 등.퇴장구를 통해 아름답게 단장한 두 명의 무희가 네 개의 돌계단을 내려온다. 그리고 둥글게 자리잡고 있는 원숭이들 가운데로 들어와서 촛대를 둘러싸고 춤을 춘다. 영롱한 꽃들로 장식된 머리의 관과 울긋불긋한 옷들이 촛불에 비추어져 더욱 아름다워 보인다. 무용극 케착이 고조되기 시작한 것이다.

즉 1막에서 시타는 라나와의 수상이 변장하고 있다는 것을 모른 채 금사슴을 잡아오도록 그녀의 남편을 보낸다. 곧이어 도와달라는 외침이 들리고 그것이 라마의 목소리라고 생각되자 시타는 락사마나에게 가서 무슨 일이 일어났는지 알 아 볼 것을 요청한다. 신의 왕자 라마가 아무런 해를 입지 않은 채 돌아 올 것이라 판단한 락사마나는 처음에는 그녀의 요청을 거절하나 자기가 그녀와 결혼하기 위하여 자기의 형이 죽는 것을 바란다고 시타가 비난하자 락사마나는 매우 화가나서 그녀의 청에 응하기로 한다. 그리고 무방비 상태의 그녀를 홀로 남겨두고 떠난다.

2막에서는 라와나는 무서워하는 그녀를 납치하여 그의 궁으로 데려간다.

3막에서는 라와나의 궁에서 시타는 라와나의 조카딸 드리자라와 함께 있으나 쓸쓸하고 매우 슬퍼한다. 이때 갑자기 원숭이 장군 하노만이 나타난다. 그는 몰래 이 궁에 숨어들었으며 그가 라마의 친구임을 증명하기 위하여 시타에게 라마로부터 반지를 가져왔다. 회답으로 시타는 라마에게 건네줄 정표를 하노만에게 주면서 그녀는 그의 도움을 간절히 바라면서 무사히 살아있음을 그에게 전한다.

4막에서는 싸움터에서 라마는 라와나의 아들 메가나다가 쏜 화살에 맞는다. 이 화살은 뱀으로 화하여 라마를 휘감고 마치 올가미처럼 그를 죄어 버린다. 춤 가운데 이 장면은 라마를 둘러싸는 가무단의 안무인원으로 나타내어진다. 라마가 필사적으로 그의 제휴자인 가루다 새를 부르자 즉시 나타나 뱀을 꺾어 죽임으로서 그를 자유롭게 해준다.

마지막 5막에 이르면 원숭이 무리의 왕인 수그리와가 그의 원숭이 군대들을 이끌고 메가나다와 싸우고자 나선다. 그는 메가나다에게 구름 속에서 나와 싸우기를 요청한다. 여기에서 가무단은 두패로 갈라지는데 한편은 원숭이 군대를 형성하고 또 다른 하나는 악마의 군대로 변하여 "케착.케착.착"이라고 함성을 지른다. 원숭이 군대는 계속되는 전투에서 승리하고 라마는 마침내 라와나를 죽이는데 성공하여 그의 처와 함께 왕궁으로 행복하게 돌아온다는 내용이다.

그곳 사람들은 〈케착댄스〉를 무용으로 보고있지만 그 내용이나 흐름으로 보아 무용이라기보다는 오히려 총제연극에 해당한다고 보아야 한다. 이 〈케착댄스〉는 인도의 서사시『라마야나』에서 유래했다고 전하고 있다. 즉 힌두교가 인도에서 발생하여 이곳 인도네시아 자바섬에 정착하면서 부터라고 여기고 있지만 이러한 일반적인 생각과는 달리 〈케착댄스〉 그 자체는 유래가 그렇게 오래되지 않았다. 비록 그 후렴은 현재도 가끔 시골에서 행해지고 있는 〈상향댄스〉라는 고대종교의식에 그 유래를 두고 있지만 〈케착댄스〉 그 자체는 네덜란드인에 의해 1930년에 처음 공연되었으리라는 것이 정평이다.

그러나 〈상향댄스〉에서 보이는 이른바 신이나 조상과 대화할 수 있는 무아의 경지 속에는 사람이 신이나 조상의 요정을 사람들에게 전하는 중에 동반한 가무단은 앉아서 느릿한 속도로 지속적인 절분음인 "케착.케착.착"을 합창하는 점은 그대로 그 맥을 이어 받은 듯 했다.

아오디아 왕조의 법적 계승자인 신의 왕자인 라마는 그의 아내 시타와 어린 남동생 락사마나와 숲 속의 유배지에서 살게 된다. 반면 악마의 왕이며 사악하고 호색스런 괴물인 거인 라와나는 아름다운 시타를 사모하여 그녀를 빼앗을 계획을 궁리하였다. 금사슴으로 변장한 그의 수상격인 마라차는 라마와 락사마나를 시타로부터 꾀어 낸 후 그녀를 유괴하여 라와나의 궁으로 데려갔으므로 라마는 악마의 왕 손아귀에서 시타를 구출하기로 하였다.

라마는 거대한 원숭이 무리의 도움을 받아 많은 싸움을 거쳐 마침내 라와나를 살해하고 시타를 구출한다는 『라마야나』의 내용을 그대로 가져 온 것이 〈케착댄스〉이다. 〈케착댄스〉에는 대사가 있었고 춤이 있었으나 반주는 없었다. 반나체의 야성적인 원숭이무리들의 "케착.케착.착"하는 소리만이 있었을 뿐이다.

크리스티의 〈쥐덫〉 서울공연

영국의 애가서 크리스티작 추리극〈쥐덫, The Mousetrap〉이 런던 웨스트엔드에서 공연을 시작(1952)한지 60년.(웨스트엔드는 뉴욕의 브로드웨이, 서울의 대학로와 같은 곳)

서울의 제작사 SH 컴퍼니를 창립한 권순명 대표는 60주년을 겨냥하여 서울 동숭동 대학로에서 SH 아트홀(300석 규모)를 2011년 전격 인수하였다. 그 재개관 작품은 세계 최장수 공연으로 기네스 북에 오른 애가서 크리스티의 〈쥐덫〉. 영국 런던과 라이센스 계약을 맺고 2012년 8월 1일 시연, 2일부터 장기 공연을 시작한 것이다.

권순명은 1970년대 말 극단 제3무대(대표 정운)에 입단, 첫 작품으로 〈쥐덫〉에 출연한 바 있는 배우이다. 그는 배우활동을 접고 강남에 학원을 열어 성공을 거둔 사업가이자 연극과 영화를 제작한 바도 있다. 그의 꿈은 극장을 하나 갖고 롱런 할 수 있는 계기를 마련함에 있었다.

더구나 〈쥐덫〉은 극단 신협이 한국에서 첫 공연을 가진 후 제3무대가 여러 차례 앵콜 공연. 고정 레퍼토리가 되었던 작품이다. 제3무대가 운영이 어려울 때면 공연했던 작품이 〈쥐덫〉이었고 그때마다 흥행에 성공했던 작품이 〈쥐덫〉이었다. 그런데 우리나라가 세계저작권협회에 가담하면서 모든 현대 작품의 무단 공연이 중단되어 제3무대는 〈쥐덫〉공연을 할 수 없게 되었고 그 후 정운대표가 세상을 떠나자 활동을 중단한 상태로 거의 20여년이 흘렀다.

권순명은 〈쥐덫〉의 롱런 가능성을 느끼고 런던 공연팀과 영국문화원의 협조로 라이센스를 계약하기에 이르렀고 영국 런던 공연 60주년을 기해 한국에서 공연하기로 확정한 것이다. 그럼 〈쥐덫〉은 어떠한 작품인가?

〈쥐덫, The Mousetrap〉은 1947년 BBC 라디오에서 영국의 왕대비 메리의 80세 생일을 축하하려고 애가서 크리스티에게 청탁되어 1 주일 만에 쓰여진 〈세 마리의 눈먼 생쥐, Three Blind Mice〉란 방송드라마를 1950년 단편소설, 1951년 희곡으로 각색한 작품이다.

이 작품은 1952년 10월 6일 노팅엄 로열극장에서 초연된 후 같은 해 11월 25일부터 앰배서더 극장에서 공연이 계속되다가 1974년 3월 25일 세인트 마틴극장으로 이전하여 60년간 세계 공연 사상 최장수 공연 중인 작품이다.

하두 오랜 세월동안 공연되다 보니 11년간 같은 배역을 4575회나 맡아 기네스북에 오른 배우가 있는가하면 숱한 종류의 기록을 남겼다. 1957년엔 처칠이, 2002년엔 엘리자베스 여왕이 관람했으며 1992년 40주년 파티에는 메이저 전 영국총리가 참석 "영국이 어떤 나라인지 영국인이 무엇을 할 수 있는가를 보여주었다"는 말을 남겼다.

〈쥐덫〉은 〈세 마리의 눈 먼 쥐〉란 배경 음악이 깔린 가운데 시작된다. 폭설로 온갖 교통이 두절 된 런던 교외 몽크스웰 펜션에 손님이 하나 둘 찾아드는 것으로 극이 시작된다.

랄스톤 부부가 손님을 맞는다. 이윽고 예약치 않은 텁석부리가 찾아와 당황한다. 이때 경찰청에서 전화가 걸려온다. 범죄용의자가 있어 여관에 형사를 급파한다는 것이다. 랄스톤 부부와 손님들이 놀라며 긴장한다. 사람 키 높이만큼 쌓인 눈길로 어떻게 형사가 올 것인가 ? 그러나 생각보다 빨리 스키를 타고 형사가 찾아온다.

런던 칼바 스트릿트 24번가에서 발생한 살인사건과 펜션 투숙객 중 1인이 바로 그 사건의 용의자라며 형사는 한 사람 한 사람을 다그친다. 그러던 중 누군가에 의해 전화선이 절단된 것이 발견되고 형사가 타고 온 스키도 없어진다. 펜션은 외부와의 연락이 두절되고 손님들과 관객들은 차츰 긴장에 휘말리게 된다. 형사의 취조 중에 손님 하나 하나의 신상이 드러나게 된다.

이윽고 손님들은 서로가 서로를 의심하게 되고 범인 추적을 위한 관객의 추리도 시작된다.

이때 거구의 중년 여성이 살해당한다. 손님과 관객은 경악, 저마다 스스로가 결백하다고 주장하는 손님과 살인사건 당시 손님 각자의 위치를 형사는 투숙객 하나 하나에게 묻기 시작한다. 손님들은 서로를 의심하게 되고 런던 살인사건 발생. 그 시각에 판매하는 신문을 남편의 외투 주머니에서 발견한 아내와 표 개찰 검사 자국이 있는 런던행 차표를 아내의 장갑 속에서 발견한 남편은 서로를 의심하게 되면서 연극은 절정으로 내닫는다는 내용이다.

한때 배우였으며 극작과 연출을 하고 최근엔 비평에 손대고 있는 박정기의 글을 보면 다음과 같다.

"윤국로가 트로터 경위로 출연해 더 할 나위 없는 호연으로 연극의 흐름을 주도하고, 한덕호와 유하나는 실제 부부가 아닌가 생각 될 정도로 랄스톤 내외역을 아름답고 지고지순하게 연기해 냈다. 정상철은 메드카프 소령으로 이 연극의 품격과 품위를 지키는 대들보가 되었고, 조한희는 일상어가 아닌 번역극 조의 대사로 원숙미와 개성을 부각시켰는가하면, 장우진은 낙천적이고 느물거리는 성격으로 작중 인물의 성격을 탁월하게 표현해 냈다. 최광희는 이지적인 면모와 미모로 남성관객의 시선을 한 몸에 집중시켰으며 지성우는 쾌활하고 밝고 정감어린 매너로 여성 관객의 입가에 시종일관 미소를 머금토록 만들었다. 서지유와 조은숙 그리고 이정성이 더블 캐스트로 출연한다. 제작 권순명, 예술감독 김용현, 미술 이학순의 열정과 기량이 하나가되어 애가서 크리스티 원작 박영희 번역 김성노 연출의 〈쥐덫〉을 영국 웨스트엔드의 공연을 능가 할 만한 연극으로 만들어 냈다."고 기록하고 있다.

얼마 전 권순명으로부터 벨이 울렸다. "선생님, 〈쥐덫〉 예약이 인터파크 상위권을 맴돌고 있어요. 폐막일을 정하지 않고 무기한 계속하는 공연으로 가져 갈 생각이에요. 서울 올라오시면 꼭 한 번 보아 주세요." 라고 했다.

그 동안〈품바〉와 이길재의 〈바쁘다 바빠〉가 10여년간 롱런하다 막을 내린 바 있다. 뮤지컬 〈지하철 1호선〉이 30여년간, 극단 대중의 뮤지컬〈넌센스〉와 〈난타〉가 20여년 내외로 롱런하고 있다.

롱런하기 위해선 자체극장을 가져야 가능하다. 더구나 본격 연극이 이런 기록을 깰 수 있을까? 그 가능성 있는 연극이 〈쥐덫〉이라고 생각한다. 그것은 극단 제3무대의 여러 차례 앵콜 과정을 통해 권순명은 그 가능성을 발견했을 것이다. 권순명의 꿈은 여기서 비롯되었다. 내 극장을 갖고 좋은 레퍼토리를 공연하자는 것이다.

결국 권순명은 꿈의 실현을 이룩한 것이다. 꿈의 실현을 위해 그가 쏟은 노력, 그리고 좌절치 않고 일어서는 뚝심, 그것이 SH아트홀의 개관과 〈쥐덫〉공연이라 생각된다.

문을 열기까지의 과정이 널리 알려져 많은 연극인들이 본받기를 기대해 본다.

그레이스 켈리의 삶과 죽음

2012년에 생각하게 하는 사람을 꼽으라면 난 단연 그레이스 켈리(Grace Kelly,1929~1982)를 꼽게 된다.

2012년은 그가 세상을 떠난지 꼭 30주년이 되는 해였고 세대와 인정을 뛰어 넘어 그녀야말로 지금껏 세계에 알려진 여성 중에 가장 우아함을 보여준 여자라는 점이다.

몇 년전 미국의 여성지[우먼스 저널(Woman' s Journal)]이 독자를 상대로 역사상 가장 우아한 여성을 꼽으라고 했는데 1위는 그레이스 켈리였다. 그리고 최근 [뷰티풀 피플 닷컴]은 세계왕족의 외모 순위를 회원 13 만 명에게 물었는데 91%의 회원이 압도적으로 지지한 1위의 왕족이 켈리라고 대답했다. 인기 절정의 여배우가 모나코 왕비로 신분이 바뀐 그녀의 이야기는 현대판 신데렐라임이 분명하다. 삶 자체는 지금 생각해 보아도 영화 같은 삶이라고 할까, 동화 같은 삶이라고 할까,많은 이들의 뇌리에서 지워지지 않고 있는 것이다.

그녀는 1929년 11월 12일 미국 필라델피아의 아일랜드계 가톨릭 집안, 사업가인 아버지와 모델 활동을 하던 어머니 사이에서 태어났다. 그녀는 10세때 아동극단의 입단, 배우로 출발하였다. 어린 켈리는 수줍음을 잘 타는 내성적 성격이었다. 그녀는 아메리카 연극학교 (America Academy of Dramatic Arts)에 들어 연극을 공부하다 모델의 길을 걷게 된다. 그러다 TV드라마에 출연하다 1951년 그녀 나이 23살 때 그녀의 빼어난 미모를 발견한 프로듀서 델머트 만에 의해 발탁되어 헨리 헤서웨이 감독의 〈14시간〉이란 영화에 단역으로 출연한다.

그 다음해 그는 프레드 진네만 감독의 〈하이 눈〉에 켈리 쿠퍼와 함께 출연하여 톱스타의 위치를 확보하게 된다. 영화 〈하이 눈〉은 우리에게는 〈백주의 결투〉로 잘 알려진 영화이다. 켈리 쿠퍼가 아카데미 남우주연상을 타 켈리도 곽광을 받게 된 것이다.

1953년 그녀는 존 포드 감독의 〈무감보〉에 클라크 케이블과 에바 가드너 등과 함께 공연하게 된다. 그리고 같은 해 히치콕 감독과 인연이 되어 〈다이알 M을 돌려라〉에 이어 같은 감독의 〈이창〉에 출연하였다.

이렇게 영화계 활동을 펼치면서 그녀는 많은 감독, 배우들과의 연문설이 나돌게 된다. 이때부터 그녀는 자유분방하면서도 냉철한 여인으로 변신한다.

1954년 그녀는 조지 시튼 감독의 〈갈채〉에 빙 그로스비와 윌리엄 홀든과 함께 출연한다.〈갈채〉는 자동차 사고의 충격으로 매사에 자신을 잃고 방황하는 남편(빙 글로스비)을 재기시켜 무대에 다시 서게 하는 시골 아내의 헌신적인 노력을 그렸다. 〈갈채〉에 이어 〈에메랄드〉에 출연했고 이어 한국전쟁 6.25를 다룬 〈 원한의 도곡리 다리〉에서 윌리엄 홀든과 다시 주연하게 된다.

1955년 3월 20일 제 27회 아카데미 시상식은 당시 주목을 끌었던 〈

워터 프런트〉에 시선이 모아지고 있었다. 이 영화는 12개 부문에 후보로 올라 결국 최우수 작품상, 감독상, 남우주연상 등 8개 부문에서 수상했다. 하지만 여우주연상은 〈갈채〉의 주인공 그레이스 켈리에게 돌아갔다. 그런데 흥미로운 것은 윌리엄 홀든과 함께 출연한 〈도곡리 다리들〉(원한의 도곡리 다리)는 특수효과상을 수상했다.

1955년 그녀는 히치콕 감독과 세 번째 영화 〈나는 결백하다〉에 캐리 그랜트와 함께 주연하여 주목을 받는다. 그리고 〈나는 결백하다〉에 이어 〈백조〉에서 주연을 맡았고 1956년에 빙 그로스비와 프랑크 시나트라와 함께 〈상류사회〉에 출연, 불꽃 튀기는 연기로 관중들을 감동시킨다.

그레이스 켈리는 1951년 〈14시간〉으로 데뷔, 1956년 〈상류사회〉까지 총 11편의 영화에 출연. 은막의 활동을 접고 모나코의 대공 레니에 3세와 결혼, 모나코 왕국의 왕비가 된다.

미국 영화계는 물론 전 세계인들에게 탑 뉴스로 클로즈 업 된다. 가장 인기 높은 배우의 갑작스런 뉴스에 전 세계 매스컴은 연일 그녀의 이야기와 모나코 왕국의 기사로 거듭났다.

지중해 귀퉁이에 있는 세계에서 두 번째 작은 나라가 대관광국으로 별안간 바뀌게 된 것이다. 그래서 항간에는 알려지지 않은 조그만 나라를 부흥시키자면 그 길 밖에 없었다는 이야기로 화제가 되기도 했다.

그녀가 레니에 3세를 알게 된 것은 1954년 헐리우드의 톱스타로 활동하던 때이다. 화보촬영차 모나코 왕실을 방문한 그녀에게 레니에 3세는 첫눈에 반해 버린 것이다. 170cm의 훤칠한 키, 눈처럼 하얀 살결, 빛나는 금빛머리에 차가운 눈, 그리고 우아하면서도 균형잡힌 몸매, 레니에 3세는 왕실을 방문한 그녀에게 12캐럿짜리 다이아 반지를 선물하며 청혼하게 된다. 모나코에서 돌아온 그레이스 켈리는 레니에 3세의 구혼에 고민하기 시작하였고 레니에 3세는 100번 찍어 안 넘어가는 나무가 있겠는가라는 식으로 100번을 넘게 청혼요청, 사랑을 속삭이는데 몰두했다.

결국 레니에 3세는 1956년 초 켈리로부터 결혼 약속을 받아내는데 성공한다. 그녀는 1956년 4월 18일 모나코 대성당에서 세기의 결혼식을 올리게 되어 세계적인 화제가 된다. 결혼 후 그녀는 맏딸 캐롤라인 그리말디를 1957년 1월 23일에 낳게 되고 이어 아들 알베르 2세를 1958년 3월 14일 낳게 된다. 이 아들에 대해서는 사생아라는 이야기도 있고 남아가 없어 의붓자식으로 삼았다는 이야기도 있다.

자유분방한 배우생활에서 전통적인 왕궁생활을 하게 된 그녀의 생활은 고통스러웠다. 그녀는 방황도 해보고 남편과의 성격차이에서 오는 충격으로 번민도 했다. 결국 그녀는 우울증세까지 보이기 시작했다.

1964년 히치콕 감독이 〈마니〉의 주인공을 의뢰해왔다. 그녀는 남편과 상의 끝에 주연을 맡기로 결정했다. 결정을 통보하자 미국 영화계에는 켈리의 헐리우드 복귀설이 공표됐다.

하지만 모나코의 국민들은 왕비가 도둑역을 맡는 것도, 그리고 숀 코넬리와 로맨스에 빠지는 역을 맡는 것도 원치 않았다. 켈리는 결국 이 프로젝트에 참가하는데서 손을 떼고 말았다. 남편의 설득과 국민들의 목소리에 설득 당한 것이다. 히치콕 감독은 “순결의 고결함 속에 다른 여배우들에게서는 찾아볼 수 없는 팽팽한 긴장감이 있는 여배우”라고 했고 그 동안 3편을 함께 촬영 일에 몰두하면서 가까운 사이였다.

그레이스 켈리는 방황하던 마음을 다스리고 궁중 생활에 전념하게 되면서 1965년 둘째 딸 스테파니 그리말디를 2월 1일 낳게 된다. 이후 궁중 생활에 익숙해진 그녀는 공식적인 행사 이외에 자식들 성장에 뒷바라지하는 일에만 몰두하게 된다.

그레이스 켈리는 1982년 9월 14일 막내딸 스테파니의 운전 부주의로 모나코 근교 여름별장에서 왕궁으로 돌아오던 중 교통사고로 현장에서 즉사하고 스테파니만 탈출해 살 수 있었다.

그녀의 죽은 시신의 목에는 스카프가 매어져 있어 세간에서는 여러 루머가 나돌게 되었다.결혼 이후 어려웠던 경제가 관광수입으로 호황을 누리게 되자 그녀는 모나코의 주 수입원인 카지노를 규제시켜 마피아가 암살시켰다. 그녀가 왕족이 아니어서 궁궐을 천하게 만들어 제거시켰다. 등 여러 가지 의혹이 많다.

레니에 국왕은 그녀의 장례식에서 펑펑 울음을 터뜨렸고 켈리를 잃고 홀로 지내다 2005년에 사망했다. 레니에 3세 국왕이 사망하자 그 바톤을 이어받은 그레이스 켈리의 아들, 알베르 2세가 2005년에 국왕이 되었다. 알베르 2세에게는 20세 연하의 여자 친구가 있다는 것이 밝혀져 화제가 되었는데 결국 그녀와 거창하고 화려한 결혼식을 올렸다.

남아프리카 공화국 국가대표 수영선수를 지낸 샤를렌 위트스토가 왕비가 된 것이다. 2011년 7월 21일 모나코에서 55년만에 세기의 왕실 결혼식이 마련된 것이다.

위트스톡은 초혼이지만 알베르 2세 국왕은 그동안 토고 출신의 미국 여성과의 사이에 혼외관계로 자식을 두었다는 소문도 있다. 하여간 이들 두 사람의 결혼은 그레이스 켈리가 죽은지 30여년만에 맡게 된 모나코 왕실의 가장 큰 잔치였다.

"귀한 인연의 길"

진심어린 마음을 주었다고 해서, 작은 정을 주었다고 해서 그의 거짓 없는 마음을 받았다고 해서 내 모든 것을 걸어 깊은 수렁에 빠지지 않기를. 한 동안 이유 없이 연락이 없다고 해서 내가 그를 아끼는 만큼 내가 그를 그리워하는 만큼 그가 내게 사랑의 관심을 안준다고 해서 쉽게 잊어버리는 쉽게 포기하는 그런 가볍게 여기는 인연이 아니길.

이 세상을 살아가다 힘든 일 있어 위안을 받고 싶은 그 누군가가 당신이기를. 그리고 나 이기를. 이 세상 살아가다 기쁜 일 있어 자랑하고 싶은 그 누군가가 당신이기를. 그리고 나 이기를.

이 세상 다하는 날까지 내게 소중한 친구. 내게 가장 미더운 친구. 내게 가장 따뜻한 친구라고 자신있게 말할 수 있는 이가 당신이기를. 그리고 나 이기를.

이 세상 다하는 날까지 서로에게 위안을 주는. 서로에게 행복을 주는. 서로에게 기쁨을 주는. 따뜻함으로 기억되는 이가 당신이기를 그리고 나 이기를. 지금 당신과 나의 인연이 그런 인연이기를. -법정스님-

영화같은 삶. 동화같은 삶의 그레이스 켈리는 저 세상으로 떠났지만 그녀의 주옥같은 영화들은 촬영 당시부터 각종 유행을 퍼뜨렸다. 헤어스타일,목걸이,헨드백,팔찌,스카프,드레스,웨딩 드레스,안경 등이 명품으로 나돌고 있고 최근엔 상점명으로 물품명으로도 유행이 되고 있다.

더구나 1999년 6월, 미국영화연구소가 선정한 미국영화의 전설적인 50명의 배역 중 한사람으로 그레이스 켈리가 선정되었다. 그리고 2012년 여수 엑스포 때는 모나코 국가의 날, (6월 3일)의식 행사에 그녀의 아들 알베르 2세가 참가. 축사를 해 여수 엑스포를 빛내기도 했다.

그리고 현재 그레이스 켈리의 일생을 그린 영화 〈모나코의 그레이스〉가 올리비에 다한 감독에 의해 연출되고 있다. 그레이스역에는 호주 출신 세계적인 스타 니콜 키드먼이 우아함의 대명사가 된 그레이스 켈리로 분장한다.

2013년쯤 우리에게도 볼 수 있는 기회가 올 것이다. 그레이스와 얼굴만 닮은 게 아니라 행동거지나 마음씨까지 닮았다는 소식이 각종 매스컴에 오르고 있다.

우리나라는 그레이스 켈리 상품이 연말 연시를 기해 많이 선 보일 것으로 보고 있다. 그리고 마크롭슨 감독의 〈도곡리 다리들〉,〈원한의 도곡리 다리〉라는 제목으로 개봉된 지 오래지만 지금 DVD로도 전해지니 찾아 볼 필요가 있다. 세기의 신데렐라 그레이스 켈리의 미군 전투기 조종사의 아내 역할을 보아 둘 필요가 있다.

중국영화 <홍등>

중궁 영화계의 두 거장 첸가이거와 장이모우는 우리에게 익히 알려진 감독이다. 첸가이거가 〈현위의 인생〉〈패왕별희〉로 이름이 알려졌다면 장이모우는 〈붉은 수수밭〉〈국두〉로 알려진 감독이다. 첸가이거와 장이모우는 북경영화대학에서 각각 연출과와 촬영과를 졸업한 엘리트 감독이다.

영화 〈홍등〉은 장이모우 감독의 작품으로 타이페이의 후효현이 기획을 담당하여 만들어 낸 중국영화합작회사의 작품.

그의 〈붉은 수수밭〉은 중국 대륙의 푸르른 수수밭에서 사건이 일어나고 붉은 고량주공장에서 마무리되는 작품이며, 〈국두〉는 적청황의 비단처럼 펼쳐지는 색채영상이 강한 대비를 이루어 돋보이는데 〈홍등〉에서는 흰눈과 붉은 등, 그리고 발 안마 소리의 음향을 대비시켜 극적 상승을 꾀해 관심을 집중케 했다.

인간의 욕구, 그 가운데서도 봉건제도에 얽매여 사는 여인들의 삶과 그들의 성에 대한 갈구를 표상화 함에 있어 이 작품에서 장이모우 감독은 독특한 영상효과를 발휘, 세계영화제에서 잇따른 수상을 하게 된다.

따라서 〈홍등〉은 그의 감독으로서의 입지를 확고하게 만드는데 기여

한 작품이라고 할 수 있다.

1920년대 중국부호의 집안에서 벌어지는 첩들간의 암투가 적나라하게 펼쳐지면서 영화는 무르익는다. 진나리(대감)를 차지하기 위해 네명의 부인들은 서로 시기하고 모략한다. 계모의 강요에 대학을 중퇴하고 진나리댁의 넷째 첩으로 들어간 쑹렌은 시간이 흐르면서 자신의 존재가 노리개에 불과함을 깨닫고 허탈감에 빠진다.

그런 어느날 셋째부인이 부정을 저질러 죽임을 당하게 되는 것을 목격하고 끝내 미쳐버리게 된다. 이런 한 여인의 비극을 통해 부도덕한 봉건적 절대 권력가의 삶에 대한 비애를 느끼게 한다.

이 〈홍등〉에서는 진나리가 네명의 부인 중 매일 한명씩을 택해 잠자리를 같이 하는데 이때 선택당한 부인의 처소에 불을 밝히고 끄는 행위가 극적 분위기를 북돋아 준다. 또 선택당한 부인은 발바닥 안마를 받게 되는데 그러한 풍속들이 이 영화를 보면서 이채로움을 느끼게 한다.

또 한 가지 끝까지 진나리의 자세한 얼굴표정을 볼 수 없다는 점도 이 영화만이 갖는 특징.

장이모우 감독과 줄곧 콤비를 이뤄온 공리의 연기가 빼어나고 홍등을 켜고 끄는 역할을 맡은 연기자의 몸짓 행동도 오래 기억에 남을 것이다. 1992년도 베니스 국제영화제에서 은사자상을 수상한 작품이다.

아메리카 인디언 호피족의 <뱀춤>

뱀은 기독교를 믿는 이들에게는 질색이겠지만 다른 종교를 믿는 사람들은 오히려 정겹게 받아 들여 지기도 한다. 힌두교, 유교, 도교, 불교들의 작용부터 살펴보자.귀의 작용은 듣는데 있고 눈은 색채를 분별하는데 있다. 코는 냄새나 향기를 맡는데 있으며 입은 맛있는 음식을 먹는데 있다. 이것들은 마음이 즐겁지 않고 닫혀있을 때는 어떤 소리도 들어오지 않으며 어떤 색도 눈에 들어오지 않는다. 냄새나 향기가 눈앞에 피어올라도 코는 아무런 감각도 느끼지 못하며 입은 맛있는 음식이 눈앞에 놓였어도 먹지 않는다.

'안이비설신의(眼耳鼻舌身意)' 라는 말이 있다. 사람은 태어나서 일주일만에 눈이 트이고 14일만에 귀가 열리고 21일만에 코가 냄새를 맡게 되고 28일만에 혀에 감각이 돌아 맛을 느끼고 35일 후에 전신에 감각이 돌며 42일만에 몸 전체에 의식이 소통돼 49일이 돼야 인간다운 모습이 이룩된다.

이는 불교, 도교, 유교 등이 모두 그렇게 여기고 있는데 이는 죽는 과정에서도 같다.우리가 귀로 듣고 눈으로 보고, 코로 냄새맡고, 입으로 음식을 먹고자 하는 일은 우리가 살아있다는 증거이며 눈、코、귀、입의 본능이기도 하다. 즐겁다거나 즐겁지 않다거나 하는 것은 마음의 문제인 것이며 얼굴모형에 따라 ○은 파랗게(청색), ㅁ은 빨갛게(적색), ▽은 노랗게(황색) 나타나게 된다.

5월은 학교에서는 중간고사가 있다. 난 대학에서 학생들을 가르칠 때 이런 말을 종종했다. 1학년에 귀가 열리고 2학년에 눈이 트이고 3학년에 입이 일리고 4학년에 코에 힘이 있어야 마음의 문이 열린다고.

즉 1학년에는 교내에 관심을 갖고 선배, 스승의 이야기를 잘 들어야 하고 자기가 지망한 학문은 물론, 그 외의 세계도 모두 섭렵해 보는 게 필요하다. 전공이 틀리면 2학년 때 바꿀 수 있는 까닭이다. 따라서 철학개론, 전자학개론, 의학입문, 사회학개론 등 30여종의 입문서、개론서를 한번 모두 읽어본다.

2학년에는 외부세계에도 눈돌려 많이 보고 익혀야 한다. 남자의 경

티요는 집으로 돌아 온 뒤 9일 동안 결혼 잔치를 하리라 선언했다. 5일 후에 뱀종족들이 땅 밑에서 나와 키바스(오막살이)에 들어가 옥수수 꽃가루를 먹고 없어졌다. 그러나 티요는 그들이 모습만 변하여 뱀 같은 파충류의 모습으로 아직 골짜기에 머물고 있는 것을 알았다.

그는 사람들을 시켜 그들을 잡아오라고 하였으며, 그들은 목을 감긴 후 뱀과 같이 춤추었다. 그들은 뱀을 잡는데 4일 동안 걸린 것이었다. 뱀이 들어와서 목을 감는 동안에 야만인들의 기도소리를 듣는다. 그런 뒤 밖에 나와서 사람들과 춤을 추게 된다. 최후에는 지상 사람들의 청원을 띠고 지하 나라로 돌아 갈 수 있게 뱀들을 골짜기로 데려다 준다. 이것이 무용 속에 연출되는 뱀 전설의 간단한 줄거리이다.

헤브마이어는 그의 『야만인의 연극』에서 〈뱀춤〉의 의미를 다음과 같이 설명하고 있다.

〈뱀춤〉을 끝까지 하려면 9일이나 걸리는데, 처음 8일간은 전설과 같이 뱀을 모아 준비하고, 만약 뱀한테 물리더라도 나을 수 있는 마법의 약을 만들고 이 큰 춤에 쓰이는 여러 도구를 만들고 9일째 되는 날 무용을 하게 된다.

이 의식을 하는 동안은 처음부터 끝까지 비의 신에 영광을 위하여 늘 노래를 부르며 기도를 올린다. 키바스 속의 제단 위에 이 춤에 썼던 100마리가 넘는 뱀을 몸에 감게 한 뒤 먼저 성분(聖粉)을 바른다. 이 제단은 상징적이며 대부분은 각양각색의 빛나는 모래로 된 모자이크로 되어있다.

이 모래가 반짝여서 여러 가지 다른 빛의 평행선, 혹은 열의 경계선을 지운다. 이 경계선 안에 꼬불 꼬불한 네 날의 줄이 만들어 구름을 의미한다. 이 줄은 사슴족 정의의 표식인 번개를 말하는 것이다.

검은 줄은 아주 필요하고 따라서 절박한 비를 표시한다. 깃과 실로 만든 이 동종족(同宗族)의 수호신이 구석에 놓여있고, 춤출 때 쓰던 다른 도구들은 제단의 다른 쪽에 놓여 있다고 하였다. 그리고 계속하여 9일째 되는 날, 바로 해질 녘에 마지막을 완성하는 무용이 시작된다. 16척이나 되는 땅이 이 신성한 무용의 무대로서 골라진다. 한 쪽에는 높이가 8척 내지 10척이고 직경은 5척내지 6척인 나무 그늘의 정자를 짓는다.

그 정자 앞에 구멍을 파고 그 위에 널판을 놓아 올라타면 "텅"하고 소리가 들린다. 이는 딴 세계로 들어가는 것을 표시하고 나중에 춤추는 사람이 여기 올라타는 목적은 의식이 시작되는데 대하여 지하 동포의 주의를 환기하자는 것이다.

이 의식에 참가하는 이는 대개 20 명 가량의 사슴족과 뱀들이다. 춤추는 이들은 특별한 옷을 입고 많은 그림으로서 그들의 얼굴을 꾸민다. 뱀족 사람들은 손에다 회초리와 성분주머니를 지녔고, 이 부족의 장은 지팡이를 소리나게 휘두른다.

사슴족이 먼저 무대에 등장, 그들은 동그랗게 4번 돌고 난 후 무대 위 나뭇잎으로 만든 장자인 키시(시작 직전 뱀을 넣어 둔다) 옆에서 얼굴을 키시쪽으로 향해 자리를 잡는다. 그러면 뱀족도 이와 같이 돌고 난 후, 성분을 정자 곁에 뿌린다. 각자 걸어오면서 발판을 밟는다.

이것은 그들의 열광과 충실함을 신이 보아 달라는 것이다. 그런 다음 뱀족은 사슴족으로부터 6척 가량 떨어져 한 줄로서 사슴족과 마주보고 선다. 사슴족은 충분한 시간에 다리를 올렸다 내렸다하며 다리에 묶인 거북등어리에서 둔한 소리를 내는 동시에 암시적인 '가라가라' 소리 나는 뱀을 흔든다. 뱀족은 손을 잡고 몸을 이리저리 흔들면서 낮고 굵은 소리로 단조로운 노래를 부른다. 조금 뒤에 뱀족은 줄에서 이탈, 각반의 무용수, 마법지팡이를 가지고 다니는 사람, 모으는 사람 등 여러 반으로 나누어진다. 사슴족은 아직도 줄을 짓고 있다. 한 발씩 한 발씩 키시 앞을 빙빙돈다.

미리 입에다 성분을 넣어 춤추는 사람에게 뱀을 주면, 이 뱀을 잡으면서 머리에서 두서너치 떨어진 곳인 입술 사이에 낀다. 마법지팡이를 가진 사람은 왼팔은 춤추는 사람 어깨에다 얹고, 오른팔은 새깃으로 만든 지팡이를 뱀 앞에서 흔들어 뱀의 주의를 그 쪽으로 끌어 뱀의 독 이빨이 동료의 얼굴에 박히지 않도록 한다. 이들은 정자 주변을 제 앞에 사람이 걸은 길을 밟으면서 돈다. 나머지 사람들은 두 사람의 곁을 뱀이 춤추는 사람의 입술사이에서 빠져 나올 수도 있으므로 조심하면서 따라간다.

다른 반이 곧 뒤를 쫓아 이 집행자들의 줄을 몇 바퀴 돈다. 뱀은 몸을 비틀거리면서 몸부림친다. 머리를 내밀고 빨리빨리 도는 지팡이에서는 여러 가지 조개와 가라가라 뱀이 슬픈 소리를 낸다.

뱀이 통제 할 수 없게 되면 미리 뱀에다 가루를 뿌린다. 집행자들은 이 이상한 제마(際魔)를 데리고 정자 주위를 돌 때, 뱀족 여인들은 이 행렬의 밖에 서서 그들이 지나갈 때마다 성분을 뿌린다. 사람 손에 뱀이 너무 많아져 불편할 때는 사슴족에게 이를 돌려 남은 의식(춤)을 하도록 한다.

이 기묘한 춤의 마지막 막이 내리기 전 뱀족 상석중이 성분으로 직경 4.5척 되는 동그라미를 그려 그 가운데 여섯 날의 방사선이 사방으로 천지를 표시한다. 뱀은 동그라미 속으로 기어가 뭉쳐진다. 이 속에서 기고 구불거리며 뱀은 4.5척 되도록 뭉친다. 사람들은 아무것도 끼지 않은 맨손을 이 뭉치 속에 넣어 잡을 수 있는 만큼의 뱀을 잡고 동리 바깥 낮은 곳에 그들을 놓아 주려고 뛰어가게 된다.

이와 같이 〈뱀춤〉은 비의 현상을 과학적으로 설명 할 수 없었던 야만인이 이를 설명하기 위해서 생각해 낸 고대 전설의 연출인 것이다.

좀 인용 설명이 길었다. 옛날 신화의 대부분은 깊은 종교적 의미를 가져 사람들의 정신생활과 밀접한 관계를 가졌었다.

많은 이들이 뱀 숭배의 〈뱀춤〉을 연극이라고 여겼으나 이는 잘못이다. 왜냐하면 뱀은 그들에게 있어서 비를 오게 하는 지식을 전하여 준

혼령의 화신으로 의미를 부여하기 때문이다. 그들이 말하는 오두막 키바스 속 제단의 거미녀를 달래고자 기도와 공양을 드릴 때, 사슴족 상석 중은 비에 대한 희망을 그녀에게 말한다. 거미녀에게 그것이 없으면 비가 오지 않는 구름을 짜 주도록 청한다. 사슴족 중들의 번개상징, 비 오는 소리를 나게 가라가라 흔드는 것, 가까워 오는 비바람 소리같이 슈슈 소리 나는 것, 이러한 것들은 이 춤이 비를 오게 하는 것과 긴밀한 관계를 가졌다는 것으로 보인다. 뱀을 쓰는 것에는 이중의 목적이 있었다. 이 기우의식의 집행에 있어서 뱀족의 희망은 될 수 있는 대로 원형식과 같은 상태의 의식을 하여 그의 청원에 대하여 그들이 바라는 모든 효과를 얻자는 것이다. 이 의식의 원형식에서는 뱀어머니의 기도는 아주 힘이 있다.

따라서 지금 힘 있는 기도를 하자고 뱀을 가지고 왔음에 틀림없을 것이다. 또 한가지 생각은 뱀은 지하의 뱀어머니에게 기우와 곡물생성에 대한 기도를 즉, 뱀어머니에게 전하는 중개역을 한다는 것이다. 그러나 이것뿐만이 아니다. 그것이 그들의 종교생활의 본질적 요소이며, 그들의 전 생활은 이 의식과 맺어져 있다. 그러므로 집행에 조금이라도 등한한 점이 있다면 간발이란 형식을 통해 그들에게 신의 분노가 도래한다고 생각했다.

인생은 난타전이야

- 그는 마지막 종소리가 울리는 순간 인간승리를 느낄 수 있었다 -

그는 이탈리아 시칠리아에서 이민 온 부모의 가난 때문에 1946년 장마철인 7월 6일 미국 뉴욕에 있는 자선병원에서 태어났다. 그가 어릴 때는 병원을 갈 수 없어 풋내기 아마추어 의사를 찾곤 했는데 의사의 실수로 왼쪽 눈 아래가 마비되는 사고를 당하기도 했다. 성장해 가는 도중 그는 치명적인 발음장애까지 앓게 됐다. 그가 열두살 되던 해 그는 큰 충격을 받았다. 그의 부모가 이혼하게 된 것이다. 그는 여러 차례 이사에, 또 학교에 적응치 못해 학교를 12번이나 옮기는 등 학창시절도 얼룩으로 새겨졌다.

그는 영화배우가 되겠다는 꿈이 있었지만 인맥도 없고 자본도 없어 출연교섭이 별로 없었다. 그는 엑스트라로 시작했다. 그러나 단역배우로는 도저히 살아가기 어려워 닥치는 대로 일했다. 영화관 안내, 수위, 경비원, 피자배달부, 식당종업원, 동물원 잡역부, 배우 보디가드 등. 그렇게 살기위해 전전하며 온갖 일을 하다 보니 서른이 되었다.

그는 이 나이는 팔리기 힘든 나이라고 생각했고 더구나 아내는 임신중인데 수중을 뒤져보니 106달러밖에 없었다. 그는 고심 끝에 비장한 각오로 창문을 걸어 잠그고 전화코드까지 뽑아 버린 채 시나리오를 써 내려갔다.

1975년 11월, 필라델피아 빈민촌에 사는 청년 발보아는 4회전 복서로 근근이 살아가면서 뒷골목의 주역노릇도 했다. 그는 애완동물 가게의 점원아가씨 애드리언을 짝사랑하면서 성실하게 살려고 애쓰는 젊은이로 바뀌었다.

어느 날 그에게 기회가 왔다. 헤비급 세계챔피언 아폴로 크리드가 독립기념일의 이벤트로 무명의 복서에게 도전권을 주려는 계획에서 그가 도전자로 선발된 것이다. 망설이던 그에게 연인이 된 애드리언과 그녀의 오빠 폴리의 격려, 과거 세계챔피언을 키운 바 있는 동네체육관의 코치 미키노인의 지도로 그는 맹훈련에 돌입한다. 그의 목표는 단방에 K.O로 장식하려는 아폴로의 주먹을 이겨내 15회를 버텨내는 것이었다.

마침 혈전의 날이 오고 발보아는 방심한 챔피언을 먼저 다운시키는 등 선전 끝에 15회를 견디어 냈다. 비록 판정패를 했지만 인간으로서 승리한 그에게 마이크가 몰려들고 그는 애드리언을 외친다는 내용이다.

집필을 끝낸 그는 헐리웃의 제작자들을 찾아다니면서 끊임없이 애원하듯 설득한다. "이 대본을 사용해주십시오. 대신 나를 꼭 주연으로 써줘야 합니다" 무명배우가 쓴 대본, 더구나 그를 주연으로 쓰며 도박할 제작사는 없었다.

그는 애타게 몇몇 감독에게 대본을 복사해 나눠 주고 부탁에 부탁을 한 결과 한 영화제작사에서 연락이 왔다. 이 영화의 제작은 로버트 챠도프, 어윈 윙클 리가 공동으로 맡았고 기획은 진 키크우드, 그리고 감독엔 존 지 에이빌드손이 맡게 되었다. 이 영화는 크랭크인(촬영시작)에 들어간 지 꼭 28일 만에 만들어졌다. 그런데 1976년 개봉된 후의 반응은 놀라웠다. 미국에서만 제작비의 50배가 넘는 5600만 달러를 벌었다.

그뿐만 아니라 이 영화는 아카데미 시상식에서 '남자주연상' 후보에 올라 최고작품상의 영예를 안게 되었다. 그 후 이 영화는 세계 각국에서 센세이션을 일으킨 영화 〈록키,Rocky〉이다.

그리고 그 무명의 주인공의 이름은 훗날 「록키」시리즈에 이어 「람보」시리즈의 감독과 주연까지 맡아 일약 흥행영화의 황제가 된 세계적인 대 스타가 된 실버스타 스텔론이다.

이상은 록키 발보아 역을 맡아 세계적 스타가 된 실버스타 스탤론의 성공비결로 널리 알려진 이야기다. 이 영화 가운데서 록키는 다음과 같은 애기를 들려주고 있다.

"인생은 난타전이야. 얼마나 센 펀치를 날릴 수 있는가가 중요한 게 아니라 끝없이 맞으면서도 조금씩 앞으로 전진 하면서 하나씩 얻어 나가는 게 중요한 거야. 계속 전진하면서 말이야. 그게 바로 진정한 승리야"

니체는 "인생은 수난이 아니고 수난 그것이 바로 인생"이라고 했다. 인생은 살다보면 계속 수난과 장애가 나타나는데 그것을 어떻게 극복하느냐는 투쟁과 갈등에 달려있다. 인간승리는 투쟁과 갈등 같은 난타전 후에 오는 것이다. 록키 인생의 최후목표는 권투로 등극하는 길이었고 실버스타 스탤론의 최후목표는 세계적인 스타가 되는 것이었다. 둘은 모두 승리한 사람이 된 것이다.

6 예술은 마음의 산물

– 제5회 남해섬 공연예술제 –

풍성한 프로그램, 열띤 무대

2012년 마침 여수엑스포가 5월 12일부터 8월 12일까지 열리게 되어 이 기간을 모두 남해를 찾는 관광객들에게 볼거리를 제공키로 했다.

볼거리를 제공함에 있어 탈촌(남해국제탈공연예술촌)을 전체적으로 손질하기로 하고 탈촌 주위를 꽃밭화하는데 신경을 쓰고 탈촌 내부도 전시물을 바꾸기로 했다.

우선 1층에는 남해에서 촬영된 영화와 드라마를 보완. 수정하기에 이르렀고 복도에는 해방 후 개봉 된 영화 중 50편을 골라 "한국영화 포스터 전시"를 하기로 했고 배우 50명을 골라 "영화배우 50인전"을 계획 시행했다. 그리고 상부에는 한국배우 250명을 선정 "프로마이드전"을 갖게 했다.

이렇게 함으로 1층이 정리되었고 7월에 이르러 2층은 "한국 뮤지컬전"을 기획하여 전시했다. 2층에서 1층으로 내려오는 곳을 살려 예전에 전시하던 "한국연극 100년전"을 체계화했으며 한쪽 벽은 "한국배우 2500명"의 사진을 총집합시켜 볼거리를 창출하도록 하였다.

그리고 밖의 마당에는 5. 6월 접시꽃, 여름의 봉선화, 도라지꽃 등을 많이 심었고 편백 숲에는 맥문동 동산을 꾸며 놓았다. 이렇게 함으로 탈촌을 찾는 이들에게 남해는 화전(花田)이라는 이미지를 심도록 하였다.

여수엑스포기간 5월 한 달은 〈남해섬 어린이 공연예술제〉로, 6월은 〈아시아 영화제〉로 꾸며 중국, 일본, 한국영화 중심으로 레퍼토리를 확정 상영하였다. 그리고 7월 중순부터 8월 중순까지 한 달 동안 행해오던 〈남해섬 공연예술제〉를 올해는 7월 초에 시작 8월 19일까지 44일간의 긴 기간을 행사기간으로 기획했다.

〈남해섬 공연예술제〉가 5주년이라는 점을 기념하여 공식 초청작 6편, 불금클래식, 3편의 초청음악회, 지역 예술참가작도 7개 분야로 확대하였다. 남해를 근거지로 하는 인큐베이팅 프로그램도 4편이나 참가토록하여 풍성하고 다양성을 꾀하였다.

개막전 프로그램으로 7월 7일 오후 3시 〈거제 영등 오광대〉놀이의 5마당이 탈촌 마당에서 펼쳐졌는데 땀을 흘리며 펼치는 모습에 보는 이들도 땀을 닦으며 끝까지 자리를 지키며 만끽했다.

이어서 펼쳐진 (사)산잡고 물감고의 섬공연 예술제의 여는 마당은 1부 국악팀 공연과 2부 통기타 공연으로 이어졌는데 기품있는 공연으로 신나는 여름 밤을 이루어 놓았다.

7월 14일 펼쳐진 〈구운몽 퍼레이드〉는 올해는 황룡에 청룡까지 더해져 장관을 이루었다. 애초 1시에 행하려던 퍼레이드는 비가 안 오는 때를 맞추어 오전 11시에 시작했으나 길을 나서니 비가 오기 시작해 우중 퍼레이드를 펼 칠 수 밖에 없었다. 비는 계속 이어지고 있었지만 큰 비를 피 할 수 있어 그런대로 효과는 있었다.

개막 첫 날 행해진 뮤지컬 〈노인과 바다〉는 정성희, 장덕수 2인이 펼치고 있었는데 남해군민은 물론 관광객들에게도 퍽 인상 깊은 공연이었다. 더구나 여수엑스포가 바다를 테마로 한 엑스포인데 〈남해섬공연예술제〉도 이 작품이 바다를 삶의 터전으로 하고 사는 노인의 끈질긴 사투를 그리고 있어 같은 맥락으로 볼 수 있는 작품이었다.

7월 21일 공연된 변사 정재진의 변사극〈이수일과 심순애〉는 우리나라 무성영화시대를 상상할 수 있는 레퍼토리여서 주목을 끌었다. 특히 중견 연기인 정재진이 변사로 출연, 극을 이끌어 나가고 있어 그 연기의 폭과 깊이가 더욱 절실함을 느끼게 했다.

7월 28일 공연된 〈죽음의 토크쇼〉는 엉뚱한 생각과 엉뚱한 행동이 지배하는 세상을 풍자한 극인데 반해 8월 4일 공연된 〈환장지경〉은 퓨

전사극이라는 점이 다르다. 양녕대군의 패륜행각을 그린 이 작품은 권력의 의미가 무엇이며 인간욕망의 근원을 밝혀주고 있다.

공식초청작 마지막 작품 8월 11일 공연된 〈월미도 살인사건〉은 미스테리 심리 수사극으로 경찰과 범죄자의 심리를 잘 꿰뚫는 연극이라 할 수 있다. 특히 등장인물 유영진 형사부장과 여형사 조수정, 용의자 이주환, 전임형사 최재호의 캐릭터가 돋보이는 극이었다.

불금 클래식 초청작 레이디스 싱어즈의 〈천상의 노래〉 뮤지컬 갈라 〈빠시오네〉 아림밴드 〈재즈 스토리〉는 7월 20일부터 8월 10일까지 주중에 야외에서 상연되었는데 음악을 좋아하는 지역민들과 관광객들이 무더운 날씨에도 땀을 식히는 공연이 되어 주었다.

지역예술 참가작 가운데 극단 남해의 〈보물섬 흑마늘 놀부전〉의 연기력이 많이 향상되었음이 보였고 사단법인 우리소리 보존회의 〈소리로 풀어내는 보물섬 사계절〉의 짜임새 있는 구성이 보는 이들을 감명시켰다.

남해 초연 인큐베이팅 프로그램 극단 창작극장과 나나다시의 〈오타구. 영웅 그리고 아버지〉는 고등학생들이 퍽 인상 깊게 극을 이끌고 있었으며 남해 청소년들로만 구성된 연극도 처음있어 주목을 끌었다.

전체적으로 보아 〈남해섬 공연예술제〉는 풍성한 프로그램으로 구성된 열띤 무대였으나 남해를 찾는 관광객 숫자가 예년에 비해 줄었다.

5월부터 8월까지 행해진 예술제 기간 내내 관광객과 군민들도 폭염이 계속되어 나들이가 줄어들었다.

따라서 내년(2013)에는 낮의 야외공연은 없어져야겠고 밤 공연도 한 시간 늦은 8시로 옮겨 공연해야 군민의 관람숫자가 늘 수 있다는 것을 인식하게 되었다.

영화 <뱃고동>과 배우 홍우(춘표)

2010년 남해국제탈공연예술촌 로비에는 남해에서 촬영한 영화 포스터와 TV드라마 사진을 모아 전시하기 시작했다. 그런데 이를 본 남해섬 사람들 가운데는 이곳에 전시되지 않은 새로운 것을 알려주거나 가지고 있던 자료를 내놓는 분들이 생겼다.

지난 여름에는 금석마을에 사는 김석기 씨가 〈소띠 아저씨〉(신문광고)를 가져다 주더니 이번엔 남해향우 시인 홍춘표씨가 새로운 것을 건네주었다.

서울에서 시작활동을 하고 있는 홍춘표 씨는 지금으로부터 10여 년 전에 어느 문학모임에서 알게 됐다. 그런데 내가 남해에 정착하면서 급히 가까워졌고 지금은 남해에 오기만 하면 이곳을 들렀다가곤 하다가 재작년엔 이곳 남해국제탈공연예술촌에서 시화전을 갖기도 했다.

그는 연전에 『서포 김만중 노도에서 고복하다』라는 책을 냈고 또 이어서 『후송 유의양, 그날의 유형지』를 집필, 발간해 놀라게 하더니 시화전도 글을 쓰고 그림을 스스로 그려 더욱 놀라게 했다.

그런 그가 내민 봉투에는 많은 사진들과 포스터, 그리고 비디오테이프가 들어 있었다. 이 자료들은 홍춘표 씨가 1973년 직접 제작 · 기획한 영화 〈뱃고동〉인데 이곳에 보관하는 게 좋겠다는 것이다.

이 〈뱃고동〉은 경남 남해군 설천면 노량리와 하동군 금남면 노량리를 잇는 남해대교가 놓이고 난 후 착안된 작품이라는 것이다.

1968년 5월 내자 9억 9500만원과 외자 218만 6천불 등 총 18억 7천만원을 들여 착공한 남해대교는 만 5년 1개월 만에 완공된 동양 최대의 현수교(일명 조교)이다. 이 다리의 길이는 660m, 유효 폭 9.6m로 양쪽에 보도를 갖춘 2차선 교량이다. 이 다리 건설에는 강재가 4192톤, 시멘트가 26만 9천포대가 들어갔고 연인원 40만 6천명이 동원돼 1973년 6월 22일 준공, 개통됐다.

이 남해대교 개통식에는 박정희 대통령과 당시 건설부장관 장예준, 경남도지사 정해식 씨와 남해와 하동의 군민 다수가 참석했다. 당시 남해는 1군 8면에 인구가 14만명이었다고 당시 신문은 밝히고 있다.

홍춘표씨가 떠난 다음 난 이 작품을 DVD로 옮겨 감상할 수 있었다.

혜란은 남해섬 해산물 조사단원이다. 태선과 함께 남해에 와 여름방학을 보내는 그녀는 춘원이라는 우직하고 순박한 청년을 알게 된다. 수영을 못하는 그녀가 물에 빠졌을 때 구해준 일이나, 불량배에게 위협을 당했을 때 구해준 일 등 여러 번에 걸쳐 그녀를 보호해 주는 춘원, 둘 사이에는 사랑이 싹튼다.

이들의 만남에는 남해의 절경이 펼쳐진다. 아름다운 꽃들과 암석들, 웅장한 남해대교.

춘원과 혜련은 마침내 서로의 사랑을 불태우지만, 그들에게는 각기 가야할 길이 있다. 자신의 일에 긍지를 느끼고 성공하겠다는 춘원은 남해에 계속 남아 떠나가는 혜련을 본다. 혜련 역시 아쉬움과 함께 춘원에 대한 따뜻한 점만을 간직하고 배에 오른다는 내용이다.

이 영화 〈뱃고동〉은 1974년 촬영완료된 작품으로 장영국 각본 · 감독으로 이영옥, 홍우(홍춘표), 주증녀 등이 출연했다. 총천연색, 씨네마스코프로 러닝타임 86분 짜리 멜로 드라마였다.

『한국영화감독사전』에 의하면 장영국 감독은 1935년 1월 26일 경북 예천 출생으로 경북대 정치과를 수료하고 2편의 조감독을 거쳐 1971년 〈첫 정〉으로 감독 데뷔했다. 〈첫 정〉은 당시 남정임의 은퇴작품으로 대단히 선전했던 작품으로 기억된다.

그 후 두 번째 작품이 〈뱃고동〉인데 이 작품은 홍춘표 제작 기획으로 완료하였으나 개봉관을 잡지 못해 개봉치 못한 것으로 앞의 감독 사전엔 기록하고 있다.

이에 실망한 장영국 감독은 이 영화를 끝으로 영화계를 떠나고 만다. 여기에 혜련으로 출연한 여배우가 이영옥이고 춘원으로 출연한 남해청년이 홍우이다. 홍우는 현재 시인으로 활동하고 있는 남해출신 시인 홍춘표 씨. 가수로도 활동한바 있는 홍우라는 예명의 배우로 〈뱃고동〉에 출연 했다니 난 그의 만능에 또 한번 놀랄 수 밖에 없었다.

예술은 마음의 산물

사람의 마음은 각양각색이다. 마음이 어두침침한 사람이 있는가 하면 마음이 아주 컴컴한 사람도 있고, 현명한 이가 있는가 하면 우둔한 이도 있다. 성품이 선량한 사람이 있는가 하면 성질이 아주 잔혹한 사람도 있으며, 가르치기 힘든 이가 있는가 하면 가르치기 쉬운 이도 있다. 그렇다면 사람의 마음은 어디서 비롯되는 것일까? 그것은 육신이다. 이 육신 속에 마음이 들어 있다고 하면 무엇보다도 먼저 육신의 내면을 상세하게 알아야만 하는데 사람들은 육신 내면에 대해서는 거의 알지 못한다.

만약 마음이 육신 바깥에 있다고 하면 육신이 아는 바를 마음이 몰라야만 한다. 그렇지만 마음이 아는 바를 육신이 느끼며 육신이 느끼는 바를 마음도 익히 알고 있기 때문에 마음이 육신 밖에 있다고 볼 수도 없다.

“음악이란 사람의 마음에서 우러나는 것이다. 마음에 느끼는 바가 있으면 소리가 움직인다. 소리는 겉에서 이루어지지만 실은 속마음에서 생기는 것이다"라는 말이 있다.

마찬가지로 미술이나 조각, 시나 소설, 연극 영화 등의 예술도 사람의 마음에서 우러나는 것이다. 따라서 각종의 예술을 보면 그 풍속을 알 수 있고 그 풍속을 살피면 그 뜻을 알 수 있고 그 뜻을 보면 그 덕을 알 수 있는 것이다.

혈기왕성한 사람이나 쇠약한 사람, 어진 사람이나 어리석은 사람, 군자나 소인이나 그 사람의 됨됨이에 따라 작품에 나타나는 것을 숨기거나 감출 수가 없는 것이다. 그래서 예술은 보기보다는 깊다고 말하는 것이다. 토질이 나쁘면 초목이 성장하지 못하고 물이 더러우면 물고기가 자라지 못한다.

마찬가지로 세상이 혼탁해 지면 예도가 어지러워지고 예술자체가 사악해 지는 것이 보통이다. 지금부터 40여 년 전만 해도 우리는 대다수 사람이 어려운 생활을 영위하고 있었다. 그러나 '잘 살기 운동', '새마을 운동'으로 우리나라는 후진국에서 중진국으로, 중진국에서 선진국으로 발돋움하고 있다. 40여 년 전엔 예술하는 사람들은 그대로 배고픈 직업이었다. 배고픈 때의 예술품들을 보면 색채도 어둡고 둔탁하고 내용도 사람들의 어두운 단면을 많이 형상화하는 면이 있었다. 그러나 경제성장의 속도가 빨라지고 세계 10위권을 앞에 두고 있을 때의 예술은 전체적으로 밝고 다양한 변모를 보이기 시작했다.

한국의 국가경쟁력이 세계 18위까지 상승했으나 그것도 잠시, 우리는 국가 부도위기까지 올 정도의 불황이 엄습해 왔다. 우리나라는 모두 단결해 이 어려움을 극복해 냈다. 그러나 세계에 불어닥친 불황은 국가경쟁력을 다시 끌어올리지 못한 상태이다. 우리들은 경박하고 추잡스런 예술을 만들 수도 있다. 방황한 가운데 사악하고 오만불손한 마음을 가질 수도 있다.

하지만 그러한 기분과 마음을 느끼면 모든 간악한 일이 거기에서 나온다는 것을 우리들은 알게 됐다. 우리는 사람들의 마음의 변화에는 한계가 없고 마음의 활동범위 또한 한계가 없다는 점을 알아야 한다. 즉 더러운 마음으로 보면 세계가 온통 더럽게 보이고, 깨끗한 마음으로 보면 세계가 온통 깨끗해 보이는 까닭에 이와 같이 나타나 보이는 바깥세계의 변화에도 역시 한계가 없다는 점이다. 그러므로 이 세상에 마음으로 만들어 낼 수 없는 예술은 단 한 가지도 없다는 결론이다. 하면 된다.

– 그 순간에 나는 예전의 〈남해찬가〉를 회상하기 시작했다. 회오리처럼 밀려왔으나 전철민의 〈노량해전〉을 보는 순간 "아아, 이 작품이다"라고 소리 지르고 말았다. 웅장한 북소리, 에너지 넘치는 선율, 나는 그 순간에 예술가의 정신이 작품에 거리낌 없이 깃든 순간이라고 느꼈다. 마지막 북소리가 울릴 때 안절부절 지켜보던 남해시대 합창단 단장이나 나, 그리고 많은 관중은 모두 숨을 죽이고 말았다. – 2011. 10. 27. 남해실내체육관에서 –

〈노량해전〉이 끝나고 밖을 나섰다. 하늘에서 북두칠성(보이는 자)이 눈 안에 들어오더니 한동안 구름에 뒤덮혀있다 다시 제 모습을 드러내기 시작했다. 그렇다. 북두칠성은 한동안 구름에 뒤덮혀 있어도 구름으로 하여 더럽혀지는 일이 없다. 또 구름에 의해 움직이는 것도 아니다. 사람의 마음도 마찬가지라고 생각하며 택시에 올랐다. 창작교향곡 〈노량해전〉은 '보이는 자', '보는 이' 2천여 명의 마음이 모두 한마음, 한 덩어리 마음이 빚은 산물이었다.

영화 <소띠 아저씨>의 발견

남해섬에서는 어떤 드라마와 영화가 촬영되었을까? 남해국제탈공연예술촌은 연전부터 이를 수소문하여 그 포스터나 사진 등을 수집해 왔다.

그 결과 다음과 같은 작품들이 남해를 배경으로 촬영했거나 남해섬이 소재가 된 작품들임이 밝혀졌다.

〈인디언 썸머〉, 〈상두야 학교가자〉, 〈맨발의 기봉이〉, 〈그 해 여름〉, 〈사랑방 선수와 어머니〉, 〈밀애〉, 〈환상의 커플〉, 〈해변으로 가다〉, 〈고독이 몸부림칠 때〉 등이 그것이다.

그런데 제4회 〈남해섬공연예술제〉가 막바지에 달할 즈음 전화가 한 통 걸려왔다.

남해 토박이말을 구사하는 이동면 금석마을에 사는 김석기씨였다.

이미 친분이 있는 김석기씨는 "지금 시간 있으시오? 찾아가도 되겠능교?"였다.

나는 와도 된다고 했다. 그랬더니 그는 늘 몰고 다니는 하얀 트럭을 몰고 찾아왔다. 그가 찾은 저녁시간 예술촌 관사에는 배우들이 여러 명 묵고 있어서 떠들썩 했다.

난 집안으로 들자고 했으나 그는 손님들을 의식한 듯 신문지로 싼 것을 나에게 건네 주면서 이렇게 말했다. "이전 70년대 남해극장에서 상연된 신문의 영화광고를 사진 찍은 것인데 놓고 갑니더"라고 했다. 그 날 저녁 일을 모두 끝내고 그것을 뜯어 보았다.

그것은 노진섭 감독의 1974년 개봉작 〈소띠 아저씨〉였다. 반가웠다 그리고 고마웠다. 잉크도 묻고 빛바랜 두장의 사진을 꺼내들고 한참 살펴 보고는 전화를 걸었다. "고맙습니다. 남해를 위해 이렇게 신경 써 주시니. 그럼 틈나는대로 한번 찾아 뵙겠습니다. 감사합니다.”

그런데 〈소띠 아저씨〉란 작품은 보지도 들어본 적도 없는 작품이라는데 내 스스로 놀래지 않을 수 없었다. 난 생각이 미치자 국제탈공연예술촌 도서관에서 『한국영화감독사전』과 『1970년대 영화연감』을 찾아 책장을 넘기기 시작했다. 〈소띠 아저씨〉는 바로 찾을 수 있었다.

난 그 내용을 보고 난 후 숙소로 돌아와 인터넷을 통해 노진섭 감독을 검색하였다. 노진섭 감독의 이 영화는 각본에 임하, 서윤성, 촬영에 권재홍씨가 각각 맡았고 출연에는 허장강, 김청자, 김희갑, 김순복, 도금봉, 김경수, 윤희, 태양일 등이 출연했다.

이 작품은 1973년 촬영시작, 1974년 완성, 개봉하였는데 삼영필름이 제작한 95분짜리 작품이었다.

노진섭 감독은 1929년 함경도 함흥에서 태어나 이강천 감독 조감독으로 1955년부터 10여년간 실력을 쌓아 1965년 〈울면서 한 세상〉 으로 감독으로 데뷔했다.

그는 〈보경 아가씨〉(‘65), 〈셋방살이〉(’ 66), 〈외동딸〉(’ 66), 〈별난 여자〉〈별난 새댁〉(‘70), 〈사랑을 빌립시다〉(’ 71), 〈화조〉(‘71), 〈행복이 쏟아지는 벌판〉(’ 73), 〈천사의 분노〉(‘73), 〈소띠 아저씨〉(’ 74) 등의 멜로물, 계몽물을 감독하다 〈새벽에 온 방문객〉(‘75)으로 스릴러물을 시작, 〈제4의 공포〉(’ 84) 등을 발표했다.

그리고 1980년대 들어서서는 〈과학하는 마음〉(‘82), 〈독〉(’ 83) 등의 기록영화를 발표하기도 했다. 〈사의 찬미〉, 〈애니깽〉등에서는 제작 총지휘도 맡았다.

그의 〈소띠 아저씨〉는 반평생을 우체부로 지내 온 박만길 집안의 이야기다. 박만길은 30여년간 우체부 생활을 하며 월남에 간 장남 창수가 보내준 돈까지 있어 남부럽지 않은 생활을 할 수 있었다. 그런데 둘째 창남에 의해 어렵게 모은 돈을 미라와의 환락생활로 탕진하고 만다. 그러나 만길은 딸 창숙과 양손자 인성과 가랫골에 살면서 동네 대소사나 새마을 사업에도 적극 참여한다. 그런 어느날 창남은 미라와 자식을 피하려다 배달 중 쓰러진 아버지를 발견 나머지 편지를 모두 배달하고 다시 떠난다.

귀국한 창수는 만길의 영성에 감화되어 새로 다리를 놓는 등 놀라운 업적을 세운다. 만길의 정년퇴임일 창남도 아버지의 뒤를 이어 배달부가 되어 나타난다는 내용이다. 이 작품은 3월 14일 서울 피카디리 극장에서 개봉된 영화이다. 당시 우편배달부 허장강을 주인공으로 새마을 운동을 소재로 한 전형적인 계몽영화였다.

이 작품은 남해 일원에서 촬영되었는데 특히 남해대교가 나와 있어 당시의 남해대교 일대의 상황을 엿볼 수 있는 작품이다. 당시 우리나라 농촌의 새마을 운동은 소가 상징처럼 되어 있었기에 당시는 소띠클럽, 소띠동호회 등이 많이 만들어졌다.

이 〈소띠 아저씨〉의 발견은 앞으로 남해를 소재로 했거나 남해에서 촬영된 영화가 속속 알려질 가능성을 보여준 계기가 될 수 있다. 남해섬 사람들의 많은 관심 속에 좋은 소식이 다시 있기를 기대한다.

남해섬 화계 배선대

1) 풍어제의 출발

우리나라는 삼면이 바다로 싸여 있어 해변에 사는 대다수의 사람들은 바다가 생활터전이었다. 바다에 나가 어물을 낚는 어촌인들에게는 항상 태풍이나 파선 등 위험이 도사리고 있어 싸울 수 밖에 없었다. 그런데다 고기가 낚이지 않아 수입이 없을 때도 많았다.

어촌 사람들은 이러한 재앙을 막고 마을의 안녕과 풍어를 비는 '당굿'을 해마다 정월초하루부터 보름까지 행했다. 어촌 사람들은 모두 정성껏 힘을 합쳐 넓은 마당에 기와 등(燈)을 달고 무당을 불러 신당에서는 고기를 많이 잡히게 해 달라고 굿을 했다. 굿이 마무리 되면 신당에 모였던 동리사람들이 마을의 넓은 마당에서 악기를 치면서 춤추고 노래를 부른다.

이와 같은 의식은 지방에 따라서 모두 이름이 다른데 동해안에서는 '별신굿'이라 하였고 서해안에서는 '배연신굿'이라 하였다. 강화에서는 '시선뱃놀이', 위도에서는 '띠뱃놀이', 해운대에서는 '배선굿놀이'라고 부르고 있다.

남해군 역시 사방이 바다로 되어있어 예로부터 대다수의 어촌마을에서는 '풍어제'를 지냈다.

가장 뚜렷하게 남아 있고 현재도 행해지고 있는 '풍어제'는 오직 남해군 이동면 화계마을 한 곳 뿐이다. 이곳의 '풍어제'는 '배선대'라고 부르고 있다.

2) 배선대의 유래

화계마을의 '배선대'에 대해서는『남해군지』(1994),『남해세시기와 민속지』(1997),『한국의 해양문화』(2002),『경남어촌민속지』(2003) 등에 비교적 자세히 소개되어 있다.

우선『남해군지』에서는 다음과 같이 서술하고 있다. "이동면 화계리에서는 '배선대' 또는 '별선대'라고 불리어 오는 '풍어제'가 있다. 확실한 유래는 알 수 없으나 조선조 말엽부터 시작되었다고 전해 내려오고 있으며, 시대의 변천에 따라 계속 계승되어 오다가 제2차 세계대전이 시작되자 일제의 말살정책에 의하여 완전히 없어졌다.

해방 후 뜻있는 몇몇 어민들이 어촌으로서 생활이 어려우니 무엇인가 믿을 수 있는 신을 모셔 제사로 마음의 뜻을 모으려는 취지에서 다시 시작하여 현재까지 이르고 있으며 어민들은 '풍어제'를 민속신앙으로 신뢰하게 되어 현대시대에 맞게끔 행사하고 있다."고 하였다.

뿐만 아니라 『한국의 해양문화』에서는 "화계마을에서는 앵강만에 있는 용왕신을 '배선장군'이라 하여 이 신을 모시고 노는 '배선제'를 옛날부터 행하여 왔고 1900년 경만해도 '배선제'의 원형이 그대로 전승되어 왔으나 일제 때 관권에 의해 일시 중단되었다가 해난사고가 자주 일어나자 마을회의 때 마을의 안녕과 태평, 해난사고 예방 및 풍농 · 풍어를 비는 '배선제'를 복원하자는 여론에 따라 마을어촌계가 주동이 되어 복원하게 되었다."고 한다.

또 『경남어촌민속지』에서는 "화계리에는 전마선을 포함하여 어선이 40여척이 되며, 주로 장어 · 게 · 메기 등을 잡는다. 그리고 정치망으로 멸치 · 갈치 · 잡어 등을 잡고 협조망(양강망)으로 잡어 등을 잡는다. 화계리의 '동제'는 20여 년 전에 해난사고 등이 자주 일어나자 마을주민들이 회의를 열어 다시 '동제'를 재낼 것을 결정하여 오늘날까지 내려오고 있다."고 했다.

위의 세 가지 설을 종합하면 첫째, '배선대'란 명칭문제이다. '배선대'는 일명 '별선대', '배선제', '동제' 등으로 부르고 있으나 『남해세시기와 민속지』에는 "'배선대놀이', '배선대'라고 되어있다. 이 명칭에 대해 현지 주민들도 '배선'의 뜻이 무엇인지 정확히 모른다. 다만 한자인 '선(船)'에다 한글인 '배'자를 서두에 넣어 '배선'이라 하고, 앵강만에 있는 용왕신을 '배선장군'이라 했다는 이야기가 전해오고 있다. (중략)

그러나 화계리의 솟대가 마을 중심에서 바닷가 쪽에 세워진 것을 보면 화계리의 형국이 배 형국이고, 솟대는 배의 돛대 역할을 한다고 볼 수 있다. 그리고 마을 사람들은 솟대를 '배선대' 라고 부른 것이다. 남해안 지역에 솟대를 '별신대' 라고 부를 때처럼 끝에 '대' 자를 붙인 것이다. 또한 그것을 신격화하여 '배선장군' 이라고 부른 것으로 생각한다."고 했다. 이를 보았을 때 명칭은 '배선대' 라 부르는 것이 옳다고 본다.

둘째, '배선대' 란 화계마을이 앵강만에 있는 용왕신을 '배선장군' 이라 하여 이 신을 모시고 노는 '배선제' 를 일컫는다.

셋째, '배선대' 의 시작은 조선말이라고 하나 정확하지 않다. 그러나 1900년 전후까지 이어지던 이 의례가 일제 때 관권에 의해 일시 중단되었는데 그 후 해난사고가 자주 일어나 마을회의에서 다시 복원을 결의, 시행되었다. 그 후 지속해 시행해 오다가 7 · 80년대 많은 인력이 육지로 빠져나가자 다시 중단하여 내려오다가 1997년 남해문화원과 마을 주민들이 재 복원하여 1997년 10월 24일 제29회 경상남도 민속예술경연대회에 출품하여 우수상을 받았다.

예전에는 제의의 경비를 각 가정에서 각출하고 솟대를 세우고, 무당을 불러와 지냈으나 근자에는 어촌의 인력부족으로 배선대의 필요한 솟대를 제작하고 설치하는 복잡을 피하기 위해 돌비석에 '배선대' 라는 글귀를 넣어 마을 안 솟대 세우던 자리에 고정하여 설치, 매년 제의를 베풀고 있다.

최근 화계마을을 두 차례 방문(2006.11.4. 배선대 보존회장 박기철 면담. 12.9 제2차 방문) 결과로는 앵강만이 가장 잘 보이는 지점에 배선장군을 상징화하여 비석을 세우고 비석 앞에는 솟대를 세워 고정시켜 놓았다.

솟대에는 의당 세 마리의 까마귀가 솟대위에 붙어 있어야 하는데 현재는 떨어져 없어지고 막대만 우뚝 서 있다. 비석앞면에는 큰 글씨로

'화계 배선대'가 조각되어 있고 뒷면에는 풍어를 비는 뜻의 비문을 새겨 풍어를 기원하고 있다.

비문의 내용은 "이 곳은 옛날부터 풍어를 빈 신성한 곳, 우리 모두 정성을 모아 제단을 다시 마련하오니 화합과 풍어를 내리시어 대대로 풍어가를 부르게 하소서"라고 쓰여 있다.

넷째, 남해의 진산인 망운산에 가서 큰 참(밤)나무를 골라 그 앞에서 제를 지내고 잘라와 다듬어 세우고 까마귀는 밤나무로 세 마리(네 마리)를 만든다고 했는데 최근 방문을 통해 듣기로는 요즈음에는 참나무를 화계마을 뒷산 호구산에서 잘라와 솟대를 만들고 밤나무는 망운산에서 가져다 까마귀를 세 마리 깎아 솟대위에 다는 것으로 이야기 하고 있었다.

그러나 여러 자료의 내용으로는 예전에는 망운산에서 참나무 밤나무를 모두 잘라다 솟대를 쓴 것이 분명하다. 그리고 이 솟대는 매년 만든 게 아니고 썩어서 없어지거나 보기가 흉할 때 교체하는데 대략 10여년 만에 한 번씩 바꾼다고 자료나 증언은 밝히고 있다.

그렇다면 솟대는 성한데 까마귀가 없어진 최근의 솟대는 언제 바뀔 것인가? 지역민들의 의견으로는 2007년 정월에는 새로운 솟대가 세워질 것이라고 했다.

3) 배선대의 현장

'배선대'는 전 4과장으로 나누어져 있다. 제1과장은 준비과장으로 솟대가 될 나무를 베어 와서 솟대를 제작하여 세우기까지 과정을 의미하며 제2과장은 '풍어제'를 지내는 과정이다. 제3과장은 포구에 있는 지정된 배에 제관과 무속인이 올라타고 출항하는 과장으로 '배선제'과장이라 하고 제4과장은 마을사람들과 함께 어울리는 대동놀이 과장이다. 그럼 순서에 따라 제1과장부터 차례로 살펴보기로 한다.

(1) 제1과장 (솟대제작)

이에 대한 설명을 『남해군지』부터 살펴보면 "이 '풍어제'는 사전에 어민 전체회의에서 제사 지낼 제관(초헌관)을 엄격히 선정한다. 선정된 제관은 일주일 동안 출입을 엄격히 금하고, 몸가짐을 조심하여 초상집이나 혼례 등 불결한 곳을 피함과 동시에 마음과 정신을 정중히 하여 풍어를 기원하며 바다의 신에 정성을 바친다.

이는 비문과 같이 마을전체, 어민의 풍어를 비는 마을 사람들의 간절함이 스며있으며 마을의 화합을 기원하고 배선장군을 주신으로 모시는 제사를 올리는 것이기 때문에 제관은 특별히 조심하여야 한다.

주신의 형상을 해면 앞의 무덤과 같이 큰 참나무를 세우고(남해에서 제일 높은 망운산 정상에서 밤나무를 구해옴) 밤나무로 만든 네 마리의 까마귀를 달며 선주들은 어선에 칠색기를 단다.(현재는 오색기)

『한국의 해양문화』에는 일정 등이 구체적으로 나와 있다. "음력 정월 5일경 어촌계에서 회의를 열고, '배선제'를 지낼 제반 사항을 의논한다. 회의에서 제관의 선정, 솟대를 모셔올 청장년의 선정, 소요되는 경비의 각출방법, 무당의 선정 등 행사에 필요한 모든 사항을 정한 후, 8일경에 솟대를 만들기 위해 선정된 제관과 청장년 10여명이 간단한 제물을 가지고 마을 뒷산인 호구산이나 남해의 진산인 망운산의 중턱에 올라가 곧고 튼실한 참나무를 찾아 그 앞에 제물을 차리고 제를 지낸 뒤 나무를 베어 어깨에 메고 노래를 부르며 마을로 내려온다.

이 솟대나무가 마을에 도착하면 목수는 다듬고 나무의 상부에 삼각대를 붙이고 삼각대 위에 까마귀 세 마리를 만들어 얹은 다음 지정된 해안가에 세운다. 그리고 이때부터 솟대 주위를 청소하며 부정을 방지하기 위해 부녀자의 접근을 막을 뿐만 아니라 길에도 나다니지 못하게 하였다.(솟대제작은 매년 하는 것이 아니라 썩어서 없어지거나 보기가 흉할 때 하는데, 대략 10년 정도에 한 번씩 교체하여 내려왔다고 한다.)" 라고 돼 있다.

『경남어촌민속지』에서는 또 다른 면을 보여주고 있다. "'동제'는 어촌계가 주체가 되어, 양력 1월 15일 즈음에 마을의 제관을 뽑고, 음력 정월 보름 아침 10시에 제사를 지낸다."고 하면서『남해세시기와 민속지』(남해문화원, 1997)의 기록을 전제하고 있다.

"제일 먼저 솟대를 만들기 위해 선정된 제관과 청장년 10여명이 약간의 제물을 준비하고 마을 뒷산인 망운산 중턱에 올라가 곧고 바른 참나무를 찾아 솟대나무로 선정하고 '산신제'를 지낸다. 그 다음 길이 7~8m쯤 되게 자르고 삼각대와 까마귀형에 가까운 나무를 준비한 후 마을을 향하여 내려온다. 이 때 노래를 부르면서 어깨에 메고 내려온다. 솟대나무가 마을에 도착하면 나무를 다듬은 뒤 상부에 삼각대를 붙이고, 삼각대 위에 까마귀 세 마리를 만들어 얹은 다음, 지정된 해안가에 세우게 되는데 이때가 정월 대보름날의 일주일 전쯤 된다."(하략)라고 되어 있다.

위를 종합하면 제관(초헌관)과 어부들이 솟대를 만들기 위해 제물을 준비해 가지고 참솔나무 지역으로 이동한다. 참나무가 정해지면 나무 밑을 고르고 제상을 차린다. 산신제가 끝나면 참나무를 베어가지고 가지를 친 다음 발을 맞추어 노래를 부르면서 마을로 이동한다. 마을에 도착하면 솟대에 삼각대와 까마귀를 얹어 고정시키고 세우게 된다.

(2) 제2과장(풍어제)

'풍어제'를 지내는 일정을『남해군지』는 "연중 제일 조용하고 전 어민이 참여할 수 있는 연초에 모든 설계를 한다하여 정월대보름을 기준으로 지냈으며 현재는 양력 2월 10일 기준으로 지내고 있다. 해변에서 제관의 주도로 '풍어제'를 지낸다."라고 했다.

『한국의 해양문화』에는 제관만이 행하는 게 아니고 무당도 곁들여 굿을 하고 있었다.

"'배선제' 하루 전날 자정 무렵에 무당은 굿을 하고, 선주들은 각자 자기 집에서 메(밥)와 약간의 제물을 준비하여 올해도 풍어가 되길 비는 '풍어제'를 지낸다. 그리고 일부 사람들은 옷을 벗고 짚으로 만든 오쟁이를 짊어지고 춤을 추며 마을을 돌아다닌다.

날이 밝으면 포구에 있는 각 배에는 선왕기를 달고 '배선제'를 지낸 솟대 앞으로 모일 뿐 아니라 인근의 용소, 신전, 금전, 원천에 있는 선주들도 풍어를 빌기 위해 모이게 된다. 선주 집에서 준비한 제상과 어촌계에서 준비한 제물을 솟대 앞에 진설하면 제관이 '풍어제'를 지내게 되는데 유교식으로 지낸다. '풍어제'가 끝나면 메를 밥무덤(당산나무 밑-필자)에 도끼뿔로 파서 묻고 축문을 소지한다."고 하였다.

위를 종합하고 진행과정 설명서를 참조하면 제관과 선주는 준비된 제상을 들고 솟대 앞으로 가서 '풍어제' 준비를 한다. 준비가 끝나면 무릎을 꿇고 앉아 있다. 초헌관과 풍물은 마을 당산나무 앞으로 자리를 옮겨 '당산제'를 지내고 풍물은 '당산굿'을 한다. 굿이 끝나면 초헌관을 따라 '길굿'을 하면서 솟대 앞으로 간다. 솟대 앞에 있는 제관과 어부는 초헌관과 풍물이 당도하자 유교식으로 '풍어제'를 지낸다. '풍어제'가 끝나면 삼헌관과 선주, 어부는 풍물의 '길굿'에 맞추어 바닷가로 나간다.

(3) 제3과장(배선대)

『남해군지』에는 "제관은 제물을 큰 배에 옮겨 싣고 바다로 출항하게 되면 모든 어선은 원형으로 호위하여 해안을 돌면서 제관은 신에게 비는 축문을 외우고 세 번 절하며, 제물은 바다에 던진다. 해안을 돌 때 풍물을 곁들여 한 해 동안 풍어가 될 수 있도록 기원하고 부락으로 돌아오게 된다고 하였다.

『한국의 해양문화』에는 '풍어제'가 끝나자 "그 뒤 '풍어제' 때 쓴 제물을 포구에 있는 가장 큰 배에 싣고 제관과 무당이 타고, 다른 선주들은 각기 자기 집에서 준비한 제상을 자기 배에 실으며, 제관과 무당이 탄 선두배가 출항하는데, 이 때 해안가에서는 짚이나 깻대를 태운다. 배들이 출항하면 마을 앞 앵강만을 한 바퀴 도는데, 선두 배를 따라 선주들이 탄 배들도 원형을 외고 세 번 절을 한 다음 제물을 참종이에 싸서 바다에 내리게 되는데, 이것은 용왕신인 배선장군에게 바치는 제물이다. '배선제'가 끝나고 출항했던 배들이 모두 포구로 돌아오게 되면....."

위를 종합하고 비디오 자료를 참고하면 화계리의 40여척의 배 가운데 가장 큰 배에 헌관과 무속인 그리고 풍물패가 승선하고 가지고 온 제물도 배에 올린다. 배가 출발, 원형을 그릴 때 무속인은 '용왕굿'을 하고 '시석굿'을 한 다음 제물을 한지에 싸서 바다에 내린다. 그리고 짚불대에 불을 붙여 바다에 던진다. 이 때 붉은 색 연막탄이 하늘로 솟구친다.

풍물패는 '덩덕굿', '호우굿'을 마치고 '길굿'을 치면서 항구로 입항하게 된다. 입항해 배에서 내리면 '선창굿'을 하고 전체가 마을로 돌아오는데 '길굿'에 맞추어 춤을 추면서 오게 된다.

(4) 제 4과장(대동놀이)

'배선대'가 끝나고 출항했던 배들이 속속 포구로 돌아오면 마을 사람들과 선주들은 풍물을 앞세우고 같이 어울려 한 해의 액을 모두 날려 보내는 '달집태우기' 를 하게 된다.

달집은 솟대를 세우던 날부터 마을 앞 바닷가에 3m 높이로 짚이나 솔가지, 댓가지 등으로 쌓은 후 얼기설기 새끼를 꼬아서 묶어 놓고 정월 대보름 달이 뜨기 전에 자기의 소원의 글을 남녀노소 가리지 않고 적어 매달고 달이 뜰 때가지 비는 것이다.

이 때 이 달집을 태우기 위해 휘발유나 석유를 뿌리고 주변에서는 연막탄을 터트려 흥취를 돋우기도 한다. 이 달집이 다 탈 때까지 밤늦도록 풍물에 맞추어 '덩덕궁', '춤궁' 등으로 즐겁게 '대동놀이' 를 하는 것이다.

4) 결론

'배선대' 는 어민을 위한 '풍어제' 로서 1년에 한차례 마을 공동으로 지내오고 있다. 예전에는 '배선대' 가 수시로 행해졌다고 한다. 배를 진수하였을 때는 물론, 첫 출어를 나갈 때는 반드시 화계마을 배선대 자리에서 개별적으로 '배선대' 를 행해왔다고 하며 풍어뿐 아니라 농사까지 풍년을 빌었다고 알려지고 있다.

첫째, '배선대' 는 다른 지역에서는 보기 드문 의례이며 민속놀이라 할 수 있다. 배선대를 널리 알리기 위해 솟대위의 '새' 를 깎는 체험 프로그램의 확충이 필요하다.

둘째, 제3과장(배선대과장)을 치르는 동안에는 달집 주위에 멍석을 깔아놓고 여기저기 놀이를 즐기는 모습이 다른 지방에서는 많이 보이는데 여기서도 '윷놀이' 나 '제기차기' 등이 곁들여져야겠고, 이는 '달집' 이 다 타고 나서도 계속되도록 해야겠다.

셋째, 이제는 무속인도 타지(남해안 별신굿)에서 와야 하고 풍물마저 '화전농악' 에 의존하고 있다고 하니 전망이 밝지만은 않다. 화계마을 사람들은 노인병의 예방을 위해서라도 풍물을 익히면서 '풍어제' 로서의 '배선대'가 지역전통문화로서 우뚝 설 수 있도록 노력해야겠다.

넷째,『경남어촌민속지』가 지적하고 있듯 제3과장 배선대 의식에서 배를 타고 나가 '용왕제'를 지내고 돌아오는데 대한 문제이다. 용왕과 배선장군은 전혀 다른 것인데 동격시하고 있다는 점이다. 수정되던가 보완되어야 할 것이다.

'화계배선대'는 2006년 시연된 후 다시 재현되었다는 소리를 들은 바 없다. 한 작품을 재현시키는 것도 어렵지만 계속 전승시키기는 더욱 어렵다. 그러나 남해군에서 이만한 민속놀이가 없는 만큼 화계마을 사람들은 물론 이동면민이 힘을 더해 재현하는데 노력해야겠고 남해군도 이를 위해 활력을 불어 넣어야겠다. 남해군의 문화 르네상스는 민속 문화를 지키고 키우는데 있는 것이 아닐까?

황진이의 코

일찍이 파스칼은 "클레오파트라의 코가 조금만 낮았더라면 지구의 모양도 달라졌을 것이다"라는 말을 했고 사실인지 조작된 이야기인진 알 수 없지만 1970년대 까지만 해도 이런 이야기가 나돌고 있었다.

중국의 어느 공원엘 가면 양귀비 동상이 서 있는데 거기에 키스를 하면 아름다워 진다고 하여 중국의 뭇 여성들이 달려들어 키스세례를 퍼부어 이젠 양귀비 석상의 코와 입언저리가 움푹 파였다는 것이다. 그러나 중국이 개방되고 여러 차례 중국을 방문했는데 석상이 어디 있는지 아는 사람은 없었다.

하여간 예부터 여자가 아름다우면 말이 많은 게 보통이었다. 그래서 정설 아닌 낭설이 생기게 되고 이로 인해 신화나 전설이 탄생되기도 했던 것이다. 동서고금을 통해 클레오파트라나 양귀비는 우리가 알고 있는 한에 있어서는 가장 많은 설화를 조작시킨 실제 인물이라고 생각된다.

그러므로 미모의 여성애기가 나오면 서양에선 클레오파트라, 동양에선 양귀비가 입에 오르내리는 것은 당연할 수밖에 없었다.

그런데 두 인물이 나오면 코가 샌드위치처럼 끼어드는 것은 무슨 이유일까? 아마 미모와 코는 함수관계인 모양이다. 아니 함수관계가 아니라 인간의 척도라고 해도 마땅하다.

나폴레옹이 콧대 센 여자한테 굴복한 경험이 있으면서 코가 큰 병사들만을 골라 요직을 맡긴 데는 그 나름의 원인이 있을 것이며 징기스칸이 스물 두 마리의 암소가 끄는 달구지에 타고 위풍당당하게 전진하면서도 그 뒤엔 콧대 센 장병이 호위하게 한데는 그 역시 커다란 이유가 있었을 것이다.

그러나 이런 애기들은 한갓 설화에 지나지 않게 되었다. 콧대가 낮은 사람이 요즘에는 보기 조차 힘들게 되었다는 점이다.

보통 코의 길이가 표준 얼굴 길이의 3분의 1이며 얼굴길이가 신장의 약 10분의 1이 표준이니까 코는 신장의 30분의 1이 되는 셈인데 현대인의 코는 모두 표준 코로 성형이 되어 있다는 것이다. 그래서 현대는 클레오파트라나 양귀비같은 여성은 몇 트럭 분승시켜도 될만큼 많다.

그런데도 아직도 남자들은 클레오파트라나 양귀비처럼 설화와 같은 인물을 추구하고 그들의 코에만 관심을 가져야 하는가? 이제 코는 모두 비슷해졌으니까 바르게 보지 말고 역으로 보거나 거꾸로 들여다 볼 필요가 있다.

동서양보다 우리나라에서 찾아보면 어떨까? 클레오파트라나 양귀비에 버금 갈 인물은 누가 있을까? '진이의 코' 를 보면 어떨까?

지난 4월 16, 17일 남해에는 서울 숙명여대 전통예술대학원 미담무용단이 공연을 왔다. 16일 오후 6시 공연에 〈승무〉를 공연했다. 난 이 작품을 보면서 황진이를 생각하게 되었고 고깔로 가려진 진이의 코를 보려고 많이 노력했다.

분명, 진이는 서양의 클레오파트라나 동양의 양귀비에 비할만큼 콧대가 센 우리의 여성이었다. 개성의 지족암, 모처럼 이곳에 구경 온 진이는 한 고승을 만난다. 그 이름 지족(知足), 그는 벌써 10여년째 수도고행에 여념이 없었다. 진이는 그 승려를 보는 순간 첫 눈에 홀딱 반해버린다. 헌출한 키, 거기에 어울리는 금란가사, 광채나는 눈동자, 우뚝 솟은 코, 야무지게 다문 입술, 어느 한 곳 나무랄 데 없는, 여지껏 그녀가 보아 온 뭇 남성의 장점만 따서 이루어진 복합체의 인간형으로 느껴졌다.

하루, 이틀, 사흘.......

그녀는 신라의 요석공주가 원효대사에게 매혹되어 매일같이 뜬 눈으로 밤을 지새우듯 진이도 잠을 못 이룬다. 그런 나머지 구혼해 봤으나 거절, 다시 청혼했으나 또 거절당한다. 그녀는 실망했으나 시련이라 생각하고 자기 육신을 던져서라도 지족과 동거동락할 것을 결심한다.

상추를 심고 열무를 가꾸어 상추쌈에 총각김치를 먹더라도 지족만 옆에 있어 준다면 좋다는 것이다. 그러나 지족은 막무가내. 십여년간 공부한 일, 그동안 쌓은 수도고행을 저버릴 수 없다는 것이다. 진이는 불타에 귀의하면서까지 요석공주가 원효스님한테 결국 수락을 받았듯 묘안이란 묘안을 짜내 지족으로부터 허락을 받는데 성공한다.

진이는 기꺼움에 벅찬 나머지 눈물까지 흘린다. 그럴즈음 지족은 자아각성한 끝에 다시 수도고행에 들어간다. 진이의 꿈은 산산히 부서졌으며 다시 슬픔에 쌓이게 되고 삶의 의욕마져 상실한다. 지족은 다시 수도고행을 시작했지만 십년공부 나무아미타불이 되었고 진이는 지족(知

足=만족한 줄을 알아서, 자기의 분에 편안하게 있는 것)으로 하여 만족하지 못한 채 콧대 센 과거로 되돌아가고 만다.

이 비화는 어느 무용가의 체험담이다. 〈북춤〉을 추면서 북을 지족으로 생각하고 자기는 황진이로 정당화하므로 자기는 〈북춤〉의 명수가 되었다는 것이다.

이번 〈승무〉에서도 10여년간 온갖 정성을 다해 수행한 지족 스님이 황진이로 하여금 그 동안 쌓은 공덕이 모두 무너지고 고뇌하면서 법고를 두드리며 잊으려는 지족승려의 심정을 잘 나타내고 있었다. 내용이 없는 몸짓언어가 직접 반응이 없을 때 무용은 무슨 쓸모 있는 예술이 될 수 있겠는가? 현대의학의 발달로 수술대 위에 올라앉아 수술 받는 콧대 낮은 아가씨와 다를 바가 없다.

그러나 〈승무〉에서는 무용수의 내적 진실이 외적형식보다 더 강하다는 것을 보여주고 있었다. 무용이 끝나고 커튼 콜일때 〈승무〉무용수를 보면서 그녀는 클레오파트라나 양귀비보다 더 코가 부각되어 마치 딸기코처럼 빨갛게 달아오르고 있었다. 나는 〈승무〉를 통해 진이의 코를 확실히 본 것이다.

7 책벌레라야 내일이 있다

잃어버린 삼례(三禮)

메에지(明治)시대 이후 일본에서는 자기보다 나이나 계급이 위이면 정중하게 절을 하는 것이 습관처럼 시행되고 있었다. 그러한 국가적인 시책에 의해 오늘날 일본은 예의 바른 민족으로 세상에 알려져 있다.

사실 일본을 다녀 온 사람이면 누구나 일본 사람이 예의가 없다고 할 사람은 없을 것이다. 길을 가다 보아도 여기저기서 절을 하는 모습이 보이고, 백화점 같은 곳에 들어가도 마찬가지다. 그들 일본인들은 인사를 여러번 하는 게 습관처럼 몸에 배어버린 것이다.

그런데 우리나라의 경우는 어떠한가? 우리나라도 옛날엔 세상에서 예의 바르기로 이름이 나 있었지만 사회가 복잡해지고 경제성장을 이룩하면서 '동방예의지국'이란 말은 거의 없어져 버리다시피 되었다. 새해를 맞는 정초에나 겨우 눈에 띌 뿐이며, 집안의 제사가 있을 때나 그 의미가 한껏 보일 뿐이다. 삼례를 잃어버린 것인지 잊어버린 것인지 요즈음은 일례도 똑바로 보이지 않는다.

삼례, 서울에서 고속버스를 타고 전주시내로 들어가는 국도 1번(목포-서울-신의주), 휘황한 평야가 계속되는 그 중앙에 흐르는 강의 좌측에 위치한 조그마한 마을 삼례, 이곳은 전주시내에서 버스로 30분 거리에 있는 평화로운 마을이다.

북쪽 멀리 보이는 산을 가로 질러 삼례다리가 있고 그 왼쪽으로 전라선 철교와 호남고속도로가 멀리 내뻗어 있다. 동쪽으로 완주군 봉동읍, 서쪽으로는 익산군 춘포면과 김제군 용지면이 맞닿아 있으며, 남쪽으로는 조촌 용지면과 전주시, 북쪽으로는 익산군 왕궁면과 접하고 있는 곳이 삼배의 고장 삼례이다. 전체의 모형을 보면 마치 아낙네의 팔을 괘고 누워있는 모습처럼 보인다.

이곳이 '삼례' 라는 이름이 붙여지기는 1970년 행정구역 개편 때, 삼례로 불리기 시작했다고 하는데, 그 이전부터 삼례라는 사연은 전해지고 있었다. 즉, 조선조 순조대왕 때에 박제가, 이덕무, 유득공과 함께 한학 4대가였던 이서구에 의해 붙여졌다는 설이 있다.

그가 전라관찰사로 임명되어 전주 북쪽 관문인 삼례를 지날 때 어떤 생각에서인지 그는 말에서 내려 마을을 한참 보고는 "이곳은 인물들이 끊이지 않을 고장이다"라고 찬탄하며 삼배를 드렸다는 것이다. 이후부터 이곳을 삼례 또는 삼배라 부르게 되었다.

나는 1980년대 상반기 그곳 삼례를 일주일에 하루는 꼭 들려야 했었다. 매주 월요일 전주 우석대에 주 · 야간 세 시간씩 강의가 있어서였다.

난 본교에서 강의가 끝나면 꼭 삼례에 나와서 차를 타고 전주시내로 갔는데 두 번째 내려가던 날부터 그 '삼례' 라는 두 글자의 마을의미를 찾기 위해 두, 세 시간씩 마을을 돌아다니곤 했다. 전주 우석대 야간강의는 전주캠퍼스에서 이루어졌는데 낮 강의가 끝나면 여러 시간의 공백이 있는 까닭이었다.

그곳 삼례 경로당 어느 노인의 이야기인즉 예전에는 교통의 요지였으며, 길 연변에는 200여개의 마방(馬房)이 있을 만큼 번잡했고, 삼례장날은 온갖 곡식과 과일이 풍성해 타지에서 많이 사러 왔다는 것이다. 또한 때는 동학혁명의 운동지로서도 이곳이 중심을 이루었다는 것이다.

그러나 삼례는 산업화를 강력히 추진해 온 여파로 경제적, 문화적 안정을 잃게 되어 토박이 주민들은 거의 서울이나 도시로 빠져나가 버렸다. 그러므로 이곳 삼례는 두 글자가 의미하듯 고장을 나갈 때 세 번, 들어설 때 세 번씩 절하던 풍속도 없어지고 말았다는 이야기다.

뿐만 아니라 삼례는 웃어른을 공경하는 것을 가장 중요시 여겼고 이것만이 본인이 잘 되는 길이라고 생각했는데 요즘은 어찌된 일인지 인사도 제대로 않는다는 것이다.

삼례가 이렇게 달라졌는데 다른 농촌, 다른 도읍은 어떻겠는가?

예전에는 집안 아이들이 어딜 가거나, 다녀오면 조부모, 부모들에게 삼배를 올렸다. 그랬던 것이 점차 한번 절하는 것으로 바뀌고, 6.25이후 서양문화가 급속히 들어와 확산되면서 악수를 하거나 말로 주고받는 인사로 바뀌어 갔다.

예전엔 엎드려 절하던 것이 서서히 90도로 상반신을 숙여 인사를 했다. 그것이 점차 45도로 바뀌더니 요즘은 절을 하는 건지 안 하는 건지 알 수 없게 되었다. 직장 상사에게나 집안 어른들에게 고개를 제대로 숙여 인사하는 것을 볼 수 없게 된 것이다. 늘 보는데 무슨 인사가 필요하냐는 식이다. 이래서 되겠는가?

우리도 일본과 같이 메이지유신과 같은 정신개혁운동이 일어나야 되겠다. 그래야 '동방예의지국' 이란 우리의 옛 명성을 되찾을 수 있을 것이다. 그렇게 함으로서 잃었던 삼례도 되살아 날 것이라 생각된다. 삼배는 고사하고 지금 당장 가정, 학교에서만이라도 일배부터 확실히 하는 것으로 시작해 보자.

울타리 없는 집

1950년대 말, 가을로 기억된다. 이때는 전쟁의 화마가 사라지고 폐허가 된 서울이 제 모습을 찾아가고 있었다. 전쟁직후라 생활은 어려운 사람들이 많을 때였다. 내가 살던 서울 우이동 소귀골은 울타리나 담이 있는 집보다는 없는 집이 많았다. 생활이 어려운데 울타리가 무슨 소용이 되었겠는가?

이 어렵던 시기에도 도둑들은 있었다. 도둑놈도 양심적인 마음씨는 지니고 있었던지 울타리 있는 집들이 대개의 표적이 되었다.

그런데 어찌된 일인가? 울타리 없는 우리집에 도둑이 들었다. 인기척이 느껴져 신경을 곤두세우는데 도둑은 마루로 올라왔다. 안방으로 들 줄 알았는데 그는 건너 방 내방으로 들어서는 것이다. 들어선 도둑은 나의 잽싼 동작에 손 한번 못쓰고 잡히고 말았다. 우리 집은 아버지께서는 밤 9시에 잠자리에 드시면 새벽 3시에 일어나시고 나는 밤 2시에 잠에 들면 새벽 6시면 일어나 도둑이 들 틈새가 없었다. 도둑은 3시가 지나면서 들어왔던 것이 탈이었다.

당시는 통행금지가 있을 때여서 새벽 4시 이후에나 도둑이 드는 게 상례였는데 때를 잘못 맞춘 것이다. 더구나 그때는 내가 일주일에 하룻밤을 새는 금요일 밤을 택한 것도 잘못된 계산이었다.

그때는 자유당시대라 깡패들이 많았다. 여러차례 깡패들에게 당한 나는 방어를 위해서 매일 칼 쓰는 법을 익혔는데 칼 던지는 것은 따를 사람이 없었다. 난 도둑이 들고 있던 잭 나이프를 빼앗고 두 손을 뒤로 묶고 꿇어 앉혔다. 도둑을 잡았으니 경찰에 넘겨야 되나 파출소가 4Km 되는 곳에 있는데다 전화도 없었던 까닭에 신고할 엄두가 나지 않았다. 이 때 아버지, 어머니께서 나와서 이 광경을 지켜보고 계셨다. 잡힌 사나이는 창동사는 30여세 되는 사람이었는데 다음과 같은 사정에 의해 도둑으로 나섰다고 했다.

노동일을 해서 6식구를 먹여 살리고 있는 그는 고등학교 다니는 형의 딸 등록금과 내일 당장 먹을 곡식이 없어서 생각하던 끝에 우이동으로 죽으러 왔다는 것이다. 그러나 밤을 지새며 생각하다 도둑질이라도 해야겠다고 들어왔다고 했다.

이야기를 하면서 그는 눈물까지 보이며 잘못했다고 백배사죄를 하였다. 나는 묶었던 줄을 풀어주었다. 그리고 가라고 할 찰나 아버지께서 보리쌀이라도 주어보내라고 하셨다. 아버지의 온정에 감화된 나는 나도 모르게 등록금을 대 주기로 했다.

전쟁때 형의 가족이 폭탄에 몰살하여 자기 집에서 산다는 형의 딸에게 도움을 주고 싶었던 것이다. 나는 내 방에 있는 뒤지에서 보리쌀을 한말 정도 퍼주면서 이런 말을 했다.

"이 돈은 어제 달걀값 받은 돈이요. 내년에 대학가려고 돈을 모으고 있었는데 나보다 빨리 필요하니 이 돈을 형의 딸 등록금으로 써 주시고 돈을 벌면 갚으시오."라고 했다.

그랬더니 그는 보리만 가지고 가겠다고 사양하면서 연신 고맙다고 했다. 그러나 나는 보릿자루에 넣으면서 "이 돈이면 등록금에 책값도 될 터이니 받아가 열심히 사십시오. 도둑질은 다신 해선 안됩니다."라고 했다.

도둑을 보내고 나니 날이 밝아왔다. 난 결국 밤샘한 게 허사로 끝나버렸다. 시간 소모하고 돈 잃고.. 차라리 문을 잠그고 잠들어 있었다면 그는 아버지한테 걸려 경찰에 넘겨지고 철창신세를 졌을 텐데...

도둑은 결국 자기 목적을 달성한 셈이고 꿩먹고 알까지 먹은 셈이 되었다. 도둑을 보내고 나니 화가 치밀었다. 그 일을 잊고 직장을 나가면서 나는 아버지를 설득, 가건물을 짓고 본격적인 양계업을 시작했다. 처음 100여 마리로 시작한 양계는 500마리의 병아리를 사서 키우기 시작, 그 수가 늘어나자 사료대기에 바빠졌다. 병아리를 키우는 데는 어머니께서 전적으로 맡아주셨고 나는 직장에서 돌아오면 거들기만 했다. 두어 달 병아리를 키우니 약병아리로 자랐고 수탉은 벼슬이 크게 자랐다.

2,3백 마리의 수탉을 골라 팔고 다시 5백 마리의 병아리를 사들이려는 때 햇볕에 고개를 떨구고 조는 녀석이 몇몇 생기더니 2,3일 후엔 많아지고 4일째 된던 날 새벽에 일어나니 밤새 눈이 30여센티나 와 있었다. 그런데 예감이 이상했다. 늘 새벽이면 울부짖던 수탉의 소리랑 암탉

들의 움직이는 소리가 들리지 않았다.

닭장 문을 열고 들어서니 홰 밑에 그 많은 닭들이 하얗게 깔려 있었다. 나는 내 눈을 의심하며 눈을 비비고 보았으나 그것은 틀림없는 닭들이었다. 난 순간 그 자리에 주저앉은 채 닭을 얼싸안고 엉엉 울었다. 난 그날 직장도 나가지 않은 채 죽은 닭 처리에 골머리를 앓았다. 죽은 닭을 모두 묻어버리자고 했는데 마을사람들이 몰려와 내장만 빼고 푹 고아서 먹으면 괜찮다고 이 집 저 집 가져가기 시작했다. 그러나 그 많은 닭을 다 처리할 수가 없었다.

그런데 옆집 아저씨가 자기가 가져다 털을 뽑고 내장을 긁어 내 시장에 내다 팔겠다고 자청했다. 난 그렇게 하라고 하며 닭을 모두 내 주었다. 영하 5도가 넘는 기온에 닭들은 모두 얼어있어 다행이라 여겼다. 겨울에 전염병으로 닭이 몰살당하다니 지금까지도 의문이 풀리지 않는다.

텅빈 양계장에 넋을 잃고 앉아 있을 때 직장에서 연락이 왔다. 왜 출근치 않느냐는 것이다. 난 자초지종을 알리고 절망상태에 빠진 채 그 다음 날도 출근치 않았다. 그랬더니 그 후 직장 동료를 통해 사장이 편지를 보내왔다. 내용은 입학금을 자기가 마련해 줄테니 나오라는 전갈이었다.

난 1960년 대학에 입학했다. 그때만 해도 대학가는 일은 생각지도 못할 때였다. 우이동엔 단 2명밖에 대학생이 없었으니까. 입학 후 난 1년간 열심히 공부해 장학금을 타려고 했으나 차석에 그치고 말았다. 또 등록금 마련이 걱정이 되었다. 2학년 한 학기 휴학계를 내고 등록금을 벌어 등록해야겠다고 마음을 먹었다.

그런데 1961년 2월 첫째 일요일 텅빈 계사를 둘러보며 고심하고 있을 때 매끈하게 신사복을 차려입은 분이 나를 찾아왔다. 자세히 보니 이 신사는 창동에서 찾아온 옛 도둑이었다. 도둑은 그때 참 고마웠다고 하면서 두툼한 봉투를 놓고 갔다. 도둑이 간 다음 열어보니 대학등록금을 내고도 남을 정도의 돈이 들어있었다. 난 되로 주고 말로 받은 행운아가 되었다.

그런데 그 때 죽은 닭을 몇 차례 바솟쿠리 지게로 날라 가던 옆집 아저씨는 그것을 팔아 혼자 써서 그렇게도 밉더니 다음 해 병으로 저 세상 사람이 되었다. 욕심이 많으면 일찍 죽는다는 것을 보여준 본보기가 되었다. 나는 울타리 없는 집만 찾아다니며 살아왔다. 그리고 앞으로도 울타리 없는 집에서 계속 살아가려고 하고 있다.

도둑은 아주 큰 벌을 주면 도둑질하려는 생각조차 못하게 된다. 도둑을 잡으려 들지 말고 도둑근절책을 마련해야 할 것이다. 그리고 국민고충해결센터를 만들어 고충을 해결해 주면 어떨까?

잘 사나 못 사나 서로 베풀며 사는 사회가 되면 울타리가 필요있을까? 우리의 집 뿐 아니라 우리 마음에도 울타리(담)가 없어져야 편한 세상이 될 수 있을 것이다. 보물섬 남해만이라도 새로 짓는 집은 울타리 없는 집만 짓도록하면 어떨까? 남해섬 사람들은 서로 담쌓지 말고 살면 어떨까?

6.25와 김영소좌

1950년 6월 25일 일요일, 음력 5월 10일이었다. 이날 날씨는 매우 맑았다. 나는 친구들과 아침 일찍 만나 미꾸라지를 잡기 위해 서울 우이동에서 4.5km 떨어진 번동으로 향했다. 우리들은 모두 깡통 하나에 어깨에는 괭이와 삽 하나씩을 메고 가기로 약속이 되어 있었다.

번동쪽으로 가던 우리는 논 옆 웅덩이를 발견, 세 명이 물을 줄기차게 퍼내 바닥이 드러났다. 셋은 괭이로 파고 삽질을 해대면서 미꾸라지를 잡기 시작했다. 웅덩이에는 잡어들까지 있어 모두 헤집고 나니 한 통 정도가 되었다.

그런데 이상한 일은 남서쪽부터 날씨가 좋지 못해 천둥이 쳐야 되는데 북쪽에서 천둥이 울고 하늘이 검게 물들고 있었다. 요상한 일은 그 소리가 저녁 무렵이 되면서 점점 세차게 들리기 시작했다. 우리들은 비가 올 모양이라고 여기며 발길을 재촉했다.

우리들 셋은 가오리 부근에 이르러 쉬었다 가자고 한 친구가 제안하자 쉬면서 고기를 삼등분하여 나누었다. 한 마리 잡은 메기는 삼등분으로 가르던 친구가 자기 몫이라고 하여 그렇게 하라고 했다.

집에 돌아왔는데도 전쟁이 발발했다는 소리를 들은 사람도, 아는 사람은 아무도 없었다. 그날 저녁 식구들은 추어탕을 끓여 맛있게 저녁식사를 했다.

27일이 되어서야 전쟁이 났다는 소리를 들을 수 있었다. 피난민과 국군들이 전쟁이 났다고 산 속으로 도망치는 모습들이 눈에 띄기 시작했다. 동리사람들도 동요되어 남자들은 모두 봇짐을 싸고 산으로 올라갔다. 나도 아버지와 함께 삼각산 농바위 밑에 있는 큰 바위 밑에 은신했다.

1950년 6월 28일 새벽, 멀리서 탱크에서 쏘는 포탄 터지는 소리가 간간히 들려오고 있었다. 그리고 간간히 쏘아대는 다발총 소리도 들렸다. 인민군 탱크가 미아리고개를 어렵게 돌파하고 혜화동, 원남동을 거쳐 창경궁 돌담을 끼고 달려 중앙청을 향해 파죽지세로 밀고 가고 있었다. 기관총 소리 소총 소리가 새벽을 갈랐다. 중앙청 꼭대기의 인공기는 인민군 전차 대대장 김영소좌에 의해 게양되었다. 대한민국 수도 서울이 적의 치하로 들어가는 순간이었다. 김영은 그 뒤 국군에 귀순하여 6.25 전쟁이 끝날 때까지 대북공작원으로 수 많은 전과를 올린 대한민국 국가 유공자가 되었다.

미국이 한국전쟁 4대 영웅으로 꼽는 한국첩보대대 (HID) 김동석 대령의 회고록 『김동석, 이 사람』 에 따르면 김영은 한국전 최초로 참전한 미 제24사단 스미스 대대를 오산 부근에서 만나 단숨에 격파시킨 인민군 선봉부대로 기고만장했었다.

그 뒤 남진을 계속한 김영은 대전을 함락시키고 1950년 7월 21일 충북 영동군 구운리에 이르렀을 때 심경의 변화를 일으켜 귀순을 결심하게 된다. 탱크는 전선에 투입해 놓은채 무전 소대원 30명을 이끌고 1사단 15연대에 투항했다. 그는 무전기를 통해 일본의 방송을 정취하여 민주주의 세계를 알고는 자유에 대한 동경으로 심경의 변화를 가져왔다고 한다.

이 보다 앞서 김영은 영어를 아는 부하를 시켜 귀순의사를 밝힌 영문 편지를 어느 촌노를 시켜 미군부대에 전달했지만 미 24사단장 딘소장이 포로로 잡히는 바람에 실패했다. 그러다가 국군 1사단 15연대 정보장교에게 편지가 발각되어 김영이 머물고 있는 위치가 노출되고 전원이 체포되어 인생의 항로를 180도 전향하게 된 것이다.

인민군 무전요원들은 즉시 포로수용소로 보내졌고 김영소좌는 사단에서 1개월간의 사상전향교육을 받고 HID군 신분으로 배치된다. 김영은 귀순 후 지프편에 서울 모지역으로 끌려가서 보니 장택상 전총리의 별장이라고 했다. 그 곳에서 젊고 패기만만한 사나이를 만난 것이 바로 김동석 HID 36 지구대장이었다.

한국군은 그를 전차장교로 기용하려 했지만 오랜 전차장교생활로 다른 일을 원해 김동석 대령 휘하에 가서 공작 업무를 맡게 된 것이었다.

이때 김대장이 마패와 같이 생긴 HID 특수 메달을 건네주며 대한민국 어디로 가든 무사통과 할 수 있는 메달이라면서 다시 북으로 가도 좋다고 하더라고 증언했다. 김영은 놀라고 감동할 수 밖에 없었다. 이후부터 김영은 대북공작소대장으로 강화도, 연평도, 백령도, 대청도, 소청도 등 서해도서 일대에 그의 발길이 닿지 않는 곳이 없었다. 특히 황해도 일대에는 침투 체류하면서 007작전으로 수 많은 신화와 같은 전공을 세울 수 있었다. 이후 김영은 엄청난 전과를 올리면서 김동석 대령과 의형제까지 맺었다.

2010년 천안함 폭침으로 대한민국이 피격당한 눈물의 바다가 6.25 때 김영이 종횡무진 누비던 해변이다. 김영은 일제하에 일본 삿보로 제국대학 농학과에 재학하다가 8.15 광복과 함께 평양으로 돌아가 인민군에 입대했다. 그는 대위 때 소련 스탈린그라드 기갑학교에서 1년간 위탁 교육을 받고 귀국하여 인민군 전차사단 창설에 참가한 엘리트 요원이었다. 이 같이 엘리트 요원으로 승승장구하던 전선에서 국군에 귀순한 것은 자유에 대한 욕구가 그렇게 만들었다고 여겨진다. 하여간 그는 귀순하여 팔자를 고친 것은 너무나 극적인 인생반전이었다.

HID공작요원으로 그가 5년간 육군 첩보부대에서 활약한 실상은 휴전이후 지금껏 소상히 털어 놓을 수 없는 미공개 국가유공자인 것이다. 김영은 HID 역할이 끝난 후 개명, 김홍이란 이름을 쓰고 있다. 그는 일본 삿보로 제국대 동창들의 주선으로 부산에 있는 모기업체 감독관으로 입사했다가 이듬해에는 대기업 영업부장으로 발탁되어 결혼도 하고 생활이 정착되었다. 또한 원양어선 10여척을 보유한 남중산업의 대표직을 맡아 빼어난 경영실적을 보인 그는 은퇴하여 음식점을 경영하는 한편, 불교신앙에 심취, 서울 우이동 도선사 신도 회장을 맡기도 했다.

김동석 대령의 회고록 『김동석, 이 사람』 (2005.10) 속에는 팔순이 넘은 나이임에도 김영은 우이동에서 음식점을 경영한다고 적혀 있다.

내가 아버님이 돌아가셔 수유동 모병원 영안실에 며칠간 머물고 있었는데 그 때 김홍은 동리 몇몇 어른들과 문상을 왔다. 그는 팔순이 훨씬 넘은 나이임에도 혈색이 예나 다름없고 표정도 굉장히 밝아 보였다.

그 후 어머님이 작고하셔 그 병원 영안실에 다시 묵었는데 그때도 김홍은 문상을 왔다. 다만 큰 키가 예전에 비해 많이 작아진 듯 보였고 언뜻 허리가 휜듯한 느낌을 받을 수 있었다.

6.25로 인해 알게 된 김홍도 결국 늙어가는구나하는 아쉬움만 남았다. 담하나 사이에 두고 10여년간 같이 살던 그이였는데 그곳을 떠나 김홍은 우이동 초가집 근처로 새집을 지어 이사했고 우리는 아랫동네로 이사하게 되었다.

그후 나는 출가하여 새로운 생활을 하게 되었고 우이동을 갈 기회를 잊고 살아왔다. 어릴 때 만난 김홍은 나의 길에 많은 도움을 주었는데 이제 그는 90이 다 된 늙은이가 되었고 나도 벌써 70을 넘겨 살고 있구나 생각하니 세월이 무상하기도 하다. 6.25하면 생각나는 사람 제 1호가 김홍이었는데 나는 그를 잘 알 수가 없었다. 『김동석, 이 사람』 때문에 어느 정도 그의 지난 날을 알 수 있게 되어 6.25 회고로 이 글을 남긴다.

한국전쟁영웅 김동석 대령

지난 3월 26일은 천안함이 폭침당한지 2주년이 되는 날이다. 천안함이 북한의 소행에 의해 폭침 당했는데도 20、30대 44%가 북한의 소행이라 확신하지 못한다는 어느 신문의 통계를 보면서 이글을 쓴다.

미국정부는 김동석 대령을 맥아더, 리지웨이 유엔군 총사령관, 백선엽 육군대장과 함께 한국전쟁 4대 영웅으로 선정한 바 있다. 이에 따라 한국에 주둔하고 있는 미 제2보병사단은 2002년 5월 7일 의정부 소재

캠프, 레드 클라우드 내 사단 전쟁박물관에 김동석 영웅실을 만들고 '전쟁영웅' 칭호를 부여한 바 있다.

김동석은 철저하게 비밀을 요구하는 정보부대 특성상 국내에서는 잘 알려지지 않았던 인물이다. 그러나 그의 회고록 『김동석 이사람』이 출간되면서 중견가수 진미령(김미령)의 아버지가 김동석이라는 사실이 크게 부각되었고 지금까지 한국전쟁과 북파공작원에 얽힌 비밀들이 일부나마 밝혀졌다.

김동석에 대한 평가는 미국정부가 정전협정(1953.7.27.)체결 50주년을 앞둔 지난 1998년부터 2003년까지 5개년 계획으로 한국전쟁 기념사업을 진행하는 과정에서 그 내용이 알려지기 시작했다. 2012년 3월 26일은 김 대령이 사망한지 3주년이 되는 해이다.

김동석은 1923년 러시아 연해주에서 태어나 하얼빈 대도관 고등학교 졸업 후 하얼빈 무도 전수학원 재학 중 만주유도선수권 대회에서 우승한 강골이다. 이어 황포군관학교 단기과정을 거쳐 하얼빈 주둔 장개석군 임시 소령으로 활동하다가 귀국했다. 귀국 전에는 중국 국민당 애국의용대 부대장과 백범 김 구 선생의 경호원 등을 역임했다.

러시아 블라디보스토크에서 해방을 맞은 그는 귀국길에 소련군에게 체포돼 러시아 블라디보스토크로 호송중이던 박정희, 정일권을 헤이중장성 부근에서 탈출시키는데 공을 세우기도 했다.

육군사관학교 8기로 임관 후 6、25전쟁 중 육군첩보부대(HID) 창설요원으로 공작원 세계에 뛰어들었다. 하얼빈과 블라디보스토크 등지에서 독립운동 자금을 지원했던 부친을 따라다니며 일본어, 중국어, 러시아어를 익혔던 것이 첩보부대 창설에 관여하게 된 이유가 됐다.

김동석은 제17연대 14중대장으로 한국전쟁에 참여해 박상철이 지휘한 북한군 15사단을 전멸시켜 부대 전 장병 1계급 특진의 영예를 안았던 바 있었다.

김동석은 최초로 서울에 진주한 북한군 105전차사단 1대대장 김 영(후에 김 홍으로 개명)소좌가 포로로 잡히자 끈질긴 설득 작업을 벌인 끝에 평양입성 작전에 필요한 결정적 정보를 수집해 내기도 했다.

1950년 9월 그는 육군본부 정보참모부 소속 미군연락장교로 발령받아 정보세계에 입문하고 특히 인천상륙작전과 서울탈환작전에서 결정적 정보를 수집하는 전과도 올렸다.

『김동석 이사람』이란 회고록(2005년 10월 간행)에 의하면 'This man'은 1950년 9월 맥아더 장군이 그에게 붙여준 별명이다. 그는 50년 7월 강화도를 경유, 인천으로 잠입한 뒤 서울에 주둔했던 북한군의 위치와 현황등 상세한 첩보를 유엔사령부에 보내 맥아더 장군은 This man이 보낸 것이냐며 'OK' 하고 인천상륙작전에 들어갔다고 한다. 그때부터 김동석은 남북한 공작원들 사이에서 This man으로 불렸다는 것이다. 그는 첩보부대 1사단 지구대장을 거쳐 1952년부터 1961년 5·16 군사혁명이 발생할 때까지 동해안 첩보임무를 담당한 제 36지구대를 이끌었다.

1952년 8월 북한군 17사단장 이·취임식에 참석하기 위해 원산에 들린 김일성을 잡기 위해 현장에 투입되었으나 이른 새벽에 떠나는 바람에 간발의 차이로 놓쳤다고 말했다. 당시 김일성이 남긴 담배꽁초에는 온기가 남아 있었다고 한다.

그는 1954년 2월 강원도 홍천부근 원산만에서 인민군 사단장 이영희를 생포, 납치할만큼 휴전 이후에도 동해안 일대에서 북파공작업무를 진두지휘했다. 그는 대령으로 예편한 뒤에는 강원도 삼척군수와 강릉시장, 그리고 목포시장(1971), 수원시장(1974), 함북도지사(1980)등을 지냈다. 김동석 대령은 2009년 3월 26일 86세를 일기로 세상을 떠났다. 유족엔 2남 2녀가 있다.

내가 그의 딸 가수 김미령을 알게 된 것은 1980년대 초반 캐나다에 나가있는 배우 조재성이 오랫만에 귀국, 함께 내가 재직한 대학연구실을 방문한 것이 첫 만남의 계기가 되었다. 6、25때 서울에 최초로 진주한 김 영 소좌를 어릴 때부터 알고 지내왔는데 김동석 회고록을 계기로 김 영에 대해 소상하게 알게 된 것이 천만다행이다. 김 영이 북파공작으로 누비던 곳이 천안함 폭침현장 주변의 섬들이다.

천안함 사건으로 46인의 용사를 우리는 잃었다. 그 중 일부는 시신마저 찾지 못했다. 그런데도 북한은 아직까지 사과는 고사하고 자기들이 행한 일을 계속 입다물고 있다는 점이다. 1953년 정전협정이후 그들은 얼마나 많은 사건을 유발했는가? 생각들을 고쳐 먹어야한다. 어릴때부터 반공교육을 철저히 시켜야 하고 국가를 사랑하는 마음을 키우지 않으면 안 될 시점이 되었다. 지금은 휴전상태지 전쟁은 끝나지 않았음을 명심해야 할 때라고 생각한다.

용감한 사나이

나는 새벽이면 일찍 일어나 산을 오르곤 했는데 산을 오르다 보면 여러 가지 뜻하지 않은 일들이 일어나 시간을 소모하곤 한다. 어떤 때는 들개나 산고양이들을 만나 산을 헤매기도 하고 어떤 때는 새벽부터 버섯을 만나 버섯을 따는데 시간을 보내기도 한다. 전쟁 직후 산자락에 가면 묻혀있던 시신 일부가 드러나 섬뜩 놀래는 일이 잦아 새벽에 산에서 사람을 만나는 일에도 마음을 조이기도 한다.

1970년대 초반으로 기억된다. 마침 그날은 쉬는 날이라 새벽등산을 포기하고 아침을 들 무렵 산을 올랐다. 산을 오르는데 길을 택하지 않고 풀숲을 헤쳐나가길 좋아하는 습관이 있어 그 날도 숲을 헤쳐 이슬을 털며 앞으로 나가는데 별안간 머리끝이 쭈뼛쭈뼛 곤두서는 것을 느꼈다.

나도 모르게 전진을 중단하고 주위를 살폈다. 그랬더니 한 소나무가지에 점퍼가 걸려 있는 것을 발견했다. 아침이니까 누가 웃통을 벗어 놓고 변을 보는 것으로 생각했다. 그리고 지나쳤는데 아무런 인기척도 없었다. 걸음을 멈추고 나는 변을 보고 올만큼의 시간을 그 곳에 주저 앉아 기다렸다. 주인공이 나타나지 않아 난 나도 모르게 점퍼 곁으로 갔다. 점퍼는 오늘 걸어 놓은 것으로 확인됐다.

이슬도 묻지 않은 보송보송한 채였다. 점퍼를 두 손으로 훑어 내리니 호주머니 부분에 잡히는 것이 있었다. 안에 편지처럼 접힌 것을 여는 순간 난 질식할 듯 숨이 막혔다.

유서였다. 순간 주변을 둘러보니 냇가에 있으리란 생각이 미쳤다. 난 점퍼를 손에 걸치고 주인공을 찾기 위해 냇가로 갔다. 홀로 앉아 있는 주인공을 바로 발견했다. 나는 그를 발견하자 살아있다는 것에 고마움을 느꼈다. 그와 거리를 두고 냇가로 내려서 자갈을 잔뜩 호주머니에 담고 그가 앉아 있는 뒤의 바위 위로 올라갔다.

그를 내려다보니 소주병을 옆에 놓고 손에는 알약을 들고 있음이 확인됐다. 난 산에 오르는 걸 단념하고 그와의 '죽음의 게임'을 벌이기로 작정했다. 그가 막 손에 든 알약을 입으로 가져가려는 순간 난 준비한 돌멩이를 그의 앞 움푹 파인 물구덩이에 던졌다. 풍덩하면서 손에 든 약을 바위위에 떨어뜨렸고 물은 움솟았다.

그는 주위를 두리번거리더니 한참만에 약들을 주워 모으기 시작했다. 그리고는 다시 자리에 앉더니 소주를 한 컵 따라 입에 넣고 다시 약을 먹으려고 했다. 난 그의 의지를 꺾기 위해 한 번 더 자갈을 던졌다. 거의 두 시간은 기다렸을까. 그는 또 약을 먹으려는 시도를 했다. 난 이제 더이상 견딜 수가 없어 하는 수없이 소리쳤다.

"잠깐!" 바위를 내려온 나는 그의 가까이 가서 그의 등허리를 잡았다. 그는 맥빠진 사람처럼 약을 든 채 일어섰다. 난 약을 빼앗고 그의 옷을 내밀었다. "이거 당신거요?" 그는 대답대신 고개만 끄덕였다. 난 옷을 그의 어깨에 걸쳐주고 자초지종을 물었다.

그는 다섯형제가 모두 자살해 자기도 하는 수없이 죽으려 했다는 것이었다. 호적에 형제들이 자살한 기록이 남아 취직을 할 수도 없고 동료들도 외면해 이젠 기댈 곳도 없다고 했다. 나는 그를 데리고 집에 와 아침 아닌 점심을 차려주고 미아리에 아주 싼 방을 마련, 며칠간 먹을 수 있는 쌀과 라면, 그리고 반찬을 마련해 줬다.

그 다음날, 그 친구의 취직을 위해 영등포에 있는 아주 가까운 친구가 경영하는 공장을 찾았다. 그리고 딱한 사정을 얘기하고 무조건 받아줄 것을 요구했다. 이렇게하여 그는 평생 처음 취직을 했고 살아가는 재미를 느끼게 됐다. 그는 늦게까지 일을 하면서 일의 재미를 느끼게 됐고 돈도 차곡차곡 저금해 몇 년후에 결혼도 했다.

공장이 점점 번창해지자 그는 공장장의 직함을 얻더니 그 공장 운영자인 친구의 도움으로 같은 유형의 공장을 차리게 됐고 어엿한 중소기업의 사장이 됐다. 죽음이란 순간이다. 삶도 순간순간이 이어져 나가는 것이다. 그는 그 후 "산다는 것은 늘 갈등과 투쟁의 연속이며 이것을 유발하는 장애 요인을 극복해 나가는 것이 곧 인생"이라고 나에게 자신만만하게 말했다. 그렇다. 인생의 멋과 맛은 삶을 부정적으로 여기지 않고 긍정적으로 받아들여야 한다는 것을 난 그를 통해 배울 수 있었다.

작년엔 막내가 결혼한다고 청첩장이 와서 가보니 그의 얼굴엔 40여 년전 보이던 죽음의 그림자는 전혀 찾아볼 수 없었다. 그는 '용감한 사나이' 로만 보였다.

책벌레라야 내일이 있다.

- 김원중 시인 -

친구들이 나보고 "책벌레"라는 별명을 붙였지만 난 책벌레는 못된다. 꼭 붙여야 한다면 "책애벌레" 쯤이나 될까?

내가 주변에서 보아 온 책벌레는 포항공대 교수였던 김원중(金元重) 시인이다. 내가 이 분을 "책벌레"란 이름을 붙이는 것은 김원중 시인은 항상 가방을 들고 다녔고 그 속에는 늘 볼거리 읽을거리가 들어 있었다는 것이다. 또 한 가지 특징은 대학교수 대부분이 주간지는 펼쳐보지도 않는데 김원중 시인은「주간조선」을 창간호부터 정기 구독을 하더란 것이다.

그렇다면 김원중은 어떤 분인가? 그는 일본 교토에서 1936년 태어나 안동에서 성장하였고 6.25때 청도로 피난했다가 1.4 후퇴에 다시 대구로 가서 정착한 분이다. 그는 대구 영남대 국문과 및 대학원을 거쳐 중앙대학교 대학원에서 문학박사 학위를 취득했다. 그는 한 때「문학세계」및「문예한국」의 주간을 역임했고 한국문인협회 부회장, 경북문협 회장, 대구세계문학제 발기위원장, 한민족 어문학회 회장 등을 역임하기도 했다. 그는 영남대교수, 가야대 객원교수, 대구한의대 부학장, 포항공대 교수 등을 지냈다.

현재는 주한 라오스 문화원 상임고문, 한국문인협회 고문, 대구 문협 고문, 포스텍 명예교수, 한비문예창작대학교수로 있다.

그는 시집『별과 야학』『과실 속의 아기씨』『별』등이 있고, 수필집으로는『하늘 만평 사뒀더니』『별을 쳐다보며』『문학과 인생의 향기』등이 있으며, 이론서로는『한국현대희곡론』『현대문학의 이해』『연극과 희곡의 이해』등을 내기도 했다.

내가 김원중 시인을 알게 된 것은 1970년대 초반, 그 이전까지는 얼굴은 익히 알고 있었지만 대화가 없는 사이였다. 그때 나는 극단을 오가며 기획 일을 하고 있을 때였다. 그런데 매 공연마다 김원중 시인은 극장 문 앞에 서성거리고는 했다. 기획을 보는 나는 김원중 시인에게 인사를 자청했다. 알고 보니 그는 대구에서 매주 한 차례씩 연극 관람을 위해 상경하는 관람객이었다.

그는 일주에 한 차례씩 상경, 두 세편의 작품을 보고 내려가는 것을 알게 된 것이다. 그때부터 시인과 나는 가까워졌고 그가 상경하면 비좁고 우중충한 나의 집으로 모셨다. 어떻게 보면 내가 사는 집은 그의 서울 집처럼 되어버린 셈이다. 이렇게 가까워지다 보니 그와 나는 외국여행도 같이 하는 일이 많았고 연극 관람이 아닌 일로 상경하더라도 꼭 만나 함께 다니고 차나 저녁을 같이하곤 했다. 이렇게 수 십년 동안 친교가 계속되면서 그의 움직임을 속속들이 알게 된 것이다.

그는 현장에서 연극을 섭렵했지만 실제로 그 연구의 관심사는 희곡문학이었다. 그는 희곡연구로 박사학위를 취득하기 위하여 매주 대구에서 서울로 연극공연 관람을 위해 상경했던 것이다. 7.80년대의 연극은 나보다 더 많은 숫자를 관람했다.

그의 전공은 문학이긴 하지만 그가 보는 책들은 매우 다양한 분야를 거침없이 읽어가고 있었다. 그가 주간지를 계속하여 정기 구독한 것도 주간지 속에는 각 방면의 내용이 적나라하게 파헤쳐져 있다는 점 때문일 것이다. 그의 대화나 강의 속에는 각 방면에 대한 내용이 담겨져 요즘 전문분야에만 집착하는 젊은이들의 호기심 유발의 원인이 되었을 수도 있다.

그는 아침 일찍 일어나면 신문부터 읽기 시작한다. 다른 사람들은 전문분야만 정독하고 타이틀만 읽는데 반해 그는 모두 읽는 습관이 되어 있다. 그리고 식사 때도 화장실에서도 차안에서도 책을 보고 있다.

안경은 어릴 때부터 쓰고 다녔고 그것도 도수가 높은 안경을 쓰고 다니는데 그리고도 잘 안보여 책이나 신문을 아주 가까이 대고 보는 습관이 배여 있다.

그는 2002년 겨울 누구보다 건강에 자신만만했는데 고지혈증으로 쓰러져 한쪽을 거의 못 사용할 단계에 이르렀다. 하지만 각고의 노력으로 회복하게 되어 지팡이에 의존하여 다니며 정확하지 않던 말도 정확히 들릴 정도로 호전되었다. 내가 이분을 "책벌레"라고 칭하는 것은 그의 성장, 출세, 모든 것이 "책벌레"에서 이루어졌기 때문에 붙인 것이다.

김원중 시인은 중학부터 대학원(석사)까지 12년간 오직 야간부만 다닌 분이다. 그래서 그는 종종 스스로를 '기네스 북' 에 오를 유일한 청년이라고도 말한다. 그는 1.4 후퇴 때 대구로 피난. 정착한 다음 시청 앞에서 잡화상을 하면서 생활을 시작했다. 그때 그의 나이 15세 소년가장이었으며 어머니와 동생의 생계를 책임져야 했다. 이때 그는 『새벗』『소년세계』『학원』지를 주로 구입해 읽으면서 장래의 꿈을 키우기 시작했다.

그는 시청 앞 좌판대에서 성과가 없자 시장으로 고개를 돌려 서문시장, 교동시장 등을 이용, 화장품 등을 파는 일이 어린 나이에 그리 쉬운 일은 아니었다. 그는 낮과 밤 가리지 않고 뛰었고 늘 잠이 부족해 어디서나 쪼그리고 앉으면 새우잠을 자야 했다.

그는 삶의 현장에서 『새벗』『학원』을 읽고 작품들을 투고하여 문학의 꿈을 키우기 시작했다. "주사야독" 낮에는 일하고 저녁에는 학교에 나가고 밤에는 책을 읽고 시를 쓰기 시작했다.

중학교 3학년이 되던 해 그는 『학원』지에 〈야학〉이란 시가 입선되었다. 그리고 1953년 서울신문 신춘문예 동시와 동화가 동시에 입선되기도 했다. 그의 생각은 시인이 되는 것도 중요했지만 그보다도 상금을 타서 생활비로 쓰려는 의지가 더 강했다.

그는 현상공모만 있으면 응모하였고 1957년 고3이던 해엔, 시집을 팔아 대학 갈 학자금을 마련하고자 서영수와 함께 시집 『별과 야학』을 발간하였다. 그리고 겁 없이 대구예식장을 빌려 출판기념회를 갖기도 했다. 그는 시 뿐만 아니라 소설에도 관심이 많았다. 1960년 그는『신태양』지의 현상공모 소설 모집에도 응모, 4명이 동시 결선에 올랐으나 당선은 하근찬 소설가에게 돌아갔다.

어려서부터 어떻게 하면 돈을 벌 수 있는가에 몰두한 그는 많이 읽고 쓰고 해야 언젠가는 빛을 보게 된다는 가능성을 발견하였다. 따라서 그는 틈만 나면 글을 읽고 틈만 나면 글을 쓰고 세월을 보낸 결과 그는 시인도 되고 대학교수도 되고 박사 학위도 취득했던 것이다.

2002년 겨울 뇌졸중의 여파는 나와 그의 거리를 멀어지게 하였다. 그의 서울 나들이가 중단되었다. 그런지 5.6년이 지나자 그는 다시 재기하여 지팡이에 몸을 의존한 채 서울 모임에 나타나기 시작했다. 가방 대신 지팡이를 들었을 뿐 그분은 늘 틈만 나면 책을 펼치고 있었다.

아버지의 익살

아테네의 변방에 라코니아(Laconia)라는 조그마한 농촌마을이 있다. 이 마을 사람들은 옛부터 말이 없기로 이름이 나 있었다. 말이 많기로 유명한 아테네의 젊은이가 이들 라코니아 지방사람이 정말 말이 없기로 유명한가 확인도 할 겸 그들을 골탕먹이기 위해 라코니아 지방엘 갔다.

라코니아에 다다른 그는 멀리 밭에서 밭갈이를 하는 농부를 발견했다. 그는 "여보세요!"하고 큰 소릴 질렀다. 그러나 농부는 돌아보지도 않고 계속 일을 하고 있었다. 조금 다가선 젊은이는 또 소리를 질렀다.

"여보세요, 여보세요!"라고...

그러나 농부에겐 들릴 턱이 없었다. 화난 아테네 젊은이는 농부 가까이 다가가 정중하게, 그러나 큰소리로 "여보세요, 말 좀 물읍시다."라고 했으나 들은 척도 않고 농부는 일만 계속했다. 아테네 젊은이는 농부 앞까지 다가가 귀청이 떠나갈 듯 "여보시요!"라고 큰 소릴 질렀다.

그제야 농부는 하던 일을 멈추고 " 왜 그러시오?"라고 천천히, 그리고 낮은 목소리로 대답했다. 이제야 됐다고 여긴 아테네인은 " 이 마을에서 가장 유명한 사람이 누구요?" 라고 물었다. 그러자 농부는 아테네 젊은이를 한참 본 후에 대답했다.

"이 마을에서 가장 유명한 사람은 바로 당신 같지 않은 사람이요."라고.

그 다음부터 라코닉(Laconic)이란 말은 '말이 없는' 그런 뜻이 되어 버렸다고 한다.

우리 아버지는 벚나무의 원산지인 서울 우이동(牛耳洞)에서 나서 평생을 우이동에서 지내신 토박이 우이동 사람이다. 따라서 우이동에 옛부터 사는 분은 물론, 그 주변 마을인 수유동, 방학동, 창동에서 까지 옛부터 사는 이는 모두 알고 있는 터이다.

우리 아버지는 집안에 계시면 말이 없으신 분이다. 누가 뭐라든 소귀(牛耳)에 경읽기이시다. 마치 라코니아 사람처럼 답답할 정도로 침묵을 즐기시는 분이다. 따라서 우리 아버지에게서 익살스런 얘기를 기대하기란 퍽 어렵다고 생각할 수 있다. 그러나 이렇게 말이 없는 사람이라고 하더라도 꼭 '말이 없는' 것만은 아니다. 오히려 '말이 많은' 사람보다 더 말을 많이 하는 걸 느낄 수 있는 것이다. 그래서 '침묵은 금' 이라는 말도 생겨난 모양이다.

어느 해 겨울이라고 생각된다. 아버지 친구들이 한방 가득히 모여 앉아 있는 일이 있었다. 아마 구정이었다고 생각된다. 난 그때 다른 방에서 글을 쓰고 있었는데 아버지의 조용한 음성이 들려오고 있었다.

… 어느 아버지가 딸과 함께 먼길을 떠났다. 아버지는 40여세, 딸은 20여세였는데 그 날 중간에서 지체하는 바람에 밤이 되어 더 갈 수가 없었다. 아버지와 딸은 어느 여관을 찾아 들게 되었다. 그런데 가는 날이 장날이라고 방은 꽉 들이차서 하는 수없이 주인이 쓰는 방엘 들게 되었다. ……

… 아버지는 딸을 아랫목에서 자게 하고 자기는 윗목에서 자기로 하였다. 그러나 그 방은 중간지점에 있어서 양쪽에서 떠드는 소리에 아버지는 불을 끄고 잠을 청했으나 잠이 오질 않았다. 딸도 마찬가지였다. 딸은 아주 오랜만의 여행이고 많이 걸었던 터라 이불을 뒤집어 쓰고 뒤척이긴 했지만 곧 잠에 빠지고 있었다. 짓궂은 담배만 몇 차례 피어대던 아버지는 도저히 잠이 오지 않았다. 그는 컴컴한 가운데 윗옷을 걸치고 화장실엘 다녀온다고 나섰다. 소변을 보고 나와 방을 찾으려니 모두 같은 모양의 방이라 자기방을 찾을 길이 없었다. 한참만에 자기가 자던 방이라고 생각하고 문을 조용히 열었다. 그런데 어찌된 일일까. 그 방은 어느 남녀가 막 일을 치르려는 순간이 아니겠는가? …

… 깜짝 놀란 아버지는 문을 닫고 난 다음 마음을 진정시키고 겨우 자기 방을 찾아 들었다. 그는 다시 잠자리에 들었다. 얼마쯤 시간이 흘렀을까? 잠이 스르르왔다. 잠이 잠깐 들었을까 했을 때 이상한 소리가 들렸다. 순간 정신이 바짝 들었다. ……

… 어느 사이에 딸년이 어떤 남자와 올가즘에 빠져 있었다. 아버지는 "저걸 어떻게 할까?" "소릴 지를까?" "아니야, 그렇게 되면 내일 어떻게 딸을 볼 수 있겠어?" "그렇다면 그냥 놔둘까?" "그것도 안돼 – 만약에 임신이라도 한다면 어떻게 한담."…

… 이런 걱정, 저런 걱정하는 통에 그들은 일을 끝냈다. "그렇지, 나간 후에 그 놈을 찾아 혼을 내주자." 하고 생각하는 찰라 남자가 밖으로

빠져나갔다. 남자가 나간 후 딸은 훌쩍이고 있었다.…

… 아버지는 깨는 척 했다. 그러자 딸은 울음을 뚝 그치며 자는 체 했다. 아버지는 일어나 옷을 주섬주섬 입고 밖으로 나섰다. 그리고 몸둥이를 하나 마련해 가지고 저 쪽 방부터 남자들만 있는 방을 열어보기 시작했다. 순서대로 조사를 해 오는 걸 눈치 챈 남자는 걱정이었다. 가슴이 두근거렸다. 그런데 옆에서 함께 자던 스님이 벌떡 일어나 주섬주섬 장삼을 걸치고 배낭을 메더니 빠르게 걸어 나갔다.…

… 어느 방에서 나오던 아버지가 대문을 쫓아 나가니 그는 벌써 멀리 가고 없었다. 아버지는 포기하고 다시 자기 방으로 돌아와 잠을 자고 남자도 위기를 모면하고 한참 만에 잠에 빠졌다.…

… 다음 날 아침 날이 밝았으나 아버지는 딸에게 그 사실을 아는 체 할 수 없었다. 딸도 아버지한테 얘기할 수 없었다. 그들을 묵묵히 목적지를 향해 걸었다.…

한편 남자는 일찍 일어나 여관을 나섰다. 남자가 한참 걷다 냇가에 이르렀는데 밤의 그 스님이 그 곳에 있었다. 그래서 남자는 스님에게 물었다.…

“스님, 왜 엊저녁은 밤중에 나가셨죠?”

“겁이 나서요.”

“네? 스님이 겁이 나시다니요?” 하니까

스님이 “내가 그만 일을 저지르고 말았거든요.”

사내는 “어쩌문?” 하며 감탄하고

그 자리에 굳어 선채 움직일 줄 몰랐다.

이 이야기를 들으면서 나는 쓰던 일을 멈춘 채 주의를 집중하고 있었다. 분명히 우리 아버지는 얘기가 없는 분이 아니시다라는 사실이다. 나는 그 이후부터 아버지를 대할 때마다 그 익살스런 말투의 아버지 모습을 그리곤했는데 도저히 그 모습이 정확히 떠오르질 않았다.

일상생활에서 〈몸짓말〉,〈포우즈(Pose)〉,〈침묵〉은 모두 '말이 없는 상태'이긴 하지만 그것은 '말이 많은 상태'에 비할 때 그 지니고 있는 의미는 더 큰 것이다. 그러므로 '말이 없는 사람'이 제법 말을 많이 할 때는 '말이 많은 사람'이 말을 하는 경우보다 더 말이 많아 보인다.

이렇게 생각할 때 우리 아버지처럼 익살스런 아버지도 없는 상 싶다.

아테네의 짓궂은 청년처럼 누가 우리 집을 자주 찾아줘야 겠다. 그래야 우리 아버지는 '말이 있는' 아버지가 되고 아버지의 익살을 내가 늘 들을 수 있을 테니까.

이젠 익살스런 아버지는 멀리 가시고 내가 '말이 없는' 늙은이가 되어버렸다. '말이 없는' 것도 부전자전인 모양이죠?

연지사 종의 환수 언제 이룩될 것인가?

2010년 여름, 연지사 종 환수 국민행동이 발간한 소식지「연지사 종의 외유」제 1호(여름호)를 받은바 있다.

이 소식지를 펴보는 순간 30여년전 일본 도쿄 우에노 공원내에 있는 국립박물관에서 본 삼국시대 불상 및 고려시대 불화가 파노라마처럼 머리를 스치고 지나갔다.

그리고 독도는 분명 우리 땅인데 자기네 땅이라고 계속 주장하고 있는 일본인들의 모습도 머리에 소용돌이 쳤다. 그러면서 과연 그들이 일본 국보 제 78호로 까지 지정하여 보관 중인 것을 우리나라에 다시 돌려

줄 수 있을까를 상상해 보았다.

그 후 연지사 종에 대해서는 잊고 있었는데 지난 1월 말 연지사 종 환수운동이 본격적으로 시작됨을 알리는 소리가 각 매스컴에 오르내렸다. 연지사 종 환수 국민 행동은 2007년 10월 활동을 시작 2009년 1월 16일 진주시청 시민홀에서 창립총회를 개최하였다.

국내 유출문화재 민간협의체인 문화재 환수협의회 회원단체인 진주 연지사종 환수 국민행동은 문화계,종교계,사회단체를 대표하는 공동대표, 고문과 자문위원 분과위원회 등 30여명의 임원단과 진주 불교 사암연합회의 20여명의 자문스님, 그리고 매월 실무활동을 펴는 20여명의 운영이사진을 중심으로 꾸준히 연지사 종 환수를 위한 문화 행동을 4년째 실천하고 있다.

연지사 종 환수 국민행동(공동대표 최문식, 학교법인 삼현학원 이사장)은 문화재청,경상남도,진주시 관계자 등이 망라된 50여명의 시민대표단을 구성, 오는 3월 일본 쓰루가시 조쿠진자를 방문, 연지사 종환수 요구서를 전달할 계획이다.

이를 시작으로 일본 현지에 활동사무소를 운영하며 5월엔 진주에서 전국문화재 환수연대의 출범과 함께 국내외 중견시인의 문화재 환수 염원시집을 발간, 한일 양국에 배포할 계획이다. 그리고 지난해에 이어 두 번째 한일문화재교류대회를 개최하고 통일 신라시대인 9세기 초반 양식의 종각 설계공모와 복원등 지속적인 활동을 펼칠 계획이다. 그렇다면 연지사 종은 언제, 어떻게 만들어진 종이며 어떻게 일본에 건너갔나?

소식지에는 "연지사 종은 서기 833년 신라42대 흥덕왕 8년에 진주 중안리 소재로 추정되는 대사지인 연지사에서 지역주민들의 모금에 의해 주조된 국보급 신라시대 3대 범종(상원사 종, 보덕사 종, 연지사 종)이다."라고 밝히고 있다. 그리고 9세기 초, 통일신라 시대의 범종의 주조기술은 빼어났고 이로하여 후대에까지 그 기술적 문화적 가치를 인정받게 되었다는 것이다.

특히 서부경남지역의 중심인 진주성은 고려말 우왕5년(1379년)에 진주 목사 김중광이 잦은 왜구의 침범에 대비코자 삼국시대부터 토성으로 조성된 성을 돌로 성을 고쳐 쌓았고 임진왜란 직후에는 성 중앙에 남북으로 내성까지 쌓게 되었다. 그러나 선조 25년인 1592년 임진년 10월 4일에 시작된 전투는 7일만인 10월10일 우리가 승리하였다. 이름하여 '진주성 대첩' 으로 한산대첩, 행주대첩과 더불어 임진란 3대 대첩으로 유명하다. 하지만 계사년인 1593년 6월 왜군은 10만여명이 다시 침략해 진주성이 무참히 함락됨에 이르렀다. 이때 논개를 비롯 7만의 민,관,군,승들이 왜군을 맞아 싸우다 장렬히 죽음으로 산화했다.

도요토미 히데요시의 밀지에서도 밝히듯 진주성 전투에서는 개,돼지마저도 살리지 못하게 하였던 처절한 패전으로 철저하게 유린되면서 성내의 연지사도 불타고 천년고도 진주의 역사성과 찬란한 문화유산은 잿더미로 초토화 되었다. 그러나 유일하게 살아남은 연지사 범종은 불타는 진주성을 뒤로하고 왜적선에 이끌리어 남강을 거쳐 현해탄을 건너 일본으로 옮겨졌다. 도둑놈들 같으니라고...

신라의 삼대 범종의 하나인 연지사 종을 노획한 가토 기요마사는 도요토미 히데요시의 장수였으며, 연지사종을 당시 일본 군부의 수도였던 도쿄 근처 군항인 스루가항으로 이동하여 조주진자에 봉납한 것이다.

지금 그때 수탈해간 연지사 범종은 일본 국보 78호로 지정되어 후쿠이현 스루가시 조구진자의 사설 창고에서 420여년동안 차라리 산화되지 못한채 참담함으로 견딜수 없는 고통을 감내하고 있다.

이제 이 연지사종은 420여년이 지나면서 우리들의 기억에서 마져 가물가물 잊혀지고 있다. 이에 뜻있는 문화예술인, 각계 지도자, 각계 명사 각 지역단체들이 중심이 되어 호국정신 선양 및 우리문화재 반환

사업의 일환으로 연지사종의 환수 운동을 펼치고 있는 것이다. 이는 비단 진주만의 운동이 아니고 경상남도를 시작으로 전국 전 국민이 참여하는 범 국민운동으로 펼쳐져야 할 것이다. 독도가 우리전체의 땅이듯이 종은 우리 전체의 종인 것이다. 진주 연지사 종은 언제 돌려줄 것인가?

8 우리들의 얼굴

희망의 샘

최근 들어 자살하는 사람들이 많아졌다.

그것도 세상에 널리 알려진 스타로 부터 앞길이 창창한 귀재들, 그리고 최고의 지성이라고 해야 할 대학교수까지 자살소동을 벌여 세상을 발칵 뒤집어 놓고 있다. 왜 그들은 죽어야만 했을까? 왜 죽지 않으면 안 되었을까?

인간은 날 때부터 한(恨=삶/限=죽음)을 안고 태어난다. 여기서 한(恨)은 '삶의 불안' 을 의미하며 또 하나의 한(限)은 '죽음에 대한 공포' 를 의미한다. 이를 철학에서는 구체적 상황(狀況)과 한계상황(限界狀況)으로 구별 짓고 있다. 즉 우리의 일상생활 중 '삶에 대한 불안' 과 '죽음에 대한 공포' 를 잊을 수만 있다면 무슨 걱정을 하겠는가?

불안과 공포는 사람이 태어나 성장하면서 점점 키워지고 이것은 생명이 다할 때까지 지속되는 것이다. 그러므로 사람들은 한을 어찌하면 이겨낼 수 있을까 싸워도 보고 감내도 해보면서 살아가는 것이 인생 곧 삶인 것이다.

철학하는 사람들은 어떻게 살 것인가에 매달리며 종교를 믿는 사람은 한풀이를 기대하며 제단 앞에 읊조리며 예술가들은 사람들의 여러가지 유형의 한을 몸소 체험하며 살아가는 것이다. 한은 어떤 일을 하더라도 사라지지 않는다. 없애려고 해도 없어지지 않는다. 마치 이것은 우리의 심신(心身)과 같은 관계이다. 신체가 있는 곳에 마음이 있고 마음이 있는 곳에 늘 신체가 따르듯 이것은 떨어질 수 없는 관계인 것이다. 그러나 한은 잠시 동안 잊을 수는 있다. 어떠한 일에 몰두하다 보면 잊혀지는데 열심히 할 수 없는 사람은 잊지 못한다.

한 소녀는 일찍부터 몸에 이상이 있는 것에 대하여 알고 있었다. 소녀는 성장하면서 잠을 못 이루게 되고 급기야는 수술까지 받아야 하는 고통을 겪었다. 그런 어느 날 소녀는 꿈을 꾸게 되었다.

한 할아버지가 나타나 뒷산에 오르면 샘이 있는데 그 샘물을 매일 마시면 고통에서 벗어난다는 것이었다. 소녀는 새벽 눈을 뜨기가 무섭게 집을 빠져나와 뒷산을 헤매기 시작했다. 얼마쯤 헤매던 소녀는 지쳐서 풀숲에 주저앉아 버렸다.

그런데 그 옆에서 물 흐르는 소리가 들렸다. 소녀는 소리 나는 곳으로 가서 두 손으로 흙을 헤집기 시작했다. 그런지 얼마 안 되어 흙탕물이 조금씩 고이더니 맑은 물로 변해가기 시작했다. 소녀는 두 손을 모아 몇 차례 물을 마셨다. 그 후 소녀는 새벽마다 그 샘에 오르는 것이 습관처럼 되어 버렸다. 무엇엔가 정성을 다하다 보면 결과는 오고 마는 것이다.

이렇게 몇 개월을 계속하는 동안 계절은 바뀌어 갔고 그래도 소녀는 그 일을 계속했던 것이다.

그런 어느 날 소녀는 그곳에서 벗어나 조금 더 올라갔다. 아름드리 소나무가 한 그루 서 있는 곳에 이르러 소녀는 자기도 모르게 그 소나무를 얼싸안았다. 그리고 한참 숨을 고른 다음 그 소나무를 등받이 삼아 앉았는데 불현듯 돌탑을 생각했다.

소녀는 소나무 옆 공터에 매일 돌을 하나씩 날라다 쌓기로 했다. 매일 하나씩 들어다 놓다가 소녀는 일주일에 하나씩 늘여가기로 했다. 두 주째부터 하루 두 개, 세주째부터 하루 세 개, 이렇게 몇 주가 지나자 돌은 제법 많이 모여졌지만 돌을 나르는 것 보다 찾는데 시간이 더 걸렸다.

소녀는 그 후 아픔을 차츰 잊을 수 있게 되었고 그렇게 무겁던 머리는 가볍게 되어 버렸다. 소녀는 이 동산을 오르면서 한 사발, 내려 오면서 한 사발씩 물을 마신 덕분이라고 생각했다. 그리고 그 샘을 「희망의 샘」, 자기가 쌓은 탑을 「공든 탑」이라고 불렀다.

시간이 흐르면서 소녀는 성장하여 시집을 갔고 남매를 낳았다. 소녀는 이 샘물을 매주 한 차례씩 물통에 담아다 자식들에게 먹이고 있다. 이 희망의 샘을 찾는 사람의 숫자도 늘었고, 공든 탑을 찾는 숫자도 늘었다. '지성이면 감천' 이라는 말은 이 샘을 두고 하는 말이다. 모든 것에 열심히 하다보면 결국 자기가 하고자 하는데 이른다는 뜻이다.

우리는 '삶에 대한 불안' 과 '죽음에 대한 공포' 를 잊기 위해 조그만 일에 흥미를 붙여야 한다. 한에서 벗어나기 보다 잊기 위한 노력이 필요한 것이다. 어려운 일보다 조그맣고 쉬운 일에 흥미를 붙이거나 취미생활을 만들어야 한다. 그러다보면 그 생활은 '희망의 샘' 이나 '공든 탑' 처럼 되어버려 한결 삶에 대한 의욕을 느끼게 될 수 있는 것이다. 즉 한은 자신의 마음만이 다스릴 수 있는 것이다.

삶에 대한 불안과 죽음의 공포를 감내하지 못하고 죽는 사람들은 스스로 '공든 탑' 을 무너뜨린 꼴이다. 죽을 수 있는 용기로 살아나가야 한다. 인간의 삶은 어려운 장애나 수난을 극복해 나가는 데 기쁨이 있는 것이다. 희망의 샘을 파고 공든 탑을 세워나가자.

망설임의 비극

첫 사랑의 추억을 써 달라는 편집자의 부탁이다. 추억은 숨겨 간직하는데 그 아름다움이 있다. 나로서는 빨리 대답할 수 없었다. 망설였다. 망설이는 순간 첫 사랑의 추억이 주마등처럼 뇌리를 스치자 나도 모르게 쓴다는 걸 약속하고 말았다. 그건 분명 망설임의 상처 때문이었을 것이다.

지금처럼 교통수단도 발달되지 못했고 피비린내 나는 전쟁(6.25)의 상처가 채 가시기도 전인 50년대 후반, 서울 우이동에서 4.19탑 '가오리' 화계사 앞을 거쳐 수유리로 나오는 길섶엔 집이라야 멀리 한두 채씩 보일 뿐 벚나무와 밤나무들만이 무성했고, 나무와 나무 사이 밭들이 있을 뿐이었다.

따라서 서울중심가로 나오자면 간간히 다니는 군용 트럭이나 아니면 의정부에서 서울로 다니는 시외버스를 수유리까지 걸어 나와 탈 수 밖에 없었다. 그러니까 우이동에서 서울 시내로 출퇴근 하거나 통학하는 학생들은 거의 매일 같은 시간에 나오면 어디선가 한 번쯤 만나게 되어 있었다.

내가 S여고 혜정을 만난 것은 고교에 입학한 직후였다. 나와 혜정은 거의 같은 시각 길목에서, 아니면 군용트럭이나 버스에서 만나고는 했다. 그 당시로서는 몇 명 안 되는 여학생 가운데 미모가 빼어났기 때문에 그녀는 많은 남학생들의 주목의 대상이 되었고, 나 또한 그녀를 본 후부터는 늘 만났으면 하는 요행을 바라고 있었다.

그녀가 눈에 띄기 시작한 지 2,3개월이 지났을까, 혜정에게 추근대던 2,3학년 선배들은 혜정을 포기했는지 아니면 거절당했는지 접근하려는 모습들이 보이지 않았다. 그러나 나는 시간이 흐를수록 마음속으로는 가까워지고 있었다. 하루라도 못 보는 날이면 꿈에라도 봐야 할 만큼 되어 버렸다.

다 같은 일학년이라는 점도 있었지만 그녀와 나는 같은 돈암동에서 내리고 타는 관계로 그녀를 만날 수 있는 영광이 많았다. 그런데다 취미까지 같은 듯 버스를 기다리거나 버스를 타고 읽는 것은 둘 다 소설책이었다.

내가 혜정이 가까이 가서 서는 일도 많았지만 내가 미처 혜정을 놓쳐

버리면 혜정이 가까이 다가와 서 있고는 하였다. 그러면서도 우리들은 대화를 나눠 본 적은 없었고, 수소문 끝에 내가 그녀의 이름을 알았듯이 혜정도 내 이름만은 알고 있으려니 생각할 뿐이었다.

그러길 1년여, 그러던 어느 날 내가 수업이 끝나고 돈암동에 도착하니 혜정이 눈에 띄었다. 그런데 매일같이 한 귀퉁이에 서서 책을 읽던 그녀가 그날따라 책은 읽지 않았고, 머리가 아픈 듯 두드리고 만지고를 반복하며 서 있었다. 나는 어디가 아프냐고 물으려는 듯 다가갔으나 망설이다가 차가 오는 바람에 버스를 타려고 발을 옮겼다.

난 나도 모르게 "혜정이"라고 했으나 들었는지 안 들었는지 혜정도 버스에 올랐다. 둘은 스스로도 모르게 가까이 서서 수유리까지 왔지만 말은 하지 않았다.

버스가 정차하는 순간 혜정과 나는 눈이 마주쳤다. 그것은 기상천외한 눈의 대화였다.우리 둘은 차에서 내려 나란히 걸으면서도 이야기는 없었다. 그러나 서로 망설이고 있다는 것만은 알고 있는 듯 싶었다.

"혜정인 집이 어디야?"

"가오리."

그 후 우리 둘은 계속 만나면서 집안 얘기, 학교 얘기를 주고 받으면서 지낼 수 있었다. 그런데 어찌된 일일까? 고3이 되던 어느 날부터 혜정은 두어 달을 정든 길섶, 군용트럭, 털럭이던 버스 속에서도 보이지 않았다.

그렇게 재미있게 읽던 소설도, 선생님의 말씀도 귀에 들어오지 않고 눈에 보이지 않았다. 몸이 아플까, 아니야, 죽었나? 그것도 아냐. 그렇다면 …

아무리 상상을 해보아도 그 모습은 선명히 드라나지 않았다.

이렇게 실의에 빠진 채 귀가 하던 어느 날 어깨가 푹 처진 채 차에서 내리니 혜정이 그곳에 서 있었다. 난 나도 모르는 사이에 혜정의 손을 잡았다. 그리고 우리 둘은 말없이 화계사 쪽으로 갔다. 그리고 꽃잎이 하나 둘 떨어지는 벚나무 밑에 나란히 앉았다.

사연을 들으니 뇌에 이상이 생겼는데 고칠 수 없어 아버지가 미국으로 이민을 가기로 결정했다는 것이다.

혜정의 머리위엔 벚꽃 잎이 하얗게 올라 앉았고, 혜정의 검은 테 안경 속에서는 계속 눈물을 짓고 있었다. 둘은 달이 중천에 뜨도록 떠날 줄 몰랐다. 그러나 더 이상 이야기를 나눌 수도 없었다.

난 그날도 망설이다가 사랑한다는 말로 그녀를 감싸주고 싶었지만 그 얘기를 끝끝내 못하고 말았다. 그 후 혜정은 보이지 않았다.

지금 내 나이 70이 넘도록 난 아직도 사랑한다는 말을 못한채 살고 있다. 그러나 혜정과 헤어진 후 나는 달라진 게 있었다. 계속 여행을 즐기고 있었다. 계속 망설임의 비극을 되씹으며 …

눈은 마음의 창

'무엇을 본다' 는 것으로 청각과 함께 가장 중요한 감각이 '시각' 이다. 이를 생리학에서는 '광파' 이를 테면 전자기적 힘의 파동을 자극으로 하여 시각 기관에서 감수되는 감각 '을 시각이라 하는데, 이는 명암, 색채, 형상의 감각 기관을 말한다. 즉 눈의 작용에 의한 것이다.

'눈의 인류학' 에서는 눈을 크게 저안과 고안으로 나누고 구주형과 몽고형이 그 상반예라 제시하고 있다.

관상학에서는 "눈은 간의 구멍이라 하여 간은 피를 얻어 능히 본다.

잘 때는 신은 마음에 거처하고 깨면 신은 눈에 의존한다.

눈의 선악을 보아서 신의 맑고 탁함을 안다. 눈이 길고 윤택이 있으면 귀하다. 타는 듯 빛나면 부귀가 늘고 깊으면 장수, 눈알이 들떠서 밖으로 나오면 요사스럽고 크고 밖으로 나와서 둥글며 성낸 눈은 단명, 짧고 작은 눈은 어리석고 천하며, 아래 눈꺼풀이 불룩하면 아이를 많이 낳고 눈이 처져서 내려다 보면 죽는 수가 있다. 눈에 생기가 없고 흐리멍텅하면 죽음이 가깝다"고 설명하고 있다.

눈은 그 사람의 건강과 깊은 관계가 있다. 영웅호걸과 위인의 눈에는 날카로운 광채가 흐르고 시달린 눈은 왼쪽 눈이 작아진다. 앓는 사람이 오른쪽 눈이 작아질 동안은 괜찮으나 왼쪽 눈이 작아지면 위험하다는 것이 어떤 안과의사의 증언이다.

창부의 강렬한 매력이 이성을 끌어 들이는 것은 눈에서 힘이 솟기 때문이다. 사업이 잘되고 건강이 좋으면 반드시 눈에는 광채가 도는 것이다. 지성이 빛나는 사람의 눈은 밝게 빛나고 백치의 눈은 흐릿하고 탁하기 마련이다.

애써 아무렇지 않은 체 해도 눈의 표정은 의지의 힘으로 어찌 할 수 없다. 다시 말하면 자기 뜻대로 할 수 없는 것이 눈이며, 눈의 표정은 억제하면 할수록 더 명백히 본심이 들어난다.

또 한쪽 눈을 찡긋하고 싱긋 웃어주면 그것이 무슨 의미인지는 말할 것도 없고 처녀의 수줍어 하는 눈매 또는 사랑을 호소하는 눈, 프로포즈를 받고 끄덕이는 눈은 모두가 만국의 공통어이다. 그리고 눈은 크기와 형태에 따라 그 사람의 성격과 생활에 깊은 관계가 있다. 좀더 세밀하게 외관상 특징을 살펴보면 다음과 같다.

첫째, 눈이 큰 남성은 명랑하고 자유를 사랑하며 아무런 주저도 없이 제 마음대로 행동하는 반면, 감수성이 빠르고 예민하여 모든 감각이 모두 잘 발달되고 섬세한 감정으로 즐거움과 슬픔을 표시한다.

이런 타입의 눈을 가지면 노래와 춤을 잘하고 화술이 능하며 무엇이든 특기를 가지고 있다. 그리고 재치있는 표현력을 지니고 있으므로 자기의 생각이 효과적으로 상대방에게 잘 전달된다.

눈은 커도 차가운 눈을 가진 사람은 이와 같을 수는 없는 것이다. 눈이 큰 여성은 민감하며 능숙한 제스쳐를 가지고 있다. 이의 특징은 기분이 마음을 지배함으로 변화무쌍하다고 할 수 있다.

둘째, 남자의 경우 눈이 얼굴에 비해 매우 작은 사람은 대체로 감수성이 우둔하며 자기 감정을 적절히 표시하는 것이 서툴고 때와 경우에 따라서 임기응변, 민활하게 처신하는 재치도 없고 동작도 흐리멍텅하다. 그러나 의지는 매우 강해 시작한 일은 중간에 포기하지 않고 끝까지 물고 늘어지는 강인성이 있어 실직적인 사업에는 수완이 나타난다. 이런 형은 짝사랑하는 사람이 많으며 이성이 좋아해 주면 즐겁게 생각해 줄줄 알면서도 상대를 잘 다룰줄 몰라 서투른 짓만 하게 된다.

여자의 경우는 인상이 좋은 편이 못되며 성격과 태도에 생기가 없고 늘 음울하다. 사상도 감정도 세련되지 못해 대인관계에 있어 어색하고 원활하지 못하다. 그러므로 아는 친구의 범위가 한정되어 있다. 취미는 실용적인 것을 좋아하고 유행에는 흥미나 관심이 없고, 철 늦은 복장을 하는게 보통이다. 남녀관계에 있어서 재치와 화제도 빈곤함으로 상대에게 싫증을 느끼게 한다. 따라서 정서적인 문학, 연극에 취미를 가져야 이런 점이 해소된다.

셋째, 눈꼬리가 두 눈의 수평선보다 위로 올라간 눈은 남자의 경우 눈살이 차가워 질수록 에고이즘의 인상이 강해지며, 위로 치켜올라갈수록 친근해지기 어려운 느낌을 준다. 이런 눈의 사람은 남이 하는 일에 대해 엄격한 비판을 가하며 사소한 과실도 놓치지 않고 맹렬히 책하는 경향이 있는 반면, 제자신이 하는 일에 대해서는 매우 관대하다. 애인, 혹은 부인에 대해 잔소리가 많고 제멋대로 이유를 붙여 상대의 자유를 속박하기도 하고 또 다른 사람의 사소한 환심을 오래 가슴과 품에 품고 있지 않는 경향이 있다. 눈꼬리가 약간 올라간 평화로운 눈은 유혹과 박해를 물리치고 목적을 향해 전진하는 기질이며 여자에게 호감을 갖게 하는 수가 많다.

여자의 경우, 눈꼬리가 약간 치켜진 듯 하고 성실한 눈은 알차고 건강한 기질의 소유자이며 시중을 잘 드는 아내형이다. 눈꼬리가 위로 쭉 째진 여성은 빗나가기 쉽고 신경질적인 면이 많다. 남에게 지기 싫어하는 의지와 허영이 강하며 애인에게도 과장하여 표시하고 상대의 마음이 변하지 않을까 하는 망상에 사로 잡혀 스스로 괴로워하고 불안감과 질투심에서 혼자 흥분한다.

넷째, 눈꼬리가 아래로 처진 눈은 남성의 경우 호색하다고 하지만 아주 극단적으로 아래로 처져있는 경우가 아니면 그렇지 않다. 눈꼬리가 약간 쳐진듯한 남성은 누구와도 잘 어울려서 사귀며 편견이 없다. 따라서 친화가 누구보다 많으며 친구나 애인의 부탁은 죽는 시늉까지 하며 처리한다.

여성의 경우 무척 애교적이고 친근미를 느낄 수 있다. 더구나 그 눈에 부드러운 빛이 담겨져 있으면 초면인데도 전부터 아는 사이처럼 허물없이 대할 수 있다. 이런 눈의 여성은 상대방의 기분을 잘 이해해주는 까닭에 자칫 잘못하면 좋지 못한 결과를 가져온다.

다섯째, 아래 눈꺼풀을 누르면 뼈가 없는 자리가 있는데 이부분을 관상학에서는 '남녀궁'이라고 한다. 남녀궁의 살갗이 깨끗하고 빛깔이 좋은 남성은 대단히 건강하고 쾌활한 성질이다. 이런 남성은 아무와도 허물없이 사귀며 상대에게 호감을 갖게 한다. 그리고 알맞게 성적 매력까지 갖추어서 여자들 사이에 인기가 높다. 여자에게 있어서 남녀궁은 애정운의 우열을 표시하는 자리라고 한다. 놀음이나 공부로 밤을 새우면 이 자리가 거무스름해 진다.

이 자리의 피부가 곱고 눈꺼풀에 살이 볼록히 오른 여성은 명랑한 기질이며 남자를 끌어들이는 매력이 있다. 항상 부드럽고 친절한 태도로 상대방에 대해 줌으로 아내감으로 제격이다.

그러나 눈은 마음의 움직임을 그대로 표출해 주기 때문에 어떤 눈을 가지고 있던 마음을 항상 바르게 가져야 한다. 눈은 바로 마음의 창인 까닭이다.

귀는 마음과 신의 감시자

'무엇인가를 듣는다', 즉 귀에 의해 비롯되는 감각을 청각이라고 한다. 생리학에서는 '음성이 귀 안의 청신경을 자극할 때 생기는 감각'을 말한다. 주의의 기관인 귀의 외부를 보면 귀도 눈처럼 다양한 형태를 가지고 있으며, 그 의미도 여러 가지다.

귀의 위치는 소뇌의 대소와 관계가 있어서 귀가 앞쪽에 붙을수록 소뇌가 크고 뒤에 붙으면 소뇌가 작다. 귀는 신체의 건강상태를 알리는 표시이다. 입술보다 빨리 혈액순환 상태를 나타내는 까닭이다.

예를 들어 수치감을 느끼면 귀가 곧 붉어지고 또 병이 생기면 입술과 마찬가지로 귀의 혈색이 흐려진다. 때문에 관상가는 '운명의 최후의 결말'을 귀로써 판정한다. 그럼 귀의 형태와 구조 등으로 보아 그 특성을 살펴보기로 한다.

첫째, 귓바퀴가 두텁고 토실토실한 살이 붙고 혈색이 좋은 귀에는 세 가지 타입이 있다. 독점형, 순정 정열형, 인고형이 곧 그것이다.

① 독점형 = 귀의 위치는 옆에서 보아 후두부에서 약 3분의 1 되는 곳, 상하의 위치는 상은 눈썹선, 하는 코밑 선에 위치한다. 그러나 이 표준 위치보다 귀가 앞에 붙은 것은 작은 골이 크므로 정열적이다. 게다가 광택도 늘 붉은 빛을 띠고 귀 안팎의 살집도 피둥피둥 생기가 있는 사람은 더 정열적이다. 따라서 모든 일에 급하고 한번 화가 치밀면 무슨 짓이라도 감행한다.

② 순정 정열형 = 표준보다 약간 위로 붙고 빛깔이 항상 깨끗하며 맑고 윤기가 있다. 이런 귀를 가진 여성은 돌보아 주는 사람을 만나서 언제든 돈복이 있고 밤낮 뒷받침을 가진 운수이다. 체력도 튼튼함으로 이런 여성을 상대하는 남성은 당해내기가 퍽 힘들다.

이 귀의 특징은 전체가 크고 날개를 편 듯이 얼굴에 붙어 있다. 그러므로 양볼이 통통한 여성은 바로 앞에서는 귀 전체가 잘 안보인다. 이런 타입의 여성은 미용실의 주인이나 요정이나 여관주인 노릇하는 여성이 많다. 언뜻 보면 매우 현모양처처럼 보이지만 절대로 남의 말에는 넘어가지 않는다. 어떤 수단을 써서라도 자립해 나갈 능력이 있기 때문이다. 그렇지만 의리나 인정 앞에서는 맥을 못 춘다.

③ 인고형 = 귀의 위치와 광택은 순정 정열형과 같고 다른 점은 귀 전체가 크고 날개를 편 듯 열려져 있지 않다. 이 타입의 남성은 쾌활하고 박력이 있으며 무슨 일이든 끝장을 보는 성격이다.

여성의 경우 마담형이 압도적으로 많으며 금전운은 있지만 자력으로 성공하는 타입이 아니고 부모형제 등의 힘을 입어 운명을 개척한다. 체력도 대단하며 고집도 세다.

둘째, 귓 볼의 하부 전체가 발달한 귀, 즉 귀볼 부분이 넓고 살이 쪄서 두꺼운 것은 얼굴이야 밉던 곱던 여성에게 있어서는 애교는 만점이다. 이 형은 천하태평으로 계획성이 적고 즉흥적으로 적당히 대처하는 경향이 많다. 떠들썩한 분위기와 미식에 취미를 갖고 금전에 대범하다. 따라서 경제 관념이 희박하다 할 수 있으나 묘하게 돈복이 있다. 짧은 시간 매우 화려하고 정열을 쏟는 게 특색이다.

셋째, 귀의 내부(난골)가 귓바퀴보다 불쑥 나온 형이 있는데, 이런 사람은 대개 골격이 꿋꿋하다. 무슨 일이 한번 내치면 반드시 판결을 보고야 마는 강인성을 갖고 있다. 여성의 경우는 대개 운동 신경이 발달되어 있고 체력도 끈질기며 진취적이어서 남의 일에는 앞장서서 돌본다. 여성단체 같은데 우두머리나 가정에서는 살림꾼으로 매사에 거침없이 해나가는 형이다.

넷째, 내부의 난골이 귓바퀴보다 안으로 들어가 있는 형은 매우 보수적인 기질이며 구습의 테두리를 탈피하여 이 시대를 받아들이지 못하는 형이다. 남의 일에는 관심이 많으나 막상 자기 일이라 치면 단번에 포기한다.

다섯째, 상부가 발달하고 하부가 좁아 들어서 귓볼이 얼굴에 붙은 귀의 소유자는 매사에 신경을 쓰고 감수성이 강하며 희노애락에 민감하다. 매사에 제 나름의 이상과 분위기를 좋아함으로 단도직입식 일방적 행동을 좋아하지 않는다.

이상 귀의 형태와 구조를 통한 귀의 종류에 대하여 알아보았다. 그렇다면 관상학에서는 귀를 어떻게 보고 있는가?

'귀는 신의 구멍이라 하여 쇠하면 이륜(耳輪) 즉, 귓바퀴가 메마르고 검어진다. 귀의 크고 작음은 고사하고 얼굴보다 흰 것이 좋고, 앞에서 잘 보이지 않는 귀가 좋으며 귓바퀴가 두텁고 단단하며 혈색이 좋아야 한다. 귀는 뇌를 뚫고 심흉에 통하고 있어 마음의 지휘자이며 신의 감시자이다. 신이 왕성하면 귀가 밝고 신이 허하면 귀가 멀며 귀를 보아서 명성과 성행을 엿볼 수 있다. 귓살이 두터우면 부유하고 귓다발이 붉고 윤기가 흐르면 재물을 얻는다. 반면, 귀가 거무스름하면 성공은 어렵고 얇아서 종이 같으면 남자는 빈곤하고 여자는 남편을 여의여 남녀가 장수치 못한다. 귓 속이 푸른 것은 혈색이 좋지 못하고 피부가 거칠고 검푸르고 메마른 것은 신이 쇠하여 목숨이 길지 못하다.' 라고 보았다.

입과 입술의 미학

입은 무엇을 먹고 마시는 곳이다.

미각이란 여러 종류의 용액이 혀면 또는 연구개 등에 있는 미세포를 자극할 때 생기는 감각이다. 이를 통해 우리는 감(甘), 산(酸), 고(苦),함(鹹)의 네가지 맛을 느끼게 되는 것이다.

입은 눈동자의 중심에서 점선을 내려 점선 밖으로 나갔으면 큰 입, 점선 안에 들면 작은 입으로 구별한다. 그리고 앞에서 보아 그 입술의 두께에 따라 박, 중등, 후, 팽출 등 네 가지로 구별한다.

프랑스의 극작가 몰리엘은 " 저 입모습을 보니 연애하고 싶은 충동이 일어나는구나. 세상에 보기 드물고 교태가 넘쳐 흐르는 사람을 칭송하는 입술이다."라고 그의 작품에서 말하고 있다. 말하자면 여성에게 있어서 입이나 입술은 그 여성의 사랑의 척도를 나타내는 까닭에 굉장히 중요한 감각기관의 하나인 것이다. 여성에게 있어서 입이 너무 크거나 너무 작거나 입술이 아주 두텁거나 또는 종이처럼 얇으면 정상적인 애정을 얻기 어렵다는 것은 바로 그런 때문이다.

다시 말하면 입모양이 예쁘게 생겼으면 아름다운 애정과 정분을 갖고, 입모양이 바르고 단정하면 정결한 애정을 갖게 된다. 그리고 입모양이 추하면 불결한 애정을 가지게 되고 입모습이 비뚤어졌으면 그만큼 비뚤어진 애정으로 흘러간다. 또 입술에 있어서도 엷은 입술보다는 두터운 입술이 애정생활이 길다고 할 수 있다.

남녀에게 있어 입이 튀어나오면 구변이 좋고 비밀 이야기까지 털어놓게 되며, 입이 들어간 사람은 양보심이 많아서 하고 싶은 말도 못하고 물러서는 심약한 사람이기가 십상이다. 의사들은 입술의 빛깔이 고우면 건강하게 보고 거무죽죽하면 심장이 좋지 못하게 생각한다. 입술에 핏기가 없으면 신경쇠약에 걸렸거나 빈혈증이 있다고 생각한다. 그럼 외관상의 특성을 몇 가지의 입과 입술로 나눠 살펴보기로 한다.

첫째, 입술이 단정하고 입이 큰 남자는 도량이 넓고 큰 일을 많이 하며 넓은 아량으로 사람을 대한다. 그리고 그런 이는 행동력이 강하고 마음에 결정되면 신속히 실천에 옮기며 여러 사람을 통솔해 나가는 능력을 가지고 있다. 역사상 유명한 정치가와 사업가, 또는 영웅의 입은 대개 크고 단단하였다.

둘째, 입이 작은 남자는 남의 눈치만 보고 결단성 있는 행동을 취하지 못하며 생활력이 약함으로 자칫하면 뒤로 물러나기 쉽다. 그러나 기술자나 공무원이 되면 평온무사한 생활을 영위 할 수 있다. 이런 타입의 남자는 대개 친구도 적고 떠들썩하게 돌아다니는 것을 좋아하지 않는 경향이 있다. 이런 남자는 남녀 관계에서도 적극적이지 못하고 끙끙 앓는 수가 흔하다. 대개 짝사랑하는 남자는 이런 타입이 가장 많다고 할 수 있다.

셋째, 입술에서는 애정의 두텁고 엷음이 나타난다. 윗입술은 남을 위하는 애정의 두터움과 엷음을 표시하고, 아랫입술은 자기 자신을 사랑하는 애정의 두터움과 엷음을 표시한다. 즉, 윗입술이 두터우면 두터울

수록 남을 사랑하게 되고, 윗입술이 엷을수록 제 자신을 사랑하게 된다는 통념이다. 윗입술이 매우 얇은 남자는 이지적이어서 강철같이 차가우며 애정에 흥미를 못 갖는 타입이다.

넷째, 아래 입술은 보통 '환영의 입술' 이라고 하고 아랫입술에 새겨지는 주름살을 가진 남자는 친구와의 의도 좋고 사교를 위해 쓰는 돈은 아깝게 생각지 않는다. 그런 까닭에 주머니가 텅 비게 되는 경우가 많다. 반면 맨송맨송한 입술은 우애의 기쁨을 모르는 사람이다.

다섯째, 입의 양단의 길이는 두 눈의 눈자위 안쪽의 길이와 같은 것이 표준이며, 이보다 짧으면 작은 입이고 길면 큰 입이다. 입모양이 예쁘장하고 단정하고 큰 입을 가진 여자는 누구나 허물없이 사귀는 성질을 가지고 있다. 언제든 유쾌하고 명랑하며 개방적이다.

여섯째, 입이 작은 여성은 귀엽기는 하지만 화기가 모자라 자기 힘으로 자기를 키워나가는 의욕이 없다. 주위에서 일어나는 변화에 보조를 맞추지 못하고 그저 밀려난다. 그런 까닭에 세밀한 일을 하는 손재주에 소질이 있음으로 이 방면의 직업에 성공한 사람을 흔히 본다.

일곱째, 윗입술이 두툼한 여성은 나이팅게일 모양 만물에 아낌없이 애정을 쏟는다. 그 애정은 정신적인 애정뿐만 아니라 물질적인 것을 더하여 물심양면으로 생명을 사랑하는 두터운 애정의 소유자이다. 그러나 이런 타입은 지성을 갖추지 않으면 타락에 빠지기 쉽다.

여덟째, 입은 미각을 담당하는 기관임으로 음식의 맛있고 없음을 혓바닥으로 가려냄은 물론, 그 감각의 좋고 나쁨이 입술에 나타난다. 윗입술이 두터운 사람이면 대개 미각의 감각이 발달되어 있다. 따라서 여성일 경우 윗입술이 엷으면 식도락에 대한 취미가 없고 음식요리에 관심이 없다. 그리고 윗입술이 엷으면 대개 신체의 몸집이 좋아 남의 눈에는 잘 띄지만 상대자에게 무관심하다.

아홉째, 아래 입술에 '환영선' 이 새겨진 여자는 굉장히 따뜻한 마음씨를 가지고 있다. 그다지 호감 없는 인물이 찾아와도 잘 응대해 준다.

이상의 특성들을 볼 때 입과 입술은 사랑과 연관이 많기 때문에 작가들은 입에 대한 묘사를 많이 하고 있는 것이다.

그렇다면 관상학에서는 어떻게 보고있는가. "입은 비장의 구멍이라 비장이 고르고 화하면 오미를 알고 비가 약하면 입을 벌인다. 입술은 붉고 이는 흰 것이 좋다. 입은 두텁고 넓음이 좋고 입술은 단정함이 상이다. 이는 고르게 배열됨이 길이라 하며, 큰 입은 긴장되어 있음이 좋다. 입술이 작으며 붉은 것을 상상(上相)으로 친다. 입이 한 줌도 못되면 가난하며, 주먹이 들어갈 정도로 크면 장수의 상이다. 그리고 바르고 기울지 않고 두터워서 엷지 않고 붉은 물감을 들인 것처럼 붉으면 관록이 있다. 입이 넓고 혀가 큰 것은 부동산을 지니게 되며, 넓으나 바르지 못하고, 크고 힘이 없고, 상하여 핏기가 없고, 뾰족한 것이 긴장미가 없고 비뚤어진 것, 작고 엷은 것, 입 양쪽이 아래로 쳐진 것은 가난하고 수명이 짧아서 흉상이다. 입이 열려서 이가 드러나는 것은 빨리 죽고, 잠잘 때 입을 벌리는 사람 역시 단명 한다. 입이 주단처럼 빨간 여자는 남편의 사랑을 받는다."고 되어 있다.

여성에게 있어 여성의 입은 여성의 질과 대비된다. 입이 크면 질이 크고 입이 작으면 질도 작다. 따라서 많은 여성들이 립스틱을 항시 바르는데 신경 쓰는 것은 입은 여성에게 있어 상징처럼 되어 있는 까닭이다.

잠버릇과 배우 박상익

며칠 전 서울에 사는 H씨한테 전화로 "지금 무얼하고 있느냐"고 했더니 "전철타고 동두천 소요산을 간다."고 했다. "동두천까지 전철 값이 얼마냐"고 했더니 "모른다"고 했다.

"서울에 사는 늙은이들은 좋겠네" 했더니 "여보게 말도 말게. 전철타고 스르르 잠이 와서 잠을 자버렸더니 이젠 전철만 타면 잠이 와서 미치겠구만" "좋은 버릇 길렀네 그려, 그게 잠버릇 아닌가? 그럼 밤에는 잠을 못 이뤄 뒤척이겠구먼." "그래 요즘은 잠버릇 고칠려고 하는데 도저히 안되는구먼"

지하철을 타고 노인석에 앉아 지켜보면 늙은이들은 앉으면 잠자는 사람이 대부분이다. 공짜라니까 너도나도 아침 먹고는 인천에 갔다. 천안에 갔다. 동두천에 갔다하지만 전철값이 얼마인지 아는 늙은이는 아무도 없다.

잠버릇하면 생각나는 사람이 있다. 그 이름은 배우 박상익(朴商翊)이며 요즘 젊은이들은 아는 사람이 별로 없지만 나이 지긋한 분들은 누구나 다 아는 유명한 코미디언이었다.

박상익은 1915년 서울에서 태어나 연희전문학교를 거쳐 1936년 극연좌의 〈무료치병술〉에서 수전노 김생원역을 맡아 연극계에 데뷔했다.

그는 몰리엘 희극에 관심을 가졌고 KBS 라디오에 코미디 각본을 쓸 만큼 코미디에 밝았다. 1937년 극단 호화선에 입단하여 희극에 대한 폭넓은 연기력을 상승시킨 그는 1941년 유치진이 이끄는 현대극장에 입단, 김동원, 이해랑과 만나 활동하다가 해방을 맞게 된다. 1945년 자유극장과 1946년 청탑에서 활동하던 그는 1947년 극협(극예술협회)에서 이해랑, 김동원 등과 다시 결합, 연기생활의 뿌리를 내린다. 극협의 크고 작은 역을 가리지 않고 참가하던 그는 극협이 1950년 국립극장 전속단체로 들어가면서 신협(신극협의회)이란 이름으로 고치자 그곳에 안착, 창립 멤버가 되었다.

6.25한국 전쟁이 돌발하자 박상익의 행적을 아는 이가 없었다. 1.4후퇴 후 피난지 대구에서 신협의 활동이 재개되었는데 이때 박상익이

나타났다. 그후 〈붉은 장갑〉 〈춘향전〉 〈햄릿〉 〈맥베드〉〈수전노〉 등이 그때 공연한 작품들이다.

1975년 박상익이 사망했다는 소식을 접한 이해랑이 신협동우회 모임에서 회고한 내용이다.

"김동원의 '죽느냐 사느냐 그것이 문제이다' 라는 독백신도 유명했지만 박상익의 폴로니우스 역은 정말 멋진 연기였어. 햄릿의 어머니 거트루트의 방에서 선왕의 유령을 보았다며 어머니의 불륜을 울부짖을 때 커튼 뒤에서 인기척이 나자 햄릿은 검을 뽑아 커튼을 찌르게 되었지. 그런데 이때 '아 찔렸다' 하는 소리의 박상익의 유별난 대사가 들리더니 잠시 후 '아~ 나는 죽는다' 하며 커튼을 찢으며 옆으로 떨어져 죽는 장면이다. '이는 라찌(lazzi)였어.' 가슴 조이며 보아야 할 관객들에게 폭소를 안겨준 박상익 특유의 명장면이었어" 라고 했다.

KBS의 PD였으며 극단 신협대표였던 전세권은 1955년 서울 시공관에서 본 〈춘향전〉에서 박상익의 연기를 이렇게 회고한다. "4막 변사또가 주변 고을 원들을 불러 주연을 베푸는데 춘향을 불러놓고 수청들고 희롱하는 장면에서 암행어사가 출도하자, 고을의 원들과 육방관속이 풍비백산 도망치는 장면인데 무대 밖에서 '암행어사 출도요' 하자 모두 뒤마당이나 병풍 뒤 방으로 도망치는데 박상익 선생은 무대 중앙 댓돌에 벗어놓았던 각신을 두 손으로 집어들고 발에 끼는데 그만 당황한 나머지 자꾸 가랭이에 끼는 것이다. 그러니까 신발은 신지 못하고 허공에 헛발질을 한 서너번하고 나면 객석은 자지러지는 것이었다. 그런데 몇 번 실수하다가 겨우 신발을 신고 댓돌을 내려가면서 이번엔 당신 자신의 발을 걸고 자빠지는데 낙법을 이용해서 한바퀴 곤두박질하고 벌떡 일어나 무대 밖으로 뛰어나가면 암행어사가 출도해도 그 웃음의 여파로 연극이 중단 될 정도로 웃음바다가 되었다."고 회고하고 있다.

박상익은 남들이 상상도 못할 발상으로 자기 역을 소화해낸 보기 드문 연기자였던 것이다.

필자가 그와 가까워 진 것은 이해랑 유일의 영화감독 작품 〈육체는 슬프다〉 설악산 로케 한 달여 동안에 깊이 알게 되었다. 1961년 여름 설악동에는 스탭, 캐스트, 도합 30여명이 한 집 여러 방을 얻어 투숙하고 있었다. 한 방에 두 명씩 쓰게 되었는데 박상익만 독방을 쓰고 있었다. 그때 김석훈, 김혜정, 장민호, 박암, 김동원, 박상익, 최남현 등의 배우에 기획 김상호, 연출 이해랑 조연출 김익순 스크립터 전세권등이 참가했는데 수근대는 이야기로는 그가 잠버릇이 좋지않아 함께 자기를 배우들이 모두 피한다는 것이었다.

설악산 야산 등어리에서 쫓고 쫓기는 장면 촬영이 있던 날이다. 야산이긴 해도 한쪽이 200여 미터쯤 낭떠러지가 있는 곳이라 혹시 위험할지도 몰라 당시 진행을 보고 있던 필자는 그 비탈에 풀포기들에 의지한 채 지키고 있는데 박상익이 능선을 따라 뛰다 넘어져 미끄러지기 시작했다. 나는 위험을 무릎 쓰고 그의 팔을 잡아 내리며 몸을 틀어 그를 위기에서 건졌다. 내가 그곳에 없었다면 그는 밑으로 떨어져 목숨을 잃었을 것이다.

나는 그후 박상익에게는 '생명의 은인' 이 되었고 설악산에 머무는 동안 '산사나이' 로 별명이 만들어졌다. 그러는 사이 박상익의 잠버릇이 어떤가 궁금해 하루는 그의 방을 들어가 얘기하다가 그곳에서 하룻밤 자기로 했다.

그런 후 그 이유를 알게 되었다. 그는 수염이 안 나고 겨드랑이 털이 없다. 그리고 잠잘 때 코를 드르렁 드르렁 고는 것이 아니라 이상한 소리를 내며 자다가 소리를 뚝 그치고 온 몸을 이리 뒤척 저리 뒤척 하더니 방안을 뒹굴며 잠자고 있었다.

나는 그를 피해가며 자다 깨고 졸다 옮기고 본 후, 그 많은 이들의 수근대는 소리를 알 수 있게 되었다. 나는 새벽 5시쯤 그 방을 나와 내방으로 돌아왔다.

그 후 겨울 영화는 서울시민회관에서 개봉되었고 개봉 전 연극도 한 편 만들어 공연했으나 관객이 별로 없어 흥행에는 참패하고 말았다.

그 뒤 박상익은 명동국립극장에나 가야 간간히 볼 수 있었고 나를 볼 때 마다 '산사나이' 하면서 설악산 위기 순간을 머리에 그리고는 했다.

1960년대 말 국립극장에 연극을 보러 갔는데 객석 뒤쪽에 박상익이 있었다. 내가 인사를 드리니 구경왔느냐고 하고 자기 옆에 앉아 보라고 했다. 그런데 이게 무슨 날벼락인가? 공연이 한창 무르익는데 그는 코를 골기 시작했다. 그리고 관객들이 뒤를 돌아보고는 했다. 몸을 흔들면 몸을 뒤척이다 다시 잠들고 다시 골기 시작했다. 결국 박상익은 국립극장 안내원에 의해 공연도중 쫓겨나고 말았다.

그후부터 박상익과는 연극을 같이 보는 일은 없었고 1975년 작고했다는 소리도 나중에야 들을 수 있었다. 그런데 어찌된 일일까? 나도 나이가 드니 아늑한 자리에 앉으면 잠이 온다는 것이다.

고속버스에서 습관화된 버릇인가? 나이가 많아져 생긴 생리적 현상인가? 재미없는 영화에서는 꼭 같이 간 친구가 꼬집어 주어 잠을 깨곤 하는 습관이 된 것이다.

그래 영화를 같이 보는 친구들은 김홍우가 자는 영화는 '재미없는 영화'. '쓰레기 같은 영화' 라고 한다. 늙으면 이런 잠버릇이 왜 생기는 걸까요 ? 잠을 늘 4시간만 자 모자라서 생긴 것 일까요?

엄지손가락과 엄지반지

며칠 전 탈촌의 꺾인 나무를 자르다가 톱을 잘못 다뤄 내 왼쪽 엄지손가락에 상처를 냈다. 그러자 손가락에 관심을 갖기에 이르렀고 이 글까지 쓰게 되었다.

국어사전엔 " 손가락 중에서 가장 굵고 짧은 첫째 손가락"이라 하였고 백과사전엔 "엄지손가락(Thumb)은 가장 안쪽에 위치한 손가락으로 손가락 중 가장 짧고 굵다"고 되어있다.

엄지손가락의 다른 이름은 약어로 '엄지손' 이 있고 '대지(大指)' '무지(拇指)' '벽지(擘指)' '거지(巨指)라고도 한다. '엄지' 는 '첫머리' 라는 뜻으로 '엄' 은 '어미' 와 어원이 같다. '무' 와 '벽' 은 엄지손가락이라는 한자어이며 '대' 와 '거' 는 엄지손가락이 가장 큰 것에서 유래하였다.

따라서 '엄지' 는 '우두머리' 를 상징한다. '내가 최고' '내가 으뜸' 이라는 자신감과 일등 의식이 동할 때 엄지손가락을 세운다. 엄지는 넉넉한 마음, 부유함, 여유, 안락함의 상징이다. 엄지의 기운이 잘 발달한 사람은 언제나 자신이 있고 푸근하다.

그러나 이렇게 중요한 역할을 하는 엄지손가락도 손 전체와 팔의 움직임과 놀림에 따라 제 역할을 못하는 경우도 있다.

즉 같은 모양의 손이라도 그것이 어느 곳에 닿고 있느냐에 따라 그 의미는 전혀 달라지게 되는 것이다. 머리 위에 놓여 있느냐. 아랫배 위에 놓았느냐, 다리 위에 놓았느냐 등이다.

① 위로 향한 손바닥 = 개방적이며 솔직함을 의미하는 동시 바램이나 폭로를 나타낸다. 그러므로 언제나 손바닥을 위로하고 있는 사람이 있다면 그것은 아주 개방적이고 조심성이 없는 성격이라 볼 수 있다.

② 신경질적인 손 = 굳게 쥐어져 있든가 아니면 항상 움직이는 손으로, 보통 손바닥은 아래로 향하고 있다. 이것은 감추려는 것을 의미한다.

③ 평정한 손 = 부드럽고 거의 움직이지 않는다.

④ 공격적인 손 = 넓적다리 위에 항상 놓여 있고 언제라도 뛰어 나갈 수 있도록 되어 있다.

⑤ 감수성 결핍의 손 = 두 손을 한 뭉치로 하여 사용한다. 손가락을 표현적으로 사용하는 것을 거의 모른다.

⑥ 지루함 = 공연히 손을 흔들거린다. 이것은 마음의 공허를 나타내는 경우도 있다.

⑦ 쥐어진 주먹 = 결단을 나타낸다. 손을 앞으로 내밀면 협박을 의미하게 되지만 때에 따라서 쥐어진 주먹은 자기 통제의 노력을 의미할 때도 있다.

손가락도 다섯 개를 놓고 보면 그 움직임에 따라 다음과 같이 나타난다.

① 엄지손가락 = 이는 둔중하고 심리 작용이 느리고 감수성이 결핍한 사람의 경우엔 대화중에도 사람을 부른다든가 무엇을 가리키든가 하는 경우에도 사용한다. 엄지손가락을 손바닥 쪽으로 구부리는 것은 은폐나 겁쟁이와 같이 부정직한 인상을 주고 밖으로 펴진 엄지손가락은 개방이나 결단이나 생활의 기쁨을 나타낸다.

② 집게손가락 = 검지 또는 두지라 한다. 무엇을 생각하든가 명령하는 일에 익숙한 사람이 자주 사용한다.

③ 가운데손가락 = 이는 '장지' 또는 "중지" 라고도 불리기도 한다. 이를 사용하는 사람은 흔치 않다. 이는 극히 감정적인 사람이 쓰는 경우가 흔하며 다른 손가락을 구부리고 이 손가락만으로 무엇을 가리키든가 한다.

④ 약손가락 = 약지 또는 "약손" "무명지" 라고도 부른다. 이 손가락은 "무명지"란 말 같이 별로 의미를 지니지 못하고 다른 손가락과 더불어 그 의미를 나타낸다.

⑤ 새끼손가락 = '계지" 또는 "소지"라고도 불린다. 이는 잔소리 많

은 사람이 자주 사용한다. 남자이면서 이 손가락을 사용하면 유약한 인상을 준다.

이상 다섯 손가락이나 그 손가락 모양이 일종의 동작을 대신하는 경우도 있다. 예를 들면, 새끼손가락은 '부인' 이나 '애인' 을 나타내며 엄지손가락은 '남편' 또는 '아버지' 를 나타내거나 회사의 경우 '사장' 을 의미하며, 국가의 경우 대통령을 칭한다.

둘째손가락을 똑바로 세우면 '주의' 또는 '정숙' 을 의미하고 엄지와 검지 또는 엄지와 장지를 둥글게 쥐면 '황금' 또는 '돈' 을 나타내는 따위가 그것이다.

그럼 다시 엄지손가락으로 이야기를 돌리기로 하자.

엄지손가락은 곤두세웠을 땐 제 역할을 하는데 반대로 밑으로 내리면 그 의미가 바로 역전됨을 우리는 많이 보아왔다.

□ 클린턴 엄지

1992년 대선 준비가 한창이던 미국의 빌 클린턴은 손의 제스처가 거만하다는 평가를 받고 있었다. 클린턴은 군중 앞에서 이야기하다 흥분하게 되면 검지손가락을 군중을 향해 뻗는 습관이 있었다.

손이나 손가락을 군중 쪽으로 향하게 하는 행위는 거만하고 위협적으로 보일 수 있는 법이다. 그러니 군중의 마음을 움직이기는커녕 오히려 군중의 거부감을 불러일으킨 결과를 초래하고 있었다. 이때 컨설턴트는 클린턴에게 엄지손가락을 위로 세우는 동작으로 바꾸기를 종용했다.

클린턴이 습관적으로 엄지손가락을 들자 그의 군중 유세는 폭발적인 인기를 얻게 되고 대통령에 당선되었던 것이다.

그 후 대통령이 되어서도 클린턴의 대중 연설은 인기를 얻게 되고

'클린턴 엄지(Clinton thumb)' 라는 용어까지 만들어 졌다. 많은 정치인들이 이 제스처를 활용하게 되었다.

엄지손가락을 세우는 경우는 군중의 마음을 뒤흔들어 놓을 수 있는 것이 증명된 것이다. 그럼 이와 반대로 엄지 손가락을 밑으로 내리면 어떻게 될까?

옛 로마제국에서는 황제가 엄지손가락을 내리는 동작을 하면 '사람을 죽여라' 로 받아들여 사형을 실행했다고 한다.

□ 엄지손가락의 지문

사람의 손은 손 전체나 손가락 모두 매우 유동적이고 유연성이 크다. 인체 해부학에서 보면 손은 손목 관절과 손 전체나 손가락 모두 수근골, 중수골, 지골로 이루어져 있다.

손가락에는 손바닥을 아래로 했을 때 밑쪽에 있는 2개의 지골로 된 엄지와 각각 3개의 지골로 된 손가락 4개가 있다.

사람은 두 발로 걷기 때문에 손이 자유로워 물체를 다루는 일을 할 수 있게 진화되었다.

사람의 경우 지문이 같은 경우는 없기 때문에 이는 신분을 확인하는데 쓰기도 한다. 미국은 요즘 테러로 인해 공항 입국 때에는 양손 손가락 모두의 지문을 남기고 입국하고 일본도 1980년대 까지만 해도 지문을 찍고 들어 갈 수 있었다. 신분을 확인하기 위해서다.

엄지손가락은 보통 나머지 손가락과 다른 각도로 붙어 있다. 수근중수골 관절에서 회전하기 때문에 나머지 손가락들과 마주 볼 수 있고 그들과 협동하여 작은 물건을 집어 올리기도 한다.

손 기술의 발달과 뇌 크기의 증가는 인간의 진화에 나타나는 특징적인 과정으로 여겨진다. 손 운동과 지각의 통솔은 모두 대뇌에서 담당한다.

아직도 대선이라든가 관공서 그리고 문서를 쓸 때 도장을 가지고 있지 않거나 할 때는 엄지의 지문을 날인한다.

이 지문은 대뇌, 그러니까 자기 모두를 날인했다는 의미가 내포된 결과물인 것이다.

□ 엄지 반지

반지는 서양에서는 범죄자를 표시하는 상징물로 사용해왔고 야만인의 사회에서는 계급이나 장식의 일환으로 사용해 왔다. 그러던 것이 차츰 세월이 흐르면서 몸단장의 하나로 사용하기에 이른 것이다.

반지는 손 운동에 지장을 주기 때문에 왼쪽 손에 많이 끼고 있으나, 엄지만은 왼쪽보다 오른쪽 손가락에 끼게 되어있고 약혼반지는 꼭 왼쪽 약지에 끼는 것이 원칙으로 되어 있다.

그러나 최근에 들어와 오른손잡이는 많이 사용하지 않는 왼쪽에, 왼손잡이는 많이 사용하지 않는 오른쪽에 끼고 있다. 이제는 어디에 끼는가는 문제가 아닌 것 같이 되어 버렸다.

□ 새끼손가락 반지 = '핑키 반지(Pinky ring)이라고도 한다.

핑키는 새끼손가락, 새끼손가락은 기회와 비밀의 상징으로 사용한다. 무엇을 굳게 약속할 때 새끼손가락을 걸고 약속한다. 이는 꼭 지키겠다는 다짐도 된다. 이 명칭을 요즘은 ' 핑키 '' 새끼 '' 애기반지 ' 등으로 부르기도 한다.

□ 약손가락 반지

왼쪽 약손가락에 끼는 반지는 약혼반지나 결혼반지임이 약속처럼 되어 있다. 왼손은 복종과 신뢰를 중시하며 특히, 무명지의 혈관은 심장까지 연결되어 있다. 따라서 사랑의 증표이며 상징인 약혼반지나 결혼반지는 반드시 왼쪽 약지에 착용한다.

□ 가운데손가락 반지

중지 반지 또는 장지 반지라고도 한다. 일 없는 할매들이 이곳에 많이 낀다.

□ 집게손가락 반지

사람을 이끌어 가르친다는 의미를 지닌다. 대개 교직자들이 많이 낀다.

□ 엄지 반지(thumb ring)

엄지손가락은 손가락 가운데 제일 많이 움직이고 제일 요긴하게 쓰이며 제일 힘이 세다. 엄지손가락은 자유를 상징하는 의미로 자유를 억압당한다고 해서 반지를 착용치 않는다. 그러나 직업에 따라 특별한 예외는 있었다. 예전에는 활을 당길 때 엄지 보호를 위해 반지를 끼었다는 기록이 보이고 권력이나 권위를 상징하기 위해 중세시대 교황은 엄지에 큰 반지를 끼었다는 기록도 보인다.

그러나 요즘은 많이 끼는 것을 볼 수 있다. 즉, 여자들에게 있어서는 '나는 홀로입니다' '나는 솔로예요' 하는 투로 반지를 끼고 있는 것이다. '나는 애인이 없어요.' ' 나는 남편을 잃었습니다. ' 라고 나타내는 것이 엄지 반지가 된 것이다.

또 한 가지 의미는 강한 의지, 강한 신념을 가진다는 뜻이 있어 남성사회에서는 조직의 우두머리, 회사의 장 등이 끼므로 자기의 존재감과 함께 행동력을 나타내고 있는 것이다. 이 경우는 꼭 오른손 엄지에 낀다고 한다.

□ 엄지손의 길운과 건강

엄지손가락은 목덜미가 무겁거나 갑상선 기능이 떨어졌을 때 운동을 시키면 강화될 수 있다. 목의 혈류의 이상이나 감기와 관련된 질병이 예방되기도 한다.

수상학에서는 엄지 끝이 뾰족하거나 가늘거나 꺾이는 부분을 눌렀을 때, 피부의 복원력이 느린 사람은 감기나 호흡기성 질병이 자주 발생하고 한번 질병이 찾아오면 좀처럼 낫지 않는다고 보고 있다.

이때는 자주 손끝을 좌우상하로 누르고 지압해주면 목이 편하고 호흡기성 질환을 이겨나갈 수 있다.

엄지의 꺾이는 부분이 가늘어진 경우는 목의 혈액순환이 순조롭지 않아 목덜미가 무겁거나 갑상선 기능이 떨어진 사람이다. 자주 엄지손을 어루만져 주거나 비벼주면 목이 시원해지고 숨쉬기가 한결 부드러워진다.

엄지손가락에는 폐(肺)와 관련된 수태음폐경이 흘러간다. 수태음패경이 발달한 이는 재물에 대한 상업적 두뇌 회전이 빠르다. 예로부터 엄지로 흐르는 수태음폐경이 발달하고 엄지아랫부분이 두툼하면 재산복이 많다고 했다.

한의학에서는 마른 사람이 엄지가 크면 길하나 뚱뚱한 이가 엄지가 지나치게 크면 조심해야 한다고 하고, 마른 사람은 대개 양의 기운이 많은데 수태음폐경의 음이 발달하면 음양의 조화를 이루니 길한 것이고 뚱뚱한 사람은 대개 음의 기운이 많은데 수태음폐경의 음이 더해지면 음이 과하게 되는 것이다.

음이 과한 사람은 욕심이 과한 것을 경계해야하며 지나친 욕심이 화를 부르니 항상 염두에 두고 조심해야 한다.

비만한 사람이 걸린 게 폐암이라면 담배가 원인 일 수 없다. 오히려 건조하고 매운 연기가 약이 될 수 있다는 관점이 한의학적 시각이다. 그렇다면 폐암은 열두경락 중 어떤 것이 뭉쳐 영향을 주는가?

폐암은 50대 부유한 도시민들에게 많이 발병한다. 부족을 모르는 부유한 사람들 그들의 지나친 재물 융통으로 인한 분주한 마음이 정신적 원인이 될 수 있다.

재물상실, 배우자의 배신, 직장해고, 그리고 포만감, 자신감도 지나치면 마음의 병이 된다.

폐는 호흡을 관장하는 장기이다. 숨을 내 쉴 때를 호(呼)라 하고 들이쉴 때를 흡(吸)이라 하는데, 숨 가쁘게 거래 생각이 오갈 때 마음에는 바람이 일어난다. 여기서 어지럼증과 때로는 중풍이 오기도 한다. 중풍은 바람을 맞는다는 뜻인데 바람이란 마음의 바람을 의미한다.

중풍은 비만한 사람에게 많다. 그러므로 뚱뚱한 체질에 엄지손가락의 폐경락도 발달해 재물거래가 빈번한 사람은 마음을 놓고 쉬는 시간이 필요하다. 반면 엄지손가락이 유달리 약한 사람은 자부심과 기백의 회복이 필요한 것이다.

이상 손가락에 대해 쓰고 나서 난 읍으로 달려가 밴드와 약을 사가지고 왔다. 약을 바르고 밴드로 긁힌 부분을 싸맸다. 그러고 나니 마음이 한결 편안해짐을 느꼈다.

바른 걸음걸이의 삶

바른 걸음걸이란 어떤 걸음일까? 걸음걸이는 성격, 체질, 연령, 직업, 생활습관 그리고 그때 그때의 정서와 기분, 그리고 건강을 잘 나타내고 있다. 그런데 걸음걸이는 누구나 무의식적으로 걸을 때에는 발을 뒷꿈치부터 땅에 대며 걷는다. 그러나 대다수의 사람들이 의식하며 걸음을 걸을 때에는 발끝이 먼저 땅에 닿는 것이다.

무용수의 대부분이 발끝을 땅에 먼저 대며 걷는 것은 그들의 습관이 일반화되었기 때문이다. 바른 걸음걸이나 맵시 있는 걸음걸이로 걷겠다고 무턱대고 발만보고 재현해서는 안된다.

걷는다는 것 보다는 오히려 걸을 때의 자태, 머리와 몸의 움직임, 손의 움직임, 시선의 방향 등을 엄밀히 관찰한 다음 바르게 걸어야 한다.

① 어린이의 걸음.

어린이는 태어나 시간이 경과하면서 두 손을 바닥에 짚고 엎드려 기는 네발걸음으로 시작하여 엄마나 아빠, 할머니, 누나, 오빠에 의존해 걸음마로 옮겨간다. 걸음마가 반복되면서 어린이는 기구를 이용, 스스로 짚고 옮기고 손을 떼서 차츰차츰 발을 옮기면서 아장 걸음이 만들어진다.

어려서부터 8.9세가 될 때까지 어린이는 무의식적으로 걷는다. 근육은 유연하고 관절은 자유롭고 아직 자아인식이 되어있지 않은 상태이다. 이 기간의 엄마, 아빠나 주위사람, 학교에서까지 어린이의 몸가짐을 고치려고 노력한다.

야단맞고 칭찬 듣고 하는 가운데 어린이는 어른들의 뜻에 영합하느라고 자기의 일거일동의 자의식을 갖게된다. 따라서 걸음걸이도 차차 자기 의식적으로 바뀌게 된다.

② 10대의 걸음

10대는 자신의 자세가 갖추어지는 시기이기 때문에 학교나 가정에서의 생활태도에 본인도 신경을 써야하지만 주위사람들이 도와주고 고쳐주도록 노력해야한다. 그러나 15세가 되면 지학(志學)의 나이이며 학문의 좋고 그름을 가리는 나이이므로 스스로 찾도록 해야한다.

이 나이에는 지나치게 간섭하면 반발할 나이이고 되도록 식생활이라든가 평소의 앉는 자세,걸음 걸이의 수정 등을 식구 모두 고쳐나가도록 하면 효과를 본다.

나는 이 나이에 짐을 많이 지는 입장이 되었다. 그 바람에 어깨가 남들보다 굽게 자랐다. 나이가 들어 고치려고 노력했으나 도저히 고쳐지지 않았다. 이 시기에는 급박히 골격이 자라기 때문에 자세에 많은 신경을 써야한다. 잘못된 생활습관은 자기의 신체구조를 변형시키기 일쑤이다. 한 소녀가 걷고 있다. 그녀는 하루 종일 밖에서 지내고 있었다. 남자같이 가슴을 내밀고 어깨나 팔을 몹시 저으며 큰 걸음으로 빨리 걷는다. 걸으면서 돌 같은 것도 능히 차버릴 기세다. 소녀는 식탐으로 인해 몸은 뚱보가 되었고 원기왕성은 고집쟁이로 만들었다.

뚱뚱하다보니 자기도 모르는 사이 팔자걸음을 걷게 되었다. 이렇게 되다보니 그녀는 여자다운 감수성도 차츰 적어졌고 나이가 들어 팔자걸음을 고치려 했으나 고쳐지지 않는다. 이 나이에는 매일 곧게 줄을 그어놓고 걷는 모습을 훈련할 필요가 있다. 이때 걸음걸이가 평생을 간다는 사실을 인식해야한다.

③ 20대의 걸음

남자는 나이 20을 약관(約款)이라고 하고 여자는 방년(芳年)이라 칭한다. 이 나이는 외형은 성인이 다 되었지만 마음은 아직 여리고 성숙되지 않은 것이 특징이라 할 수 있다.

고등학교를 막 나왔거나 대학 1.2학년에 재학 중이거나 군 입대를 했거나 직장생활을 시작한 때이다. 이때는 지성의 작용이 발랄하여 자아의식이 강해지고 대개의 어른들보다는 자기가 더 위대하고 강하다고 생각한다. 그리고 걸음걸이를 비롯한 모든 동작이 자기의 위대성을 천하에 내 놓은 듯이 자신만만해 보인다. 따라서 걷는 모습도 민활하고 당당하며 팔꿈치를 쭉 펴고 머리를 약간 앞으로 내민다.

한 아가씨가 걷고 있다. 그녀는 상당히 폭 넓은 걸음걸이이다. 두 팔은 걸음에 따라 자유롭게 움직인다. 똑바로 정면을 보고 발꿈치로 확실히 걷는다. 마치 직장에 나가 일하는 부인의 장한 의지를 모든 인간에게 보여주려고 하는 것 같은 걸음이다.

이때는 자기의 걸음걸이에 신경 쓸 여가가 없다. 그러나 뒷굽의 안쪽이 많이 닳거나 바깥쪽이 많이 닳아 보이면 골고루 닳도록 발을 떼어놓는 습관을 길러야 한다.

④ 30대 전후의 걸음

나이 30이면 살아가는데 모든 기초를 세우는 나이라하여 이립(而立)이라 부른다. 이 나이가 되면 대게 자기 존재의 가치와 책임을 느끼기 시작한다. 적어도 자기 부인(남편)이나 어린애나 양친은 자기가 없어진다면 거리에 방황할 것이라고 생각한다. 이 세대의 보행은 대게 급하고 신경질적이다. 자기가 목표로 하는 사업을 하는 데도 인생은 너무 짧은 것 같이 생각되어 마음이 조급해지는 것이다.

반면 요즘에 와서는 취업이 안되고 하는 일이 잘 안 풀려 거의 술이나 담배피는 것을 낙으로 살아가는 사람이 많다. 이들의 걸음걸이는 여러 가지 형태로 나타난다. 좌우로 비틀대며 걷는 갈지자 걸음도 볼 수 있고, 거북이 걸음을 걷는 모습도 보인다.

그리고 어떤 이는 바로 걷지 못하고 탈탈거리며 안타깝게 걷고 고달걸음, 골뱅이걸음, 곱새걸음, 군걸음, 깽깽이걸음, 비척걸음, 엉덩이걸음, 오리걸음, 통통걸음, 허깨비걸음 등 다양한 모습들이 보인다.

한 사나이가 걸어온다. 그는 약간 무릎을 굽히고 조심성있게 발을 내딛는다. 발끝으로부터 땅을 디디며 발꿈치는 거의 땅에 닿지 않는다. 눈은 항상 주위를 살피고 있다.(돈을 잊을세라)걸음에는 목표를 분명히 세우고 10대나 20대에서처럼 바르고 곧게 걷도록 해야한다.

30대에는 모든 신체적 조건이 완성된 시기라 걸음걸이에 주의를 기울이고 걷는 습관이 몸에 익혀지도록 해야 한다. 맵시있는 걸음걸이를 만드는데 주력하면 풀리지 않던 일도 잘 풀리는 것이다.

⑤ 40대 전후의 걸음

나이 40이면 불혹(不惑)의 나이로 사물의 이치를 모두 터득하고 세상일에 흔들리지 않는 나이이다.

이때쯤이면 남녀 관계없이 모든 걸음걸이가 침착하고 느리게 된다. 이 연령의 남녀는 길고 괴로운 인생을 겪어왔기 때문에 자만심은 적어지고 내면적 자부심이 강해지기 때문이다.

그 걸음걸이나 태도는 무거워 보이기 시작한다. 그러나 요즘은 수명이 길어져 이 나이 때를 전성기로 보고 만족해서는 안된다.

새로운 계획을 시작하는 기간으로 잡고 60대 이후의 할 일을 구상하는데 여가시간을 모두 써야한다. 그러기 위해서 40대부터는 국내여행은 물론, 해외여행을 통해 시야를 넓히는 시기가 되어야 할 것이다. 걸음걸이를 다시 20대로 가져가 당당한 모습이 되도록 노력해야할 것이다.

⑥ 50대 전후의 걸음

나이 50이면 천명을 아는 나이라고 하여 지천명(知天命)이라 한다. 이 나이가 되면 인생의 결과를 본 나이라고 생각되어 자기 목표를 성취한 사람은 자신만만한 걸음걸이를 갖게 되고, 자기 목표를 이루지 못한 사람들은 걸음걸이가 느리고 자신만만함이 없어진다.

이 나이가 된 여성들은 자기 맵시에 크게 신경을 쓰지 않기 때문에 체중이 40대부터 불기 시작, 50대에 고착된다. 그렇기 때문에 40대부터는 운동을 계속해서 체중을 유지해야하나 그냥 놔두면 뚱보로 변하게 된다. 남자의 경우도 술을 40대부터 폭주를 계속하면 뱃살이 많이 늘어나서 병원가는 일이 자주 생기게 된다.

술은 마시되, 바른자세를 유지 할 수 있는 범위에서 마시는게 좋다. 저녁 식사 때 반주로 몇 잔 마시는데 그쳐야 한다. 밤 늦게까지 술에 만취되도록 마시는 것은 자기 자세의 변화를 가져오기 때문에 걸음걸이 자체에도 변화를 일으키는 것이다.

50대의 걸음걸이는 30대의 기분으로 걷는 것이 바람직하다. 50대의 기분으로 그냥 걷게 되면 곧 늙음이 찾아오게 되는 것이다.

⑦ 60세 이후의 걸음

나이 60이면 인생의 경륜이 쌓이고 사려와 판단이 성숙하여 남의 말을 귀담아 듣는 나이라고 하여 이순(耳順)이라고 일컫는다. 이 나이가 되면 자기가 할 수 있는 것과 할 수 없는 것을 뚜렷이 알고 있다. 정년을 하고 쉬는 나이이며 예전 같으면 이 나이면 죽음과 마주서서 이제 어찌 할 수 없는 나이인 것 이다.

만약 그 동안의 삶이 성공적이었다면 그 걸음걸이도 확실하고 자신만만하고 침착 할 것이다. 그러나 그 동안의 생활이 실패가 많았다면 걸음도 주저주저하고 침착을 잃었으며 한걸음 한걸음이 패잔의 자각과 회의에 차있게 된다.

60부터는 무리한 운동을 피하고 걷는 운동에 주력해야 한다. 그냥 앉아있는 시간이 많으면 다리는 쇠약해지고 걷는 모습이 눈에 띄게 바뀌게 된다. 다리는 몸의 기둥이라 여기고 탄탄한 다리를 만들어야 건강을 유지할 수 있는 것이다. 새로운 일을 20대 기분으로 시작하자. 쉼은 곧 죽음이다.

⑧ 70대 이후의 걸음

70의 고희는 원래 뜻대로 행하여도 도리에 어긋나지 않는 나이이며. 77세 희수는 더불어 사는 나이이다. 나이 80산수, 88 미수, 90 졸수, 99 백수에 이르기까지는 덤으로 사는 것이라 여기고 하던 일이나 계속할 수 있어야 한다. 매일 한 두시간씩 걷는 운동을 계속 유지하면 오래 살 수 있다고 여기고 매일 걷는 운동을 계속 해야 한다.

이렇게 보면 맵시 있는 걸음걸이의 기초는 10대부터 시작, 20대에 이르기까지 노력해야 하고 30대 이후부터는 그 걸음걸이 방식을 계속 이어가도록 해야 한다. 배우 김동원은 나이 90이 넘어서도 허리가 굽지 않았고, 뱃살도 나오지 않은 채 꼿꼿한 막대처럼 걸었다. 그리고 나의 아버님도 90이 넘도록 꼿꼿이 앉고 꼿꼿이 걷는 모습을 보여주었던 분이다.

60이 넘으면 기대앉고 싶고, 계단도 손잡이를 잡으며 오르는 습관이 생긴다. 바른 걸음걸이는 어디 의존하여 걸으면 안된다. 스스로의 정신으로 육신을 바르게 옮긴다는 생각으로 걸음을 떼었을 때 바른 걸음걸이가 되는 것이다. 우리 모두 바른 걸음걸이의 삶을 살도록 노력하자.

우리들의 얼굴

우리들의 얼굴(○ㅁ▽)엔 귀、눈、입、코가 있어 얼굴값을 한다. 이들의 작용부터 살펴보자.귀의 작용은 듣는데 있고 눈은 색채를 분별하는데 있다. 코는 냄새나 향기를 맡는데 있으며 입은 맛있는 음식을 먹는데 있다. 이것들은 마음이 즐겁지 않고 닫혀있을 때는 어떤 소리도 들어오지 않으며 어떤 색도 눈에 들어오지 않는다. 냄새나 향기가 눈앞에 피어올라도 코는 아무런 감각도 느끼지 못하며 입은 맛있는 음식이 눈앞에 놓였어도 먹지 않는다.

'안이비설신의(眼耳鼻舌身意)' 라는 말이 있다. 사람은 태어나서 일주일만에 눈이 트이고 14일만에 귀가 열리고 21일만에 코가 냄새를 맡게 되고 28일만에 혀에 감각이 돌아 맛을 느끼고 35일 후에 전신에 감각이 돌며 42일만에 몸 전체에 의식이 소통돼 49일이 돼야 인간다운 모습이 이룩된다.

이는 불교, 도교, 유교 등이 모두 그렇게 여기고 있는데 이는 죽는 과정에서도 같다.우리가 귀로 듣고 눈으로 보고, 코로 냄새맡고, 입으로 음식을 먹고자 하는 일은 우리가 살아있다는 증거이며 눈、코、귀、입의 본능이기도 하다. 즐겁다거나 즐겁지 않다거나 하는 것은 마음의 문제인 것이며 얼굴모형에 따라 ○은 파랗게(청색), ㅁ은 빨갛게(적색), ▽은 노랗게(황색) 나타나게 된다.

5월은 학교에서는 중간고사가 있다. 난 대학에서 학생들을 가르칠 때 이런 말을 종종했다. 1학년에 귀가 열리고 2학년에 눈이 트이고 3학년에 입이 일리고 4학년에 코에 힘이 있어야 마음의 문이 열린다고.

즉 1학년에는 교내에 관심을 갖고 선배, 스승의 이야기를 잘 들어야 하고 자기가 지망한 학문은 물론, 그 외의 세계도 모두 섭렵해 보는 게 필요하다. 전공이 틀리면 2학년 때 바꿀 수 있는 까닭이다. 따라서 철학개론, 전자학개론, 의학입문, 사회학개론 등 30여종의 입문서、개론서를 한번 모두 읽어본다.

2학년에는 외부세계에도 눈돌려 많이 보고 익혀야 한다. 남자의 경우는 입대는 언제 할 것인가 결정하고 2학년 말에는 애인도 하나 구하는 일에 신경써야 한다.3학년이 되면 입이 열려야 한다. 곧 자기전공의 세부전공도 정해야 하고 같은 학문영역의 논쟁도 계속 있어줘야 한다. '2말3초작전' 이라고 2학년 말에 애인을 못 구했으면 3학년 초에는 구해야 한다.

4학년에는 코가 우뚝 솟도록 자기 전공을 확실히 해야 하고 4학년 말에는 자기 향방을 분명히 해야 한다. 여기서도 자기의 전공확립이 안되면 코가 우뚝 솟을 수 없고 마음의 문도 열리지 않는다. 4학년 말엔 마음의 문이 활짝 열리도록 해야 한다.

우리들의 마음이 반드시 편안한 뒤에 비로소 즐거운 기분이 생기고 마음이 즐거운 상태라야 비로소 보고 싶다거나 듣고 싶다거나 무엇을 맛보고 싶다거나 하는 귀、눈、입、코의 욕구가 생긴다. 그러므로 마음을 고르고 편안하게 하는데 있고 마음을 편안하게 하는 일은 무슨 일이나 평소에 맞게 행하는데 있다.

줄거움이 적당하면 마음도 적당해 진다. 사람의 감정은 오래 살기를 바라며 일찍 죽는 것을 싫어한다. 편안하기를 바라며 위태로운 걸 싫어하고 영광된 일을 바라며 치욕적인 일을 싫어하고 안일한 것을 바라며 수고로운 것을 싫어한다.

다시 귀로 돌아가자. 졸업하면 다시 사회 1년생이다. 사회에 첫발을 내딛으면 귀로 듣는 소리에도 적합한 소리가 있다. 소리가 너무 크면 사람의 심지를 방탕하게 만든다. 방탕한 마음으로 큰 소리를 들으면 귀가 받아들일 수 없고 귀가 받아들이지 못하면 귀가 막혀버리고 귀가 막혀버리면 마음이 진동한다.

요즘엔 귀가 막힌 사람들이 너무 많다. 소리가 너무 작으면 사람의 심지가 싫증을 느낀다. 싫증을 느끼면서 작은 소리를 들으면 귀에 차지 않고 귀에 차지 않으면 모자라고 모자라면 아무것도 없게 된다. 소리가 너무 맑으면 사람의 심지가 위태로워진다. 위태로운 마음으로 맑은 소리를 들으면 귀가 허해지고 귀가 허해지면 살피지 못하고 살피지 못하면 귀의 생명은 다하는 것이다.소리가 너무 흐리면 심지가 내려 앉는다.

내려앉은 마음으로 흐린 소리를 들으면 귀가 산만해지고 귀가 산만해지면 집중도 안되고 집중되지 않으면 짜증이 난다.소리가 너무 크거나 너무 작거나 너무 맑거나 너무 흐린 것은 모두 적합하다고 하는가? 치우치지 않은 소리를 적합한 소리라고 할 수 있다.

그러면 어떤 소리가 치우치지 않는 소리인가?1학년때 많이 듣고 2학년때 많이 관찰하고 3학년때 많이 지껄이고 4학년때 많은 향을 맡아서 콧대가 우뚝 솟은 얼굴이다. 콧대가 우뚝 솟으면 고개를 숙일 수가 없다. '고개 숙인 남자', '훌쩍이는 여자' 가 되지 말고 사회에 나가더라도 다시 1년으로 돌아가 4년동안 번복해야 삶에 여명이 비치는 것이다.

그러나 인생은 60이 되어도 귀눈입코가 제대로 제 구실을 못하는 경우가 있다. 그래서 우리들은 사회에 나와서도 계속 학생처럼 보는 공부, 듣는 공부를 계속해야 하는 것이다. 우리 장례풍속엔 죽어서도 사람은 학생인 것이다.

9 자살과 살자

내 마음의 도둑근성부터 뿌리뽑자

요즘 매스컴에는 어찌 많은 도둑들이 오르내리는지 이젠 주변사람들이 모두 도둑처럼 느껴진다. 더구나 그들이 지도층 사람이라는데 혀를 차지 않을 수 없다. 옛날에는 좀도둑도 양심은 있었다. 요즘은 좀도둑도 아닌데 양심은 커녕 당연한 것으로 받아들여 앞날이 걱정된다.

옛날 어떤 사람이 하도 가난하여 도둑질 잘하는 며느리를 맞았다. 그런데 이제나 저제나 기다려도 도둑질을 해오지 않았다. 답답한 시부모는 "며늘아가, 우리가 하도 가난하여 네가 도둑질을 잘 한다기에 며느리로 삼았는데 어찌 소식이 없느냐? 한 번 네 솜씨 좀 보여 주려므나"하니 며느리가 "도둑질 한 물건 처리를 잘해야 하는데 자신있소? 그럼 한 번 해보지요"하더니 금방 돼지 한 마리를 훔쳐 왔다.

돼지가 꿀꿀대자 시부모들은 덜덜 떨고 있는데 며느리가 휘장을 씌워 들쳐 업고 방아를 찧는데 돼지 임자가 왔다. 눈 깜짝할 사이 돼지를 잃었는데 여기 안 왔느냐는 것이다.

며느리는 돼지를 등에 업고 보리절구질을 하면서 "왜 우리집이 수상해요? 어서 뒤져 보시구려. 공연한 사람 의심하면 못써요." 하니 미안하다며 돌아가 버렸다.

그 후 돼지는 뜨거운 물로 털을 벗겨 곧 먹어치웠다. 시부모는 먹는 것도 좋지만 돈 생각이 미치자 며느리한테 "며늘아, 먹는 것 말고 돈이 될 것은 못 훔치냐?" 말하니 "그러면 한 번 더 하지요."하고 나가더니 곧 명주베를 여러 필 훔쳐왔다.

명주베를 물에 담그어 밥통에 담아 그 위에 밥을 소복히 담아 놓았다.

마당에 넌 것이 없어졌다며 공씨네가 찾아왔다. 시부모들은 가슴이 뛰었다. 집 안팎을 모조리 뒤져도 베는 없었다. 그 후 명주베를 팔아 돈이 생기니 시부모하는 말이 "아가 다시는 도둑질하지 마라. 적게 먹고 편히 살자. 공연히 욕심을 부렸다."고 말하니 며느리는 옳은 말씀이라고 하며 다시는 남의 물건에 손대지 않고 부지런히 일하며 편하게 잘 살았다는 것이다.

이 이야기는 변산에 전하는 민담 한 토막이다. 이를 통해 도둑 근성은 누구의 마음속에도 잠재해 있음을 알게 된다. '바늘 도둑이 소도둑 된다' 라는 속담이 있듯 도둑행위는 처음부터 뜯어고쳐야지 시간이 흐르면 몸에 베어 버린다.

대부분 지도급 인사들이 도둑 근성이 있어서 이 사회에서 한 몫을 할 수 있게 되었다면 일반 서민들은 어떻게 여길까?

타이완도 한 때는 도둑이 극성이어서 골머리를 앓았다. 그러나 법으로 엄격히 다스리자 도둑은 뿌리채 뽑아졌다. 엄하게 다스리지 않으면 도둑근성은 뽑아지지 않는다.

'공수래 공수거 (空手來 空手去)' 란 말이 있다. 사람은 '빈손으로 왔다가 빈손으로 가는 것' 이다. 자기가 많이 가졌다고 많이 가져갈 수는 없는 것이다. 그러니까 어떻게 돈을 버느냐가 중요한 게 아니라 돈은 어떻게 쓰느냐가 더 문제인 것이다. 그렇게 많은 돈을 매만지던 카네기나 이병철도 결국 빈손으로 되돌아 갔다. 이 나라의 지난 몇 대통령은 재물에 욕심을 부리다 대통령을 안한 것만도 못한 결과를 가져왔다.

돈을 예금토록 조장하는 사람이 뒤로 돈을 빼돌리고, 나쁜 짓하면 잡아가는 사람들이 나쁜 짓을 도맡아 하고, 옳은 일하면 좋은데 간다고 빌어대면서 등쳐먹는 것이 종교인이라면 이 사회는 누구를 믿을 수 있겠는가?

이제 도둑 근성이 없는 사람은 사람다운 사람으로 대우받지고 못하게 되었다. 따라서 어느 한 개인 도둑 근성을 뿌리 뽑는다는 건 어렵게 되었다. 이젠 누가 누굴 나무랄 것 없이 자기부터 분수있는 생활을 하며 도둑근성을 뿌리뽑는 운동원이 되어야 한다. 집안에서는 가장이, 직장에서는 윗 사람이 범 국민운동으로 펼쳐지지 않으면 제2의 또 다른 어려운 시대가 닥칠 수도 있을 것이다.

우리들의 마음속에 있는 도둑근성을 뿌리채 뽑아 버리자.

칭찬과 비방은 가려서 하자.

남해에 정착한 지 만 3년이 지났다. 그동안 이런 사람, 저런 사람, 많은 분들을 만났다. 만나는 회수가 많아지면서 칭찬과 비방을 안하던 분들이 차츰 입을 열어서 인지 요즘은 비방의 소리를 자주 듣게 된다.

그래서 남해분들의 특성이 그런가 하고 외지에서 오는 분들을 자세히 살폈더니 그들도 비방의 소리가 많아진 것을 느끼게 되었다.

서민들의 삶이 어려운 시대일수록 칭찬보다 비방의 소리가 드높아진다는 확신을 갖게 되었다.

남을 칭찬, 비방한다는 것의 근원은 같은 것으로 모두 마음에서 연유한다. 칭찬은 달게 받아들이지만 비방은 쓰게 받아들여 근원은 같지만 결과는 다르다고 할 수 있다.

칭찬은 듣기만 해도 기분이 좋은 반면, 비방은 들으면 기분이 나쁘다. 아리따운 산, 맑은 물은 보기만 해도 기분이 좋다. 산새소리, 시냇물소리, 뻐꾸기 소리, 성당의 종소리, 사찰의 목탁소리를 들으면 기분이 상쾌해진다. 좋은 말은 해서 좋고 들어 좋고 좋은 일은 하여 좋고, 보아서 좋은 것이다.

반면, 벌거벗은 산, 오염된 하천은 우리가 보아서는 좋지 않다. 각국에서 일어나는 종교분쟁, 압박하고 압박당하는 국가 간의 싸움, 가지가지 폭동과 진압 그리고 일본에서 돌발한 쓰나미나 폭우로 만신창이가 된 서울, 신문과 TV는 보기만 해도 가슴이 아파왔다.

괴로운 사람에게는 어떤 아름다움도 오히려 귀찮아진다. 그러나 거름없이 애태우는 농부에게 있어서 냄새지독한 똥도 반가운 것이다. 다른 사람, 다른 국가의 행위에 칭찬은 인색해 지고, 비방만 난무한다. 자기에게 이득이 있다고 여길 땐 분수 넘치는 욕구충족을 위해 모략과 중상, 비방도 서슴치 않는다.

지지난 정부에선 북의 방송을 개방한다고 했었다. 민주와 공산주의 이념대립에 그 많은 비방만을 일삼는 북의 방송을 어찌 받아들일지 걱정이 되었었다. 칭찬하는 사람 많고, 칭찬받을 일하는 사람 많으면 그 집단, 사회, 국가는 평화와 행복이 깃들고, 서로가 비방하는 사람 많고 비방 받을 행위를 하는 사람 많으면 불행한 집안이며 사회며 국가다.

따라서 이런 집단, 사회는 투쟁과 갈등이 계속되며 이런 국가는 전쟁이 그칠 날 없게 된다.

다시 말하면 칭찬은 신뢰를 낳게 되고 화합, 단결, 번영을 가져오며 비방하는 가족, 사회, 국가는 불행과 불신, 투쟁과 갈등과 전쟁이 계속된다. 곧 비방은 불신을 빚어내고 불화를 가져오며 슬픔과 아픔, 그리고 분열을 일으킨다.

우리는 어린 시절, 누구나 칭찬 받기를 좋아했으며 꾸지람 듣는 걸 싫어했다. 그러나 성인이 되면서 자꾸 나이가 더할수록 칭찬을 받으면 기쁨보다 부담이 되었고, 비방을 들으면 순간은 기분이 나쁘지만 오히려 부담감은 없고 새로운 힘이 솟아나기도 했다.

지나친 칭찬은 오만을 불러오고 자기 잘못을 발견하기 어려워진다. 그러므로 비방을 받아들이는 자세가 잘 되어 있으면 오히려 칭찬보다 더 큰 효과를 가져오는 것이다.

'원수를 사랑하라' 고 예수는 말했다. 원수마저 사랑할 수 있는 사회가 된다면 얼마나 좋을까? 그러나 원수를 맺고 사랑할 것이 아니라 우리에게는 사랑해야 할 원수가 없는 게 더 중요한 것이다.

'선도 생각지 말고, 악도 생각지 말라(不思善 不思惡)' 고 석가는 말했다. 선에 치우치면 악을 행하기 쉽고 악임을 알고 악을 행하면 더더욱 멀어진다. 선이니 악이니 하는 생각조차 이미 선악에 치우치는 것이니 선이나 악은 모두 생각지 말아야 한다는 것이다.

결론적으로 칭찬과 비방은 상대의 나이와 사유능력에 따라 조심스럽게 결정하는 게 필요하다. 지나친 칭찬은 비방을 낳게 되고 지나친 비방은 위험을 낳게 된다.

그러므로 칭찬은 아낄수록 효과가 큰 것이며 비방은 기회가 적을수록 칭찬이상의 효과를 거둘 수 있는 것이다.

서민이 살기 힘든 시대에 들어서면서 우리들은 칭찬보다 비방의 소리가 많아져 가고 있다. 남을 비방하기 전에 자기는 비방 받을 일을 하지 않았는가. 그 비방의 후유증을 어찌 감내할 것인가 체크해야 한다. 칭찬과 비방은 가려서 하는 것이 필요하다.

저주와 앙갚음

강화도 전등사 대웅전에 가면 이채로운 조각품을 대하게 된다. 그것도 대웅전 안이 아니라 네 귀퉁이 추녀를 두 팔과 머리로 무겁게 떠받치고 앉아 있는 어찌보면 벌거벗은 여인 같기도 하고 어찌보면 원숭이 나상갈은 것이다. 왜 이런 걸 만들었고 그녀는 왜 그렇게 쭈그리고 앉아 있어야만 하는 것일까? 추녀를 떠받치고 앉은 네 개의 조각상에 대해서는 여러 설이 전해지고 있으나 그 중 몇 가지를 소개하면 다음과 같다.

정화공주는 충렬왕이 태자시절 정비로 맞은 사람이었다. 그러나 왕이 36세 되던 해 원나라의 강압에 못 견뎌 원 세조의 공주인 제국공주를 왕비로 맞아들이게 된다. 정화공주를 모함하고 공주소생의 태자를 내쫓아 지방의 사찰에 유배까지 시킨다. 그 뿐만 아니라 제국공주는 정화공주에 관한한 계속 투기와 탐욕을 일삼는다. 이런 사실이 고려 백성에게 알려지자 백성들의 분노는 끊이질 않았고 결국 제국공주를 이 절의 처마 밑에 앉혀 무거운 지붕을 받치게 하는 고통을 주게 하였다는 설이 있다.

전등사는 고려 충렬왕의 비(妃)인 정화공주가 옥등(玉燈)을 시주하여 원래 진종사(眞宗寺)라 하였는데 전등사로 개명한 것이다.

또 하나의 설은 조선조 광해군 6년(1614) 전등사에 화재가 나서 절을 다시 복원시키게 되었다. 이 때 대웅전 공사를 맡은 대목은 객지에서의 허전함을 달래려 아랫마을 주막을 넘나들게 되었다.

이 주막의 주모에게 빠진 대목은 장래까지 약속한다. 그리고 그간 모은 돈을 모두 보관시킨다. 공사가 마무리 될 무렵 이 주막을 찾으니 주모는 돈을 챙겨 달아났다. 배신감을 느낀 목수는 궁리 끝에 앙갚음을 생각해 냈다.

그녀를 벌거벗은 모양으로 조각해 모든 사람이 잘 볼 수 있는 높은 곳에 올려놓아 창피를 주고 아울러 두 팔과 머리로 무거운 추녀를 받치고 앉아 고통을 겪게 하겠다는 것이다. 믿었던 사람에게 당한 사람치고 아픔과 배신감을 느끼지 않을 사람은 없을 것이다. 제국공주에게 당한 정화공주나 주모에게 당한 대목의 아픔과 배신감은 같은 것이다.

다만 정화공주의 아픔은 우리 모두의 아픔과 분노로 승화되었지만 대목의 아픔은 새로운 이야기를 낳게 했다. 즉 대목은 주모에게 마음을 뺏긴 후 자기의 돈을 모두 맡겼는데 대웅전 낙성 하루 전 그가 주막을 찾으니 집은 온데간데 없고 그동안 맡겨 두었던 돈이 항아리 안에 고스란히 들어 있었다.

매일 열심히 일에만 열중하는 대목을 위로해 주기 위해 관세음보살이 예쁜 주모로 바뀌어 대목 앞에 나타난 것이다. 거의 매일 부처님과 같이 하면서도 부처인 줄 깨닫지 못한 자신의 무지가 부끄러워 대목은 자신의 우매함을 회개하고 달래기 위해 이런 목재나상을 조각했던 것이다. 즉 대웅전의 본전불만 부처가 아니고 부처는 자기를 둘러싼 모든 것이 부처라는 사실을 깨우치게 해 준 것이다.

인간은 살아가면서 계속 배신, 고통, 분노를 겪게 된다. 특히 요즘처럼 생활이 어려운 시대에 들어서면서는 더욱 그렇다. 만약에 자기한테 그리고 주변에 이런 일이 생긴다면 저주를 하거나 앙갚음을 해서는 안 된다.

저주와 앙갚음은 다시 타인으로 하여금 배신과 고통, 분노를 유발시키기 때문이다. 꼭 상대방을 저주하고 앙갚음을 하려거든 앞의 대목처럼 스스로 대안을 찾는 길이 필요하다. 인생의 맛과 멋, 그리고 재미는 저주와 앙갚음을 스스로의 일로 승화, 발전시키는데 있는 것이다.

'좋은 자기'와 '나쁜 자기'

'홀로 사는 남자', '홀로 사는 여자'가 많은 시대가 됐다. '장가 못간 남자'와 '시집 안간 여자'가 많은 까닭이다. 부부들이 어울리지 않아 헤어진 사람, 먹고 살기 어려워 빼꾸기 가정이 된 경우도 점점 많아진 이유이다. 또 의학 발달로 오래 살다보니 그 숫자가 자꾸 늘어 '홀로된 영감' 과 '외톨박이 노파' 가 많아진 것도 한 이유일 수 있다.

대개 이런 사람들은 남녀가 모두 자기는 항상 '좋은 자기' 라고 여기고 있다. 그러나 자기가 그렇게 된 원인이다. 그러나 자기가 그렇게 만든 원인을 '나쁜 자기' 때문이라는 사실을 인정하는 사람은 극히 드물다.

홀로 된 남녀 뿐 아니라 요즘은 정상적으로 결혼한 여자들 대다수가 집안에서 살림만 하는 이가 예전에 비해 많이 줄고 있다. '나쁜 자기' 를 스스로 만들어 가고 있는 부부가 많아졌다.

어떤 여인은 가슴 버린다고 애기에게 젖꼭지를 물리는 것을 싫어한다. 엄마 가운데는 애기를 낳자마자 친정어머니나 시어머니에게 맡기고 모유 대신 우유를 먹이는 일도 많아졌다.

예전에는 가정이 원만한 사람들은 유모를 고용해 애기 젖을 먹였는데 요즘은 젖먹이를 탁아소에 맡기고 직장생활을 하는 엄마들이 늘어나고 있다.

젖먹이 때는 엄마가 애기를 돌보고 키워나가야 애기들은 안정감을 갖게 되고 항상 만족해 한다. 이에 대해서는 아동심리학자나 교육자, 정신분석자들까지도 같은 의견들이다.

애기는 낯 모르는 보모와 애기들 틈에서 생활하게 되니 엄마, 아빠는 늘 마음 졸이고 애기는 애기대로 불안정과 불만족 속에 커 나가게 된다.

이에 대해 설리반(Sullivan)은 인간존재의 두 가지 포괄적 목표로 '만족 추구' 와 '안정 추구' 가 있는데 이 두 가지는 서로 얽혀 있다고 밝힌바 있다. 설리반이 말하는 '만족 추구' 란 주로 생물학적인 욕구에 관한 것인데 반하여 '안정 추구' 는 본래 문화적 과정에 관한 것으로 그 결과를 의미한다. 그럼 그가 말하는 '안정' 이란 무엇을 의미하는가? 그것은 종속감, 곧 받아들여지고 있다는 감정과 관련된 것이다.

사람이란 태어난 후 자라면서 일정한 문화의 태도가 엄마, 아빠와 그 부수의 중요한 사람들의 태도를 통해 애기에게 다달음을 보아왔다. 이것이 인간에게 있어서 인간관계의 시작을 의미한다.

그러나 인간은 누구나 이런 과정을 거쳐왔고 또 잘 순응해 왔기 때문에 거의 잊어버리고 마는 것이다. 젖먹이(유아)와 엄마사이에는 말(언어)을 매개로 하지 않는 감정적 교통이 있다. 이 점을 '동감(同感, empathy)' 이라고 한다. 즉 엄마가 감정적으로 안정되어 젖먹이에 대해 애정을 가질 때 젖먹이의 '좋은 자기(good me)' 의 기초가 되는 것이다.

그러나 자신의 탓으로 엄마가 기분이 나빠져서, 엄마의 애정이 한동안 자기한테서 떠나게 될 때 젖먹이는 이러한 기회를 초래하는 자기의 충동을 피하려고 한다. 거기에서 '자기가 아닌 것(not me)' 이 생겨나는 것이다. '자기가 아닌 것', 즉 'not me' 는 의식되어 있는 자기에서 전혀 분리(dissociation)된 자기의 부분이지만 불쾌를 초래하는 자기의 충동 가운데서도 의식되어 있는 자기 가운데 보존되는 것도 있다. 이 보존되는 것이 바로 '나쁜 자기(bad me)' 가 되는 것이다.

엄마와의 관계에서 생겨나는 의식된 자기를 설리반은 '자기체제' 또는 '자아체제(self-dynamism)' 라고 부르고 있다. '자기체제' 는 곧 자아조직을 의미하는데 이것은 아동기의 사람들한테서 찬동받는 특성이 종합되어진 것이다.

이렇듯 인간은 안전욕구를 매개로 하여 인간세계 가운데로 끌어 들여진다. 젖먹이 시기에는 오로지 엄마와 관련되지만 그 뒤 점차 관련되는 상대가 많아져서 최후인 성인의 사회생활까지 이르게 되는 것이다. 젖먹이 시기에 기초가 잡힌 자기체제가 그 뒤에 성장, 사회화의 과정 가운데서 변화하고 수정되면서 인간은 인간다워 지는 것이다.

그런데 최근 들어 정상적인 가정에도 '좋은 자기' 보다 '나쁜 자기' 가 늘어나고 있는데다 다문화가정이 많이 늘고 미혼모의 숫자도 자꾸 늘어나고 있다.

다문화 가정은 의사소통 문제로 마음이 흔들리는 가정이 많다(현재 10가구 중 4가구가 이혼)는 것이며, 미혼모의 경우 안정을 못찾고 있다. (한해 8천명, 그 중 80%가 입양을 원하며, 5%가 입양된다) 예전엔 청소년이 많았는데 요즘은 16~20세가 31.5%, 21~25세가 45.8%, 20대 후반부터 30대가 부쩍 느는데 나이가 들수록 직접 엄마가 키우려 든다는 것이다.

하여튼 젖먹이는 아빠로부터 뼈를, 엄마로부터 피를 받는다고 한다. 아빠에게선 성품을, 엄마에게선 성질을 받는다고 하니 젖먹이에 대해 엄마는 항상 어질고 착하게 애기를 다뤄 줘야 할 것이다. '좋은 자기' 가 많은 세상을 위해.

위기의 문사철(文史哲)

'위기의 문사철' 이라니까 문사철이란 사람이 위기에 놓였는가 생각할 수도 있다. 여기서 말하려는 문사철은 문학, 사학, 철학의 첫 자를 의미한다. 곧 문학, 사학, 철학이 위기를 맞고 있다는 점이다.

2000년대에 들어서면서 대학에서 문사철의 인기가 없어졌다. 대학생이 되면 전문대이건 4년제 대학이건 문학, 사학, 철학은 기본적으로 다 터득해야 하는 교양과목이었다. 그런데 대학에서의 취득학점의 수효가 줄어들고 부전공제가 생기면서 이에 대한 교양과목은 점차 사라지기 시작한 것이다.

필자가 평생 몸 담아왔던 공연예술계 풍토를 보면 연극성을 상실한 작품인 오락취향의 작품, 공연상 극장기교에만 의존하는 작품들만이 풍성하게 공연되고 있다. 특히 젊은이들이 만드는 작품 가운데 이러한 요소가 짙게 보이는데 그 가장 큰 이유 중의 하나가 문사철의 빈곤 때문이라고 여겨진다.

문사철을 필요로 하는 공연예술 분야가 이러니 정치, 경제, 사회, 종교 등의 학문들은 어떻겠는가? 과거의 학제는 대학에 들어가면 초급학년에 문사철이 교양필수과목으로 돼 있었다. 까닭에 전공과는 관계없이 '철학개론', '대학국어', '한국사', '세계문화사' 등의 과목은 꼭 청강해야만 했다.

그러나 현재는 고등학교에서도 '국사'나 '세계사', '지리' 등은 한 학기에 배우는 둥 마는 둥 끝내고 대학에서는 전혀 접할 기회조차 사라져 버린 것이다. 그러니 우리는 어떻게, 어디에서 살아왔고, 무엇 때문에 살고 있으며, 앞으로는 어찌 살 것인가가 가늠하기조차 어렵게 되어 버린 것이다. 시간이 더 흐르면 문사철에 관한 것은 더욱 멀어지고 말 것이라는 생각마저 든다.

더구나 여러 대학에 있던 사학과나 철학과는 폐과된 지 오래고 요즘은 심리학, 국민윤리학과와 어문학 쪽의 독문과, 불문과, 일문과가 없어져가고 있다.

공연예술분야 특히 젊은이들이 표방하고 있는 해체연극을 보면 배우의 낯선 발음의 유발과 이유 없는 몸짓 동작은 제대로 훈련이 되지 않은 듯 느껴졌고 연출의 화술지적과 몸동작의 창안도 연구부족처럼만 느껴졌다.

그런데다 시간이 흐르면서 과거에 볼 수 있었던 철학성 짙은 작품, 문학성이 강한 작품, 역사성이 짙은 작품은 약화될 대로 약화되어 그야말로 시궁창에 내던져질 작품만이 난무하니 장래가 암담하게만 느껴졌다.

따라서 필자는 후학들에게 다음과 같이 주문하고 싶다. 전공에 관계없이 대학에 처음 입학하면 20여 가지 분야의 개론서, 입문서, 이를테면 '심리학개론', '공학개론', '의학개론', '사회학개론', '정치학 입문', '경제학의 기초' 등을 모두 탐독하고 국문학과의 '문학개론', 역사학과의 '사학입문', 철학과의 '철학개론' 등의 과목들은 직접 청강하길 바란다.

그리고 흥미가 생기면 국문학과의 '한국문학사', '국문법', '음성학' 등과 철학과의 '서양철학사', '동양철학사', 사학과의 '한국사', '동양사', '세계사' 등에 좀 더 깊이 들어가 보는 것이 바람직하다.

이렇게 문사철 분야에 흥미를 갖게 되면 전공과 관계없이 역사와 이론에 깊은 관심을 갖게 되며 나아가 실제분야를 폭넓게 볼 수 있는 눈이 열리게 된다. 각 전공분야가 실제에만 치우치게 되면 뿌리 없는 기술만 존재하게 된다.

정치, 경제, 사회, 문화, 종교 등 각 분야가 날이 갈수록 혼란에 빠지고 소용돌이치는 이유 중의 하나가 문사철을 전공과 관계없다고 외면한 까닭이다.

따라서 대학에서 문사철에 등한했던 분들은 사회생활을 하는 가운데라도 문사철에 관심을 가져야하고 학문의 길에 새로 임하는 사람들은 문사철을 외면하지 말고 전공과목에 버금가도록 깊이 파고들어야 할 것이다. 문사철을 외면하면 개인이 위기에 놓이고 그 숫자가 많아지면 나라가 위기에 놓일 수도 있다

젊음 예찬

2012년 12월 19일엔 대선이 있었고, 21일은 동짓날에 지구 종말의

날이었다.

19일 선거를 보며 서로 향배하는 모습에서 이런 선거제도가 그냥 지탱해 나간다면 골은 더욱 깊어지고 편가름은 더욱 심화 될 것 같은 느낌을 받았다. 선거제도 자체가 고쳐져야 한다.

동짓날은 점심에 팥죽을 직원 가족이 사와 들었고 저녁 무렵에는 친지가 팥죽을 가지고 와 저녁에도 팥죽을 들었다.

저녁에 팥죽을 들면서 TV영상을 통해 더 살려고 먹을 것을 사재는 모습, 더 살려고 피난지로 옮겨가는 모습에 이상한 생각이 들었다.

일본에선 바닷가에 살다 쓰나미가 밀려드니 헐값에 팔고 산 밑으로 이사했는데 이사하고 얼마 되지 않아 산사태가 나서 죽었다는 이야기도 들었다.

낮에 점심은 직원들과 함께 들었는데 팥죽을 들기 전 난 막둥이 직원한테 이런 말을 했다. “옹심은 나이 숫자대로 먹어야 하네.”라고 그랬더니 옆의 다른 직원이 자기 그릇에서 옹심 두 알을 떠서 내 그릇에 넣어주어 한참 웃을 수 있었다.

저녁엔 창문을 열고 팥죽을 숟가락으로 세 번을 떠서 버리면서 “고시레” 라고 여러번 소리쳤다. 그리고나니 아침부터 내리던 비가 그쳐 버리는게 아닌가. 지구멸망의 날에 난 팥죽 두 그릇을 들고 종말론을 잊을 수 있었다.종말론의 종말이다.

선거가 끝나고 나니 몇 가지 물품 값이 오르더니 너도 나도 물건값 올리기에 급급했고 정부마저 공공요금을 올린다는 소식이다.

이게 종말론의 결과인가. 새로운 종말의 시작인가. 나는 허허 웃을 수 밖에 없었다.

멀지않은 타이페이나 싱가폴은 20 년 만에 가 보아도 버스값은 물론 모든 물건 값이 예전 그대로인데 우리나라는 매년 올라가기만 하니 도저히 이해가 되지 않는다. 그러니 없는 사람들은 더욱 어려워져 살기 어렵다고 야단이다. 그런데다 내년에는 세계경제가 모두 어려워질 조짐이고 우리나라 역시 마찬가지가 될 것이라는 전망이다.

국민이나 정부나 특단의 조치가 있어야 할 것이다. 1 년 계획은 매년 12월에 세우고 그 다음 1월에 실천하고 7월에 중간 점검해보고 성과에 따라 그냥 행해 나갈 것인가. 아니면 조종해 나갈 것인가를 결정하고 다시 시작하는 마음으로 박차를 가해야 할 것이다.

그리고 12월이 되면 상반기에 그해 실천 한 것에 대한 회의와 비판이 필요하며 성과에 따라 또 다음해의 계획에 참고토록 해야 한다. 쉬지 않고 계속하면 마침내 이루어진다.

"저 시냇물이 흘러 흘러 마침내 바다로 가듯이" 라고 한 〈법구경〉의 소리가 내 뇌리에 메아리 친다. 계획이 설정되면 우리는 프로십계명 정신으로 실천해 나가야 할 것이다. 이 정신으로 임하면 안될 일이 있을까.

1. 나는 내 일에 자부심을 갖고 일생을 거는 사람이다. 2.나는 세상을 긍정적으로 보는 사람이다. 3.나는 선견지명을 갖고 일하는 사람이다. 4.나는 실수를 최소로 줄이는 사람이다.5. 나는 시간보다는 목표를 중심으로 일하는 사람이다.6. 나는 목표를 향하여 전력투구하는 사람이다.7. 나는 결과에 책임을 지는 사람이다.8. 나는 성과에 따라 보수나 수입이 주어지는 사람이다.9. 나는 내 스스로와 싸우는 사람이다.10. 나는 능력향상을 위해 항상 노력하는 사람이다.

고등학교를 나오면 성인이 된 것이다. 사리분별을 할 줄 아는 나이가 된 것이다. 성인이 되었으면 스스로가 프로정신에 매진해야한다.

입시지옥에서 벗어났는데 이게 무슨 소리냐고 할 수도 있다. 그러나 이게 멋진 삶을 영위하는 길인데 어찌 외면할 수 있겠는가.

고등학교는 입시위주의 교육에만 치중하고 있다. 이렇게 만든 건 학부모들에게 책임이 있다. 아니, 학부모가 그렇게 원하더라도 학교는 전인교육 위주로 학생들을 가르쳐 내보내야 했는데 그것을 학교가 학부모의 견해를 따라 간 것이다. 그러니 대다수가 키만 컸지 마음은 자라질 못했으니 학생만 나무랄 수도 없다.

학교는 전인교육에 힘써야 한다. 누가 뭐래도 학부모는 학교에 학생들을 맡겼으면 학생들은 선생들이 책임지도록 해야한다. 학부모는 오히려 그들에게 입시공부보다 여가 시간을 만들어주고 여가시간을 잘 활용할 수 있도록 안내해 주는데만 신경써야 한다.

책가방만 메고 다니면 모두 다 공부하는 건 아니다. 어쩔 수 없이 학원에 다니는 학생들이 더 많다. 그러니 공부 할 수있는 분위기와 필연성을 인식 시켜줘야 한다.

학부모는 학교를 나온 후 책을 얼마나 읽고 있는가. 직업을 살찌우기 위해 자신의 정서 함량을 위해 계속 책은 읽어야 할 것이 아닌가.

지금부터 매일 책 읽는 습관을 들여 본 들 이미 때는 늦었다. 학생이 어렸을 때 부터 책을 읽는 걸 계속 봐 와야 한다. 마치 식사를 거르지 않고 드는 것 처럼. 그럼 학생들에게 교과서 외에 교양서적은 몇 권이나 사 주었는가.

일본을 가 보면 버스나 지하철, 기차를 타 보거나 공원, 벤치에 가 보면 꼬맹이부터 할머니까지 책이나 아니면 잡지라도 읽고 있다. 그런 반면, 우리는 어떠한가. 이러면서도 문화민족이라도 할 수 있겠는가.

8,90년대 대학에서 면접하는 가운데 고등학교 다니면서 읽은 책명을 말해 보라고도 했었고, 유명한 시 한 수 외워보라고 하면 백명에 한 명 정도만 대답했다.

지금 학부모 나이쯤이 그때 입학생들 이었을 것이다. 고등학교 졸업하여 성장했으면 모든 일은 이제 당사자에게 맡겨야 한다.

자발적 능력의 배양을 위하여 학교선택, 학과 선택을 선생이나 학부모가 선정해서는 안된다. 개중에는 일찍 성인이 된 학생들도 있고 일찌

감치 직업 전선에 뛰어드는 학생도 있다. 또 스스로 공부하려는 쪽도 있다. 서양에서는 진학 할 것인가. 직업 전선에 뛰어들 것인가는 스스로 알아서 한다.

선생이나 학부모는 조언자일 뿐이다. 대학 입학한 학생들의 과반이 선생이나 학부모에 의해 학교, 학과를 선택하는 것으로 나타났다. 잘못된 일이다.

서양식 주택에 서양식 복장, 서양식 식생활을 하면서 생각은 옛 학부모의 생각에 머물고 있는 것이 아닌가 싶다.

몇 번씩 떨어져 보는 것도 인생공부 아닌가. 너무 지나친 과보호로 성인이 되지 못하고 부모의 울타리에 그냥 머물고 있는 친구는 얼마나 많은지 생각해 보아야 한다.

나이 30이 넘도록 방구석에 틀어 박혀 있는 아들, 딸들을 상상해 보라. 의존성의 자식들을 만들지 말아야 한다.

자발적 능력을 개발할 수 있도록 해야한다. 아무리 집안이 윤택하더라도 고등학교 나오면 대학입학금 외엔 지불치 않는 것으로 해야한다.

빌려주는 것으로 하면 어떨까. 직업의 귀천도 없어지고 돈벌이의 어려움도 느끼게 되어 돈의 가치를 알게 된다. 또 젊어서 고생은 사서 한다는데 너무 평탄하게 살면 삶의 의지가 약해져 늙어서 고생하게 된다.

왜 부모들은 대학을 꼭 보내려고 하는가. 자기가 돈벌어서 사이버 대학, 방송통신대학, 각 사립 야간대학교를 나가면 안되는가. 꼭 명문대만 다녀야 하나. 돈이 안되면 한 학기 다니고 한 학기 휴학하며 벌어서 4년제를 8년 다니면 누가 뭐랄까.

방송통신대학교를 나와 대학원을 거쳐 교수된 사람도 있고 야간 대학을 나와 재벌이 된 회사 사장도 있는데. 낮에 일하고 밤에 공부하는 것도 좋은 방법 중의 하나이다.

2015년이면 정원미달학과가 많아지는데 그때 들어가면 뭐랄까. 입시 지옥에 빠지지 않아 좋고. 낮춰가면 편안히 입학하니 좋고.

직장이 있나요? 라고 질문한다. 얼마든지 있다고 본다. 외국 노동자가 한국에 얼마나 되는지 알아요?

작게 벌어서 등록금 내는데 집에서 달라고 할까요? 직업에 귀천은 없다. 외국엔 대학 나온 사람이 무슨 일을 하려고 하면 뭐라고 할 사람은 없다.

한국에서 그렇게 벌어 공부하는데 그 직업을 나쁘게 볼 사람이 누가 있을까. 모두 자기하기 나름인 것이다. 노동현장부터 닥치는 대로 일해라. 이렇게만 된다면 어려운 집안은 생활이 펴지고 또 학부모는 노년 준비도 할 수 있는 여유가 생기지 않겠는가.

백세까지 살려면 그때까지 자식들 도움으로 살려고 그러시오? 내년부터 경기가 안좋아진다고 하니 코 앞의 불부터 끄시구려.

남 걱정 하지 말고 당신 걱정부터 하라구요? 그래요. 하도 주변에 걱정들을 많이 해 내가 제안을 한 것이오.

난 내년에 74세가 되지만 그동안 26세 젊은 나이로 일을 해왔듯이 내년에도 26살로 살거요. 젊게 산다는 것이 얼마나 좋은지 모르겠소? 프로 십계명 정신으로 우리 모두 삽시다.

“눈내린 들판을 걸어갈 때 모름지기 어지러이 걷지마라. 오늘 내가 남긴 발자국이 뒤에 오는 사람의 이정표가 되리니.”

-서산대사-

자살과 살자

“악한 일을 한 사람은 이 세상에서도 근심하고 저 세상에서도 근심

한다. 그는 자기의 행위가 더럽혀진 것을 보고 근심하고 걱정한다. 부서진 배를 타고 강을 건너는 것과 같이 죽음을 겁낸다. 그러나 좋은 일을 한 사람은 이 세상에서도 즐겁고 저 세상에서도 즐겁다. 그는 자기의 행동이 깨끗함을 보고 겁낸다. 복탁의 단단한 배를 타고 강을 건너는 것과 같이 죽음을 무서워하지 않는다." 〈소부경전〉

지금 우리나라는 자살하는 게 유행처럼 퍼지고 있다. 과거의 자살은 살아가기 어려워 자살하는 사람들이 많았는데 요즘의 자살은 성격이 모질지 못해 자살하는 사람이 많아진 것 같다.

나는 젊을 때 산을 좋아해 거의 매일 주말이면 산을 오르고 싶어 하였다. 산을 오르는 게 건강에 좋다고 하여 산 오르는 사람이 많아지자 난 산 오르는 재미를 잃어 남들이 많이 다니지 않는 곳을 택해 산에 오르곤 하였다.

그러다 보니 산에서 자살하려는 사람이나 자살할 사람을 자주 만나게 되었다. 대다수의 사람들이 이런 사람들을 만나면 겁부터 집어먹고 다시는 만나려하지 않았다. 난 죽은 자나 산 자를 같이 취급하는 습성이 있어 오히려 흥미까지 움 솟게 되었고 죽음과 삶에 대해 남달리 깊이 파고 들 수 있었다.

물론 나도 처음엔 며칠 밤, 잠을 못 이루기도 하였고 불을 켜고 자기도 하였지만 자꾸 대하게 되니 잠을 못자거나 하는 일은 없어지고 말았다. 염세적이라고 볼 수 있지만 난 염세주의자는 아니다.

목을 매고 죽은 사람, 냇가에서 죽은 지 오래되어 구더기가 눈에서 나와 귓바퀴로 들어가는 모습 등의 괴기한 모습은 그렇게 편하게 볼 수는 없었다.

그 후 서울 홍제동 화장장에 가서 시신이 타는 모습까지 보아온 후로는 죽음이 무섭다거나 더럽다거나 여기는 것이 없어지고 말았다.

결국 사람은 이 세상에 태어나서 언젠가는 죽게 되어 있는데 왜들 미리 삶을 마감하는지 모르겠다.

인생이란 인자의 'ㅇ'으로부터 시작하여 생자의 'ㅇ'으로 끝나는 것"인데 두려울 것도 없고 무서울 것도 없다. 빈손으로 왔다가 빈손으로 가는 것인데 무슨 욕심들이 그리 많은지 모르겠다. 욕심을 버려야 한다.

내가 산에서 본 사람들을 보면 미리 사전에 준비한다. 약을 준비한다든가, 밧줄을 준비한다. 그렇지만 그 주변 사람들은 눈치를 챘을 텐데 왜 그냥 방치해 두었는지 알 수가 없다.

자살은 대개 미리 준비하는 형과 급작스럽게 죽는 형 두 가지 방법인데 모두 성격 결함에서 오는 충동 때문에 생기는 결과가 아닌가 여겨진다.

나무에 자기 웃옷을 걸어 둔다든가 포켓에 유서를 남긴다든가 하는 행위로 보았을 때 대다수의 자살자들은 죽은 후까지 생각한다고 봐야 할 것이다. 그런 의미에서 마포대교의 자살방지책으로 마련된 동상은 큰 일을 했다고 생각한다. 자살 구역 내에 굳은 표정으로 앉아있는 젊은이 옆에 친구로 보이는 한 친구가 무어라고 설득하고 있는 모습이다. "이보게 친구여, 한 번만 더 생각해 보게나" 라고 말하는 것 같다.

난간에는 많은 낙서들이 보이는데 모두 자살을 막아 보려는 의지의 글들이다. 아마도 많은 자살 희망자들이 자살하러 갔다가 '살자' 라는 생각으로 고쳐 먹을 수 있었을 것으로 여겨진다. 우리나라는 2011년 무려 1만 5천 566명이 스스로 목숨을 끊었다. 우리나라 자살은 10 만 명당 남자 39.3명 여자 19.7명 꼴인데 OECD〈경제협력개발기구〉국가 평균 자살률인 남자 18.1명, 여자 5.1명 보다 훨씬 앞서는 숫자이다.

매일신문 이병문 의료전문 기자는 다음과 같이 소개한바 있다.

"성인 15.6명은 평생 한 번 이상 심각하게 자살을 생각한 적이 있다. 또 3.3%가 자살을 계획하고 3.2%가 자살을 시도한 것으로 나타났다. 2011년 1년 동안 자살을 시도한 사람은 10만 8천 여명에 달한다. 최근 1

년간 자살을 시도한 사람은 남자는 70대가 가장 많았고 여자는 18~29세, 40대가 가장 많았다. 자살을 시도 할 당시 남자는 알코올 사용 장애, 여자는 기분장애와 불안장애가 가장 흔했다. 자살을 시도하는 사람들은 주로 우울증을 앓는 사람들이 많다.

우울증임상연구센터가 2006년 2월부터 2008년 8월까지 등록된 국내 우울증 환자 자료를 분석한 결과 총 1,183명의 환자 중 21.4%가 자살을 시도했으며 이들은 평균 2.1회, 최대 4.8회 자살을 시도했던 것으로 나타났다. 이는 미국의 자살시도 16.5%보다 훨씬 높다.“고 했다.

그리고 그는 노인과 10대 자살에 대해 서술하고 있는데 노인, 특히 남성은 60~64세 10만명당 72명, 65~69세 93명, 80세 이상이 222.7명이며, 여성은 25~29세부터 60세~64세까지 비슷하다가 65~69세 31.7명, 70~74세 40.2명, 80세 이상이 83.1명으로 나이가 많을수록 자살률이 높음을 밝히고 그 대표적인 요인은 우울증이라고 했다.

우리나라 청소년 15세에서 19세까지는 인구 10만명당 8.3명으로 그 주요원인을 대인관계 스트레스, 우울증과 같은 정신문제로 들었다. 그리고 우울증을 가진 청소년 70%가 자살을 상상하거나 시도하는 것으로 보았다.

우리나라는 국민 10 만 명당 한해 33.5명이 자살하는 나라가 되었다. 부끄럽게도 OECD 국가 가운데 8년 연속 1위라는 불명예를 안게 되었다. 그런데다 해마다 늘어나는 자살은 사망원인 3위를 기록하게 된 것이다. 국가적, 국민적 대책이 세워져 자살을 막는데 모두 노력 할 때가 된 것이다.

2004년 전 현대아산 회장 정몽헌이 서울 계동 현대아산빌딩에서 투신 한 후, 청계천 입구 3.1빌딩에서 저명한 시인이 투신하고 몇 년 후 전직 대통령이 스스로 목숨을 던져 파문은 극치에 다달았다.

인기인 배우 최진실과 이은주의 죽음, 가수 채동하의 죽음 등도 많은 쇼크를 주었지만 2013년 연초부터 야구선수 조성민이 죽은 것은 이 사회에 많은 충격을 던져 주었다.

유명인일수록 모범이 되어야 하는데 자기의 수명을 스스로 단축시킨다는 것은 범죄 중의 범죄라는 점을 느껴 죽을 힘을 다해 살아나가야 되지 않을까? 〈아함경〉에 "몸은 땅과 같고 착한 생각은 벼와 같다. 그리고 악한 생각은 풀과 같다. 풀을 베지 않으면 잘 익은 벼를 수확할 수 없듯이 악한 생각을 버리지 않으면 깨달음을 얻을 수 없다."고 하였다.

이런 자살들은 통계에 의하면 강원도가 1위, 충청도가 2위라고 한다. 남해군도 차츰 자살률이 높아지고 있다.

매주 화요일이면 탈촌 도꾸니(단골/방언)로 드나들던 분이 별안간 볼 수 없는 분이 되었다. 늘 뵈면서 인사만하고 그친 것이 나의 불찰이었구나 하는 생각을 했다.

남해군도 군내에 기구를 만들어 자살을 미리 예방할 수 있는 지침이 만들어져야 겠다. 마을이장, 부녀회장 등은 이웃들의 자살징조의 가능성을 파악해 돌보아야 될 시기라고 여긴다.

그리고 각 가정에서는 서로가 서로를 소통과 대화를 통해 서로 이해하고 도우며 각 가정이 화목해야 되겠다. 그리고 각 개인은 일어나서 노력해야 한다. 한가한 시간을 없애야 한다. 몸과 마음은 놓아두면 녹이 쓰는 법이다.

그래서 〈소부경전〉에는 "자기가 갈 곳을 만들어라. 대장장이가 녹을 제거하듯이 자기 자신의 녹 쓴 곳을 제거하라. 녹을 제거하고 나쁜 행동을 하지 않으면 그는 마침내 영원한 세계에 이르게 된다."고 하였다.

잠자는 시간외에는 몸과 마음을 다스릴 수 있는 일을 계속해야 우울증 같은 병이 들어오지 않는다. 우리 모두 자살을 "살자"로 바꿔 신명나는 남해를 만들어 가는데 주인공이 됩시다.

자살할 각오라면 그 각오로 살아가라

최근들어 부쩍 자살하는 사람들이 많아졌다. 연전엔 몇몇 여학생이 수능시험 잘못 보았다고 옥상에서 뛰어내려 자살하더니 인기스타, 인기 탤런트도 자살했고, 영생교회 목사와 신도 7명이 집단 분실자살했고 빚 800만원에 시달리던 엄마가 딸을 죽이고 자살하였고 인터넷에 자살사이트를 보고 낯모르는 남녀들이 집단자살하는가 하면 대통령을 지낸 사람까지 자살하는 등 그 수가 자꾸만 늘어나고 있다.

고귀한 인간의 생명을 스스로 끊어 버린다는 것은 바람직한 일이 아닌데 그들은 죽음으로 삶을 마감하고 있는 것이다. 자살은 인간의 10대 사망원인 중 하나로 지구상에서는 매일 1천 명, 연 50만 명씩 자살하고 있고, 우리나라는 연10만 명당 200여 명이나 된다.

서양인들은 총기자살, 투신자살, 목매어 죽는 자살이 많은 반면, 동양인들은 음독자살이 많다. 그러나 최근엔 동양인들의 자살방법도 서양을 닮아가는 추세이다.

그리스시대에는 자살을 바람직하지 못한 것으로 간주하였으나 소크라테스는 "꼭 그렇게 옳지 않은 것으로만 생각할 필요가 있느냐"는 의문을 던졌다. 그래서인지 그는 뒤에 "독배를 들어 자살하라"는 강제자살처벌을 받았는지도 모른다.

회교성전 코란엔 자살을 금지하는 말이 있었으나 기독교의 성경에는 자살금지 조항이 없어 뒤에 '스스로를 죽이는 자는 죄없는 자를 죽이는 것과 같다' 란 말을 서기 452년에 넣었다고 한다.

쇼펜하우어는 '자살할 권리가 있음이 바로 인간이 동물보다 낫다는 점이다' 라는 말로 자살을 옹호했는가하면 볼테르나 몽테큐는 자살반대론을 펴기도 했다. 우리는 자살이란 말보다 '자결' 이란 말을 써서 미화

하는 경향이 짙으며 아주 큰 죄를 지었더라도 자살하면 가볍게 돌리는 경향이 짙다.

좀 오래된 영화 비델베르그 감독의 〈엘비라 마디간〉(1967년)이란 작품이 있다. 이 영화는 세기말 스웨덴 사회를 떠들썩하게 했던 곡마단(서커스단)소녀와 전도 유망한 육군 중위간의 사랑의 도피행각을 아름답고 서정적인 화면으로 재구성한 것이다.

헐리우드식 전개방식을 철저히 외면한 이 유럽영화는 모차르트 피아노 협주곡 20번 2악장과 비발디의 음악이 기막히게 무르녹아 있다.

권총자살을 위해 꽃이 만발한 들판으로 들어가기 직전 둘은 나무꾼을 만나게 된다.

중위는 나뭇꾼에게 인사말을 건네며 묻지도 않은 자기 이름을 대며 머뭇거린다. 탈영장교 체포령이 널리 알려졌으리라 여겼기에 무의식적으로 자기를 알려 체포되고 싶었을 것이다.

자살하려는 사람은 행동으로 옮기기 직전에 이렇게 애타는 구조요청을 수없이 발하며 자기자신의 위치까지 알리려는 마음이 소용돌이 친다고 한다.

자살은 충동적으로 나타나는 행위가 아니고 짧게는 일주일에서 길게는 한 달, 또는 그 이상 심사숙고한 끝에 행해지는 까닭에 잘 살펴보면 그 징조를 발견할 수 있다.주위사람에게 진담반 농담반으로 알리기도 하고 식사량을 줄이거나 말이 없어지고, 성생활도 중단하며 잠잘때는 많은 변화를 가져오기도 한다. 또 가지도 않던 절이나 성당, 교회를 찾거나 용한 무속인을 찾는 등 행동의 변화를 보인다.

따라서 자살을 예방하거나 막는 일은 식구나 친구, 또는 같은 직장인들이 관심을 가지면 가능하다.

나는 가을산을 좋아해 자살자들을 많이 만날 수 있었다. 음독자살하거나 목매달아 죽는 경우의 대부분은 그 근처에 옷을 걸어두거나 또는 가방을 나무나 돌위에 놓아 둔다. 옷이나 가방에는 유서나 또는 주민등록증이 꼭 들어 있었다. 대개의 자살자들이 자기의 시신이나 또는 누구라는 걸 알리고 싶은 충동을 느끼는 모양이다.

저승의 삶까지 생각하면서 왜 죽으려는지 모르겠다. 죽고 싶을 정도의 의지라면 무슨 일을 못하겠는가?

장수비결은 스트레스 받지 않고 살면 된다. 자기에게 주어진 생명을 연장해 나가는 데 힘을 써야지 절망과 좌절에 빠져서 헤어나지 못한다면 그것은 인생의 낙오자, 바보, 범죄자이다.

자살을 계획하는 시간에 새로운 삶에 도전할 계획을 짜고 계속되는 수난과 장애를 차근차근 극복해 나가야 한다. 삶의 묘미는 수난과 장애를 어찌 극복해 나가느냐에 달려 있는 것이다.

⑩ 동대연극 80년

불교포교와 축제

동국대학 '연극학과'는 우리나라의 연극과 영화를 대표하는 전통의 명문학과로 우뚝 섰다. 한석규, 최민식, 고현정, 전지현, 박신양, 김혜수, 이정재 등의 배우와 정세호, 정을영 PD, 양윤호 영화감독 등 동국대학 출신 예술인은 1,000여 명에 이르며, '동국예술인 모임'(회장=이덕화)은 학교발전기금을 조성하는 등 대내외적으로 활발하게 활동하고 있다. 현재 연극학과는 '영화영상학과' '연극학과'로 나뉘어져 있고, 연극학과 내에 뮤지컬 전공도 있어 최고의 교수진과 함께 우리나라 예술계를 끌고 갈 인재를 양성중이다. 80년의 전통을 이어오고 있는 동국대학 연극영화학과의 전통을 살펴본다.

일제치하에서도 빛난 동국 연극

동국대학교 영화 · 연극의 역사는 동국대학교 전신인 중앙불교전문학교와 혜화전문학교에서부터 시작된다. 1928년 5월 28일 불교전수학교에서 불전교우회 창립총회가 있었다.

초대학예부장으로는 윤태동, 간사에 주동훈, 강유문, 한상훈이 맡게 되었으며 같은 해 『일광』지를 창간, 문예활동을 펴기 시작했다. 이 시기엔 이렇다 할 특별한 활동은 없었다. 그러다 1930년 4월 7일 불교전수학교가 중앙불교전문학교(이하 중전)로 승격되면서 6월 4일 학생연합회인 '북악회'가 창립되면서 활동을 본격적으로 시작하게 됐다.

이 때 학예부는 강유문, 한성훈에 의해 같은 해 6월 27일 중전 최초의 음악회를 갖고 제1회 학생웅변대회에 참가했으며 1931년 1월 성도절 기념 연극까지 계획하게된다. 그 첫 작품이 김소하의 작품인 〈지옥화〉이다. 이 작품은 『목련경』에서 소재를 가져온 작품으로 당시 전국에서 많이 상연되기도 했었다. '목련소인극' 으로 양주 보광사에서 1929년 상연되었고, '목련극' 으로 개명해 통도사에서 공연을 갖기도 했었다.

이를 계기로 북악회는 매년 정월 성도절과 5월 부처님오신날은 늘 연극상연을 하게 된다. 강유문의 〈꿈〉, 김용학의 〈법화〉,〈업보〉, 백우(홍사용)의 〈흰젓〉과 같은 불교 포교수단 겸 취미활동으로 불교소재의 작품을 상연하게 된다.

이러다 1933년부터는 번역극에서 현대극까지 세력을 확장해나가기 시작했다. 싱클레이의 〈이층의 사나이〉, 송영의 〈일체 면회를 거절하다〉, 마이켈 콜드의 〈돈〉, 이무영의 〈한낮에 꿈꾸는 사람들〉등이 그 예다.

중전초기시절부터는 강유문, 김용학, 이태성, 한동원, 이태우, 현수길, 손상현 백만기, 정용식 등이 활동을 활발히 펼쳤다. 이외에도 김태흡은 『불교』지를 통해 논문과 희곡을 남긴 최초의 희곡작가이다. 그는 『불교』지에 〈누구든지〉,〈불타의 감화〉,〈불타의 홍원〉 등을 발표했다.

또 이태우는 1937년 재학 중 조선일보에 평론이 신춘에 당선되었고 문학평론을 쓰다가 영화평론으로 방향을 바꾸어 활동하다 해방 전 만주로 가 만주 국영영화공사에 들어가 기획을 맡기도 했다. 그러나 남북의 교류가 단절돼 그 후 소식을 알 수 없게 되었다.

김준호는 졸업직후 경성방송국 방송부에서 프로듀서로서 활동을 한 동대 최초의 방송인이다. 그러나 해방 후 의학에 관심을 기울여 의사자격시험에 패스, 병원을 개원하였다.손상현, 백만기, 오화룡 등은 졸업 후에도 극단 고협단원이 되어 활동을 했고 오화룡은, '시인부락' 동인으로 활동하면서 '백조' 동인을 겸한 것으로 알려져 있으나 그 후 행방이 묘연하다.

조동탁(지훈)은 혜화전문학교 출신으로 〈한 낮에 꿈꾸는 사람들〉에 백만기, 손상현과 함께 출연한 후 연극에 남달리 관심을 가져 해방 후 고대 극예술연구회 지도교수를 맡았으며 매 공연마다 월급까지 제작에 보태는 열정을 보여 고대극예술연구회의 발전에 이바지 했다.

소설가 조정래의 부친 조종현도 재학 시절 시조 등을 집필하였고 노래극에 관심을 가져 〈꽃피는 동산〉등을 써 『불교』지에 게재키도 했다.

최금동은 백만기, 오화룡, 손상현등과 함께 개성 지족암 설화인, 〈십년공부 나무아미타불〉을 무용극화하여 주목을 끌었다. 그는 1936년 동아일보가 당시 거금 300환의 현상을 걸고 공모한 시나리오에 〈애련송〉이 당선되어 시나리오 작가가 되었다. 1938년 매일신보에는 영화소설 〈향수〉를 연재한 것이 인연이 되어 입사시험에 단독 채용되었고 〈향수〉는 후에 〈길은 멀어도〉란 이름으로 영화화됐다. 다음 〈해빙기〉,〈새로운 맹세〉,〈산유화〉,〈오 내고향〉,〈청춘극장〉,〈비극은 없다〉,〈가는 봄 오는 봄〉,〈이름없는 별들〉등 수십 편의 작품을 남겼다.

이 밖에 1944년 졸업생인 배준호와 1939년 극계에 입문한 정민(동민)이 있다. 배준호는 강원도 태생으로 김준호에 이어 두 번째 방송인이 되었는데 해방되던 해 경성방송국 편성과에 근무하다 1949년과 1954년 두 차례 해외 방송계 시찰을 했다. 해방 후 KBS에 근무하다 MBC 개국 시 자리를 옮겨 방송부장을 지냈고 TBC가 개국하자 그곳에 기획위원으로 이직, 계속 방송계 발전을 위해 활동했다.

배우 정민(동민)은 애당초 승려였으나 처음 이광래에 의해 1937년 발탁되어 활동하면서 영화에 출연했다. 그는 현대극장, 청춘극장 등에서 활동하였는데 연극은 〈지옥과 인생〉이 데뷔작이며 영화는 〈사도세자〉가 데뷔작이다. 그는 숱한 연극과 영화에 출연한 것으로 유명하다.

또 1960년대 말 TBC-TV 김재형이 연출한 〈오늘은 왕〉으로 데뷔 MBC, KBS TV까지 전전하면서 브라운관을 탔다. 결국 그는 1978년 활동을 접고 승려가 되어 샌프란시스코로 이민, 사찰을 짓고 생활하다 1980년대 말 입적했다.

이렇듯 동대연극 초창기인 1931년 중앙불전부터 1945년 해방이 될 때인 혜화전문까지는 우리나라가 일제치하였기에 연극은 불교포교나 축제일환, 그리고 암암리에 민족 단합운동을 겸하던 시기이다.

1945년 해방이 되고 1946년 혜화전문학교는 군정청의 대학령에 의해 동국대학으로 개편되었다. 따라서 연극도 새로운 도약의 길을 걷게 된다.

혼란한 시국과 창작극 공연

'하면 된다' 는 신념으로 한 공연

해방후 양주동, 피천득, 김기림 교수와 고암선 강사는 극예술연구회(약칭 · 극연)가 1947년 태동하는데 많은 힘이 되었다. 극연의 회원은 50여명. 막상 베나벤테의 〈가장인생〉을 첫 작품으로 정하고 읽기 연습에 들었는데 앞길이 막막했다.

50여명의 회비로 공연자금은 될 수가 없었다. 회원들은 상의한 끝에 선배들을 찾아 지원요청을 할 생각을 해냈다. 몇몇 선배들을 찾아보았으나 모두 허사였다. 그러던 어느날 최후의 희망을 안고 정동소재 중앙방송국 김준호 선배를 찾아갔다.

사정이야기에 김선배는 전국대학 최초로 방송극을 제작 · 방송하여 출연료를 몽땅 제작비에 털어넣는 생각을 해냈다. 조성하,조효경은 애란의 작품 〈완 딸라〉를 방송극화하는데 앞장섰던 일등 공신이다.

방송극 때문에 중단했던 연습은 '하면 된다' 는 신념 아래 당시 전문연출가 박춘명을 초빙, 본격 연습에 들게 된다. 이때의 출연은 조성하,

한재수, 조효경, 강신탁(명), 이강현, 장진건 등이었고 중앙극장에서의 공연이 약속된 상태.

이때 공연비는 바닥이 나고 공연을 포기할 상태였다. 이것을 알게 된 지도교수 김기림이 월급을 가불해주어 준비가 완료 되었다. 막이 오르자 관객이 어찌 많이 몰렸는지, 단 한 차례공연에 들어간 제작비를 모두 뺄 수 있었다. 초대손님을 많이 초청하다보니 기부금이 답재한 것이다.

격렬한 이데올로기의 충돌

이데올로기의 충돌 속에서 다음 공연 제작비를 마련한 극연은 바로 체홉의 〈앵화원〉을 채택, 이강현, 조성하가 반씩 나누어 번역, 고암선 연출로 공연했다.

특히 이 작품에서는 히로인을 심옥택이 맡았으나 후에 사정으로 이혜경이 출연하였고 조성하의 경우는 늑막염이 걸려 자리에 눕게 되자 부랴부랴 김진복으로 배역(配役)을 바꿨으나 이사정을 늦게 안 김진복이 중간에 그만 두어 조성하가 완쾌될 때까지 기다려 상연(上演)하는 의리를 보여주기도 했다.

이 작품은 공연이 끝나고 다시 기획되어 청년 예술극장이란 이름으로 돈암교에 있던 동도극장에서 상연했다. 이때 좌익계 학생들이 대거(大擧) 극장에 뛰어들어 행패를 부리기도 했다.

1948년 까지는 혜전 후기의 조성하, 이강현, 김형걸(회장)이 주축이었고 1949년 한국 연극학회가 주최한 제1회 대학극 경연부터는 조성하가 극연을 리드했다. 이 경연엔 모두 기성작품이나 번역극(飜譯劇)을 들고 나갔는데 동국대만 조성하의 처녀작 〈밀고〉를 들고 나가 주목을 끌었다.

〈밀고〉는 한재수, 맹후빈이 공동 연출했고, 박영민, 조항, 조효경, 한재수 등이 출연했다. 심사위원 만장일치로 일등상을 받은 작품으로 각 언론은 이 공연을 '이 나라 학생극의 신기원'. '한국연극 발전상 최소한 30년의 시간을 단축시켰다' 고 극찬(極讚)했다.

이 경연을 계기로 학생연합 서클인 '학막(學幕)' 이 만들어 졌는데 처음엔 연극토론등 학구적 모임으로 시작되더니 한 두달 흐르면서 좌우익으로 양분된 이데올로기 투쟁의 장으로 바뀌어 버렸다.

처음엔 조성하. 한재수 등이 참가했으나 서울대(김기영), 고려대 우익 (김경옥), 동국대학은 그곳에서 탈퇴(脫退)하고 사범대, 상과대, 고대 좌익만의 중심으로 지속되었다.

1949년말부터 혼자서 어디를 다니다간 언제 어떤 봉변을 당할지 몰라 밖을 나설 때엔 집단으로 다니거나 또는 포켓에 재크 나이프를 두 어개씩 지니고 다녀야 했다.

이 즈음의 연극은 사상 싸움의 도장이 되었던 것이다. 동국대는 체홉의 〈앵화원(櫻花園)〉을 공연하여 좌익으로 착각되어 공연 때는 조용한 편이었으나 우익임이 밝혀지자 더 큰 적색테러를 당하고 돌멩이 세례에 칼부림까지 받았다.

전쟁중에도 부산서 연극공연 하기도

동대 극연은 오닐의 〈느릅나무 밑의 욕망〉을 연습 중 6.25가 발발, 일부는 군입대,일부는 종적을 감추고 일부는 피난길에 올랐다. 학교도 부산으로 피난, 임시교사에서 문을 열었는데 이 때 연극반엔 박영민, 강신탁, 조항, 강숙자(유정) 등이 모여들었다.

피난지에서는 박영민 주도 아래 싸르트르 작 〈더러운 손〉을 공연했다. 박영민 번역 · 연출, 강명 기획, 조항 미술, 출연엔 박영민, 정봉문, 최성호, 김규태, 정준현, 조병수, 강숙자등이 출연하여 1951년 겨울 부산 동아극장에서 상연하였다. 대성황을 이루었다.

힘을 얻은 박영민은 같은 작가의 〈무덤없는 죽음〉을 다시 선정,

1952년 2월 부산극장에서 공연하였다. 그리고 언커크의 지원으로 대구, 마산 등지를 순회공연까지 했다. 부산 피난지에서의 학생들은 학업보다 연극공연이 유일한 낙이며 생활의 전부였다.

전시(戰時)였기에 연습중에도 영장이 나와 입대하였고 때에 따라서는 길거리에서 영장이 발급돼 입대 하는 등 연습의 차질(蹉跌)이 생기기도 했다.

따라서 박영민, 조항, 강숙자 등은 극단 신협 문예중대에 입대하게 되고 1953년 휴전이 되자 동대 연극은 흐지부지한 상태가 된다. 서울로 상경한 동국대 극연은 1954년 제2회 전국 대학극 경연대회가 11월에 있었는데 동대 연극은 장한기의 창작 〈산골〉을 가지고 출전했다.

연출에 김두천, 출연에 조민자, 오태근, 조철문, 조용수, 최재복, 박영근, 천선녀, 홍대훈 등이었다. 이 공연에서도 동대연극은 단체상 특상에 개인연기상에 조철문, 조민자가 수상했다.

장한기는 졸업 직전 광주 보병학교 CSMC 훈련중 자작 〈지하촌〉을 김인호 연출로 상연, 우수패를 수상하기도 했다. 입대 훈련을 받고 돌아온 장한기는 '동국문학' 을 창간 하였고 제3회 경연에는 유치진의 〈푸른 성인〉을 공연하였는데 박영근, 천선녀, 오태근, 배효경, 김재식, 조철문, 김영숙, 최재복등이 출연했다.

연극학과 창설

1956년 ~ 1960년 : 국내 대학 처음으로 연극학과 창설

감독 데뷔의 붐 형성

유현목은 1956년 흑백영화 〈교차로〉를 만들어 영화 감독으로 데뷔했다. 이 작품이 크랑크 인 되던 날 이곳에는 출연자 강명을 비롯 박성복, 이영, 정일택, 하한수 등 많은 영화예술연구회(이하 영연) 동인들이 모여들었다.

이 때는 〈교차로〉보다는 영연에 대한 추억에 사로 잡혔다. 영연창립 총회가 있던 1948년 초반에는 100여명이 참여했는데 결국 영화가 제작 단계에 들어가니 모두 빠져 나가고 20여명밖에 안 남았다. 그것도 극연 멤버가 전입해 와서 단단한 정예멤버만 남게 되었다.

〈해풍〉을 영종도에서 찍기 위해 모였는데 스스로 찍으려다 보니 촬영기문제, 그리고 전체적인 도움을 줄 분이 필요했다. 수소문끝에 당시 현역감독인 김성민 감독을 떼를 쓰다시피 하여 고문 감독으로 확정을 지으니 자연스럽게 촬영에 원용일 기사가 섭외되었다.

영연은 촬영을 위해 한달간을 예상하고 영종도에 합숙했는데 반달도 안 돼 제작비가 바닥이 났다. 유현목은 김태균, 김형걸 등을 최취사를 찾게 했다. 눈물을 쏟으며 간청하자 최취사가 뒷감당을 해 주었다. 촬영은 완료되었으나 현상부터 녹음까지의 과정이 남아 유현목은 이형근에게 회장직을 넘겨주고 수완을 기대했다.

그러나 시공관에서는 변사없는 무성영화로 첫선을 보였고 녹음자금 마련으로 최종 완성 명동어귀 USIS시사실에서 재학생을 대상으로 시사회를 가졌다. 1949년 한국대학 최초의 극영화 이수령 작 〈해풍〉은 김용환, 김형걸, 신신오, 백신자, 심명익, 손홍주, 강명, 이성구 등이 출연했었다.

여하간 영연은 6 · 25가 없었다면 그 명백이 이어졌을 것이다. 유현목의 영화계 진출로 박성복은 〈눈물〉(1958) 이영은 〈오늘도 내일도〉(1959) 정일택은 〈청실홍실〉(1957) 하한수(영수)는 〈목포의 눈물〉(1958) 이성구(병용)는 〈젊은표정〉(1960)으로 감독 데뷔, 강명은 〈교차로〉 배우로 진출하는 계기가 된 것이다.

사극의 왕 김재형 재학 시절

김재형은 경기 상고 재학시부터 극단 신협 작품에 출연하다 대학에 들어와서는 이철향과 신무대 실험극회를 창단, 활동을 펴고 있었다.

창단공연은 이철향작 〈푸른 꿈〉을 연출한 이후 이철향작 〈제5계절〉을 연출했다. 이 즈음 장한기는 동국대 교무과장으로 있으면서 서라벌대 이광래 교수와 함께 소극장 원방각을 창단, 활동을 펴고 있었다.

김재형은 신무대 실험극회, 소극장 원방각 공동후원으로 학생회 최초로 연극반연구발표회 겸 · 신입생환영공연으로 오학영처녀작 〈명암지대〉를 연출하였다.

이 공연은 〈밀고〉, 〈산골〉이후 동국연극이 실험한 획기적인 작품이었다는 평이다. 이 공연후 학생위원회는 1959년 4월 초파일 서울 중앙방송국에서 이경제작 〈법의(法衣)〉를 김재형이 연출하여 주목을 받게 된다.

그후 전통을 살리기 위해 명칭을 극예술연구회(이하 극연)로 바꾸어 정해창, 김선경, 김명용 등과 함께 에밀리 셀든 작 〈성대(聖帶)〉를 공연하고 신무대 실험극회의 이근삼 작 〈원고지〉를 연출하였다. 그리고 제4회 대학방송극 경연대회에는 출연자로, 제5회 경연엔 오학영 작 〈인간유희〉를 연출, 주목받는 연출가가 되었다.

1960년엔 문예부장을 맡아 전국대학 최초로 '전국남녀 중고교연극경연대회' 를 주최하였고 1961년엔 신무대실험극회의 후라스코의 〈제8요일〉을 연출하고 졸업과 함께 KBS-TV의 PD로 들어갔다.

이후 40여년간 250여편의 드라마 연출 그러나 그는 1982년 영화 〈춘희〉를 감독했으나 흥행에 참패, 2010년 광주에서 연극으로 회귀 마지막으로 〈김치〉를 연출했다.

연극학과 창설

교수가운데 양주동, 피천득, 김기림이 극연을 적극적으로 뒷받침해

온데다 최재서, 최정우, 김재남등도 연극에 관심이 많았다.

실제에서도 극예술연구회는 전국대학 가운데 공연예술을 잘하는 전통이 내려 왔으며 학문적으로도 한하균이 '소도연구소고(蘇塗硏究小考), 이종찬이 '한국가면극', 이효영이 '유진 오닐연구' 김정근이 '버나드 쇼우 연구' 등이 나올 만큼 관심이 높아졌다.

특히 희곡 〈산골〉 〈지하촌〉 〈태풍〉과 입센의 〈유령〉을 소극장 원방각에서 공연한 장한기는 동국문학회 조직과 함께 '희극론' 을 발표하고 '가면무극고', '고전극의 동서개관' 등을 발표하면서 동서양 연극사에 관심을 갖기 시작했다.

이렇게 대내외적으로 연극에 대한 관심이 모아질 때, 그리고 교무과 장직을 맡으면서 장한기는 유치진을 '희곡론' 강사로 초빙하고 함께 백성욱 총장에게 필연성을 강조, 설립약속을 받아내는데 성공, 취지문, 커리큘럼, 계획표등 을 작성, 문교부에 신청, 1959년 연말에 인가를 얻어 연극학과의 창설이 국내 처음으로 이루어졌다.

이즈음은 1953년 서라벌예교(전문대)에 연극영화과, 1959년 중앙대에 연극영화과, 1960년 동국대에 연극학과, 1961년 한양대에 영화학과 순으로 생겨 동국대학만 유일한 연극학과였던 것이다. 교수진용은 유치진, 이해랑, 김정환, 장한기등 4명에 양주동, 여석기, 이광래, 이근삼 등이 강사로 초빙되었다.

첫 입학생은 20명, 그중 피천득 아들 세영만 고교시절 연극을 했고 현역 성우로 활동하고 있었다. 입학때 진행을 본 것은 김재형, 김선경(영화감독), 김명용(영화감독), 정해창(탤런트)등이었다.

첫 강의는 1960년 4월 4일에 시작되었으나 4 · 19 학생의거와 5 · 16군사혁명이 잇달아 일어나 첫 해부터 휴강상태가 오랫동안 지속되었다.

실험소극장 개관

1960년 ~ 1970년 : 동양 초유의 실험소극장 개관으로 앞서가

1960년대에 들어 동국대학의 연극학과는 전문적인 시설을 갖춘 소극장을 본관의 동대신문사 자리인 대학본관 1층에 마련하고 우리나라 연극계를 주도해 나간다. 진취적인 감성으로 유치진, 이해랑, 장한기 교수의 지도로 장욱제, 이성웅, 김무생등의 배우들을 배출하며 위상을 공고히 해나갔다.

연극계의 심벌로 부상

동국대학 교육방송국은 연세대에 이어 두번째로 대학방송국 인가를 받았다. 1960년 6월 14일 첫 전파를 쏘아올렸으며, HMYB라는 콜사인으로 매일 오후 2시부터 6시까지 청취자를 찾아갔다.

같은 해 9월 5일 현재의 대학본관1층 동대신문사 위치에 준공된 실험소극장은 94석 규모에 관련 제반시설을 갖춘 동양 초유의 시설을 자랑하기도 했다.

개관작품으로는 〈오 머나먼 나라여〉를 무대에 올렸는데 당시 이탈리아에서 귀국한 양동군 강사의 연출로 김기일, 마영달(이성웅), 피세영, 김홍우, 김호정(진홍), 정진(수황) 등이 출연하여 눈길을 끌기도 했다.

특히 이곳이 연극계 세미나장, 극단 실험극장 등이 창단, 사용되면서 이후 신무대 실험극회, 칠일회 창립의 초석이 되기도 했다.

또한 유치진, 이해랑, 김정환, 장한기 등 저명 교수를 비롯해 오학영, 이근삼, 김승규 등 동문 극작활동도 활발해졌고, 김재형 문예부장의 주도로 '전국남녀 중고 연극경연대회' 를 통해 청소년의 기대를 고조시키기도 했다.

더욱이 미국 유타대학 〈뎀 양키스〉공연과 콜로라도 대학극단의 〈Bells are ringing〉등 연이은 공연, 1963년 전동문 재학생 연극, 영화, 방송관계자 총결집 동국극회의 창단과 장호(김장호)동문의 시극동인회의 창단, 그리고 1967년 국내유일의 연극전문지 『연극학보』의 창간은 동국대학 연극영화학과 (63년 연극 · 영화학과 통폐합 조치에 의함)는 연극계의 심벌로 부상하는 계기가 되었다.

새로운 공연 전통 창조

학생회 연극반에서 활동하던 김선경이 작품 〈고래〉를 동계방학 간 워크숍공연으로 기획하여 정진(수황), 김호정, 이유정(수영), 김기일, 윤석균, 피세영, 김흥우가 가담, 1961년 1월 공연되었다.

김선경은 이후 신무대실험극회에서 활동하다가 영화조감독을 거쳐, 1972년 〈잘 살아다오 내 딸들아〉로 데뷔, 〈빌리 장〉, 〈낮과 밤의 두 황제〉, 〈흑룡〉, 〈산동 물장수〉, 〈악녀의 밀실〉 등을 비롯, 1985년 23번째 작품 〈마지막 여름〉을 끝으로 요절하고 만다.

〈고래〉에 이어 '신입생환영공연' 을 마련하자고 김재형이 제안, 학생회에서 제작비 일부를 대어 〈월출〉이 공연되었다. 그리고 1961년 부터는 이해랑 교수의 지도로 〈나는 살아야 한다〉가 최초의 '실습공연' 으로 상연되었다. 여름방학에는 오닐의 〈위험지역〉(1기), 〈동으로 카티푸를 향하여〉(2기)를 연습하였고 그 결과 '겨울 워크숍 공연' 이 마련되기도 하였다.

'졸업공연' 은 1964년 유치진 작품 〈왜싸워〉를 시작으로 〈오이디프스왕〉, 〈겨울과 봄사이〉, 〈세일즈맨의 죽음〉순으로 이어졌다. 더불어 졸업생을 환송하는 공연도 있어야 한다고 여겨 1963년 12월 말에는 하유상 작품 〈회색의 크리스마스〉를 '졸업환송공연' 으로 올리기도 했다.

이밖에 '원어극공연', '지방순회공연' 도 비정규적으로 지속된 바 있다. 이러한 과정을 통해 '동국연극' 의 공연전통이 마련된 것이다.

연극 · 영화 · 방송계 진출

1962년 드라마센타 개관공연을 시작으로 스텝 캐스트로 이영식, 유흥렬, 이성웅, 피세영, 한수철, 김흥우, 김기일, 이일웅, 김영일, 김무생, 이신재 등이 참가했고 방송계는 1961년 KBS-TV에 피세영, 김기일, 김호정이 합격한 이래 송창호, 이일웅, 이신재, 김용호 등이 진출했다. 또한 1963년 성우모집에는 동아방송(DBS)에 이완호, 김무생이 합격, 활동을 시작하였다.

한편 김기일은 제3극장, 사계, 춘추 창단원으로 활동했다. 제3극장의 〈새우잡이〉, 〈카니발 수첩〉에서는 노래와 춤, 그리고 악기 다루는 솜씨가 빼어나 뮤지컬 배우로서의 가능성을 다분히 보였으나 뮤지컬이 지금처럼 붐을 형성치 않아 방송에 전념했다.그후 그는 MBC 개국과 함께 KBS에서 옮겨 악역배우로 정평이 나기도 했다. 그의 대표작으로는 〈사랑과 야망〉과 〈제2공화국〉을 꼽을 수 있다.

김호정은 입학하면서 한재수의 한일배우학원 출신들로 구성된 '8월극장' 에 가담, 오학영의 〈꽃과 십자가〉에서 명연기를 보여주었고 MBC 개국과 함께 자리를 옮겨 〈수사반장〉의 서형사역으로 인기를 모았으나, 1971년 지병으로 돌연 활동을 중단, 1978년 요절했다.

이성웅(마영달)은 1965년 '제3극장' 을 전세권, 이영식과 함께 창단했고, 이듬해에 자유극장, 1969년에는 춘추, 1971년에는 산울림 창단원으로 활동하면서 성우생활을 이어갔고, 이후 KBS-TV의 탤런트로 활동하기도 했다.

재학시에는 〈오 머나먼 나라여〉, 〈왜 싸워〉, 〈카니발 수첩〉, 〈따라지의 향연〉, 〈신의 대리인〉, 〈한꺼번에 두 주인을〉, 〈비쉬에서 일어난 일

〉, 〈소〉, 〈꽃피는 체리〉, 〈가위 바위 보〉, 〈건강진단〉, 〈환절기〉, 〈동물원이야기〉 등에 출연하였다. 그는 키도 훤칠하고 리더십도 있어 탤런트협회장을 지낸바 있고, 이후 인천에서 국회의원 선거에 출마하기도 했다.

1979년 〈야 곰례야〉에서는 마영달 역을 맡아 인기를 모으자 이름까지 등장인물명으로 개명했다. 이 작품은 TBC에서 첫방송되어 중간에 방송통폐합으로 마지막 방송을 KBS에서 끝낸 인기 연속극이었다.

장욱제(시권)는 재학시절에도 날쌘 동작과 고음의 음성으로 작품속에서 인기를 독차지하였는데 1970년대초 가장 인기있었던 드라마 KBS 〈여로〉에서 정민의 아들 '영구' 역을 맡아 인기를 얻기도 했다. 하지만 그후 '영구'라는 독특한 캐릭터 때문에 방송출연이 뜸해지자 1973년부터 영화 〈두형제〉, 〈용구와 용팔이〉, 〈출세작전〉, 〈성춘향전〉', 〈검은 띠의 후계자〉 등에 출연하기도 했으나 이후 연기생활을 접고 전업했다.

김무생은 성우생활을 하면서 '동우극회' 회원으로 활동하였고 자유극장, 산울림 등의 창립단원으로 활동했다. 〈소〉, 〈왜싸워〉, 〈제17포로수용소〉, 〈해녀뭍에 오르다〉, 〈석학〉, 〈동물원의 호박꽃〉, 〈대머리 여가수〉, 〈마리우스〉, 〈흑인창녀를 위한 고백〉, 〈광무제의 밀사〉, 〈고도를 기다리며〉, 〈비쉬에서 일어난 일〉, 〈겨울 사자들〉, 〈가위 바위 보〉, 〈건강진단〉, 〈환절기〉, 〈블렉 코메디〉, 〈밤으로의 긴여로〉 등의 연극에서 중후한 연기를 보여주었고, 만년에는 방송극의 대표적인 연기파 탤런트로 활약했다. 2005년 4월 16일 폐렴으로 별세했다.

한편 1963년에는 연극영화 통폐합으로 '연극영화학과'가 되었고, 1969년 유치진 교수가 퇴임하면서 유세형 교수가 영화부문을 전담하게 되었다.

활발한 사회진출

1971년 ~ 1980년 : 영화 · 방송 · 연극계로 진출한 동문들 크게 활약

1971년에 국내 연극사상 최초로 '100회 공연' 을 무대에 올리기도 했다. 또한 1972년에 대학원에 연극영화학과 석사과정이 신설되며 학과 변혁의 원동력이 된다.

1973년 본관에 TV 스튜디오 건립

본관에 TV스튜디오가 1973년에 만들어졌으나, 스튜디오는 TV촬영보다 공연행위를 위해 주로 사용되었다.학과의 큰 변화는 1969년 유치진 교수가 정년퇴임하고 예총회장을 맡고 있던 이해랑교수가 제8대 전국구의원(1971)으로 국회에 진출, 연임까지 하게 된다.

이해랑교수의 공백을 이진순교수가 임명되어 연기 · 연출지도를 맡게 되었다. 하지만 무대미술가인 김정환 교수의 신병이 악화되어 1970년도에 사직하였으며, 유세형 교수의 요절로 1976년엔 후임으로 유현목 교수가 초빙되었다.

방송 스태프분야도 폭넓게 진출

동국대학 연극영화과 졸업생들은 스텝으로도 폭넓게 진출한다. 하강일, 이영식, 유흥렬, 김홍종, 김재순, 이종수, 노병현, 신상용, 염현섭, 정을영, 홍성덕, 최길규, 엄기백 등이 텔레비전 프로듀서로 이름을 날렸으며 카메라맨으로는 윤석균, 정정수, 장준보, 안기창 등이 활동했다.

이밖에도 김갑의가 영화기획자로, 홍순창이 무대미술가로, 김숙현, 권재우(오성), 이공희 등이 희곡, 시나리오 작가로 활동을 펼쳤으며, 이창구, 김효경, 문석봉, 이종훈 등이 연극연출가로, 이미례(미숙)가 여류영화감독으로 데뷔하여 활발한 활동을 펼쳤다.

이창구는 대학재학시 연기, 연출, 미술 등 두루 섭렵하고 TBC텔레비젼 개국시에는 탤런트로도 활동을 폈다. 이후 '극단 사계', '극단 제작극회' 극단 신협 등에서 연출을 맡았다.

특히 그는 이해랑 이동극장에서도 배우로 활동하며 재능을 발휘했고, 이후 극단 신협대표를 역임, 청주대 연극영화과 교수로 재직하며 청주지역극단 활성화를 위해 매진했다.

김효경은 재학시 연출에 남달리 독특함이 있어 관심을 집중시켰다. 극단 '맥토'에서 기량을 보여주었고 이후 서울예전교수로 재직하며 무용극, 오페라, 뮤지컬, 창극 등을 폭넓게 연출해 왔다. 뮤지컬 연출에 남달리 빼어난 솜씨를 보인 김효경은 정년퇴임 이후 '서울시립뮤지컬단' 대표를 맡아 활동하고 현재는 서울예술종합학교 교수로 있다.

이종훈은 재학시부터 연출에 전념했으며, 졸업 후 김효경의 조연출로 시작하여 연출가로 데뷔했다. 극단 맥토 단원으로도 활동하였는데, 그 경험을 바탕으로 뮤지컬, 여성국극 등 음악과 관련된 극에 관심을 쏟아 '시립가무단' 단장을 지냈고, 한국 뮤지컬협회를 만들어 초대협회장으로 추대된다. 이후 극단 맥토 대표, 한국연극협회 이사장 등을 역임하고, 인천시립극단 예술감독을 거쳐 현재는 객원연출가로 활동중이다.

한편 비(非) 연극영화과 학생으로는 황학봉이 평생 한편의 영화를 감독하고 세상을 떠났고, 김종원은 영화평론가로, 김지현은 희곡작가 데뷔후 MBC프로듀서로, 윤청광이 방송작가로 데뷔해 활동을 펼쳤다.

동문 연기자들 활약도 두드러져

동국대학 출신 동문들의 연기활동도 활발했다. 특히 연극영화과 출신이 아니더라도 성우를 거쳐 탤런트로 활동하기도 했는데 임종국, 이도련 등이 있다. 연극영화과 출신으로는 이완호, 김병관, 이근욱, 장광, 장미선, 장세준 등이 성우로 이름을 낸 동문들이다.

이밖에 김기덕은 아나운서로 MBC에 입사하여 MC등으로 활동하다가 FM부장을 역임했고, 탤런트로는 박준성, 박건식, 김찬구, 장기용, 임혁주, 안혜숙, 이덕화, 김영기, 이효정(여),강석우(만홍), 임예진 등이 이름을 날렸다.

같은 시기 정상철, 박상규, 고인배, 이기열 등은 연극무대에 전념했다. 정상철은 졸업 후 극단 신협, 극단 광장, 맥토 등에서 프리랜서로 연기생활을 해오다가 국립극단 단원에 합격하며 전속배우가 되었고, 한때는 텔레비전과 영화에도 출연하기도 했다. 이후 국립극단 극단장을 지냈고 현재는 프리랜서로 활동하며 동방대학원대학에서 후진양성에 매진하고 있다.

박상규도 졸업과 동시에 국립극단에 입단하여 정기공연작품에 빠지지 않고 출연해 왔다. 박상규는 학부졸업 후 동국대학 문화예술대학원에서 수학했으며 영화와 텔레비전에 출연하기도 했다.

그후 국립극단 극단장을 역임했는데, 극단장 시절 수차례 극단 정기공연 좌석을 전매하여 기획적 수완을 인정받은바 있다. 이후 한국배우협회장을 지냈으며 현재는 상명대 교수로 후진양성에 힘쓰고 있다.

이덕화는 성격배우로 이름을 날린 이예춘의 아들로 어릴 때부터 영화에 데뷔, 배우로 활동해 왔다. 특히 다작의 청소년영화에서 임예진과 커플로 출연, 중、고등학생들의 많은 숭앙을 받기도 했다. 뿐만 아니라 그는 가창력 또한 빼어나 많은 음악극, 신파극 등에 출연, 두터운 노년층 팬을 가지고 있다. 자기가 주연하는 작품엔 후배들을 등용시켜 후배들에게 가장 존경하는 선배로 꼽히기도 했다.

이덕화는 탤런트협회장을 지냈으며 동문연예인회 회장직을 맡기도 했다. 그는 인생의 실수로 한때 국회의원에 출마하여 낙선한 사건을 꼽는다. 또한 필동에서의 오토바이 사고로 오랫동안 병원생활 한 것을 가장 잊지 못할 일이라고 털어놓기도 했다.

스타 동문들의 활약

1981년 ~ 1990년 : 교수진 확대와 더불어 스타동문 활약 눈길

연극동아리의 활성화

1971년 9월 학생회관이 개관되면서 각종 동아리들이 본격 가동되기 시작했다. 1974년 '동대극회' 란 이름으로 연극영화과의 김종숙, 김종일, 정현식과 국문과의 박남준(여) 이수영, 박수원등이 주축이 되어 창단하고 1975년부터 '극예술연구회' 로 바꾸어 활동을 펴갔다.

이 정기공연외에도 1980년부터는 '신입생환영공연' 도 매년 가져왔고 '신입생워크숍 공연' 은 1981년부터 시작되었다. 이곳 출신 가운데는 극단대표이자 연출가인 현 수원대교수 채승훈이 있다. 2004년에는 서울연극협회를 창설하여 초대 이사장직을 지낸 바 있다.

이밖에 연극연출가 황두진은 서울예대 교수로, 고종관은 작가로, 연출가 장경욱은 수원대교수로 후진양성에 힘쓰고 있다. 또한 연출가 전용환은 극단대표로 연출활동을 활발하게 하고 있다.

한편 '민속극연극회' 도 새롭게 출범했다. 1977년 1월 한구재(공경)를 중심으로 이상설(농학)지도아래 〈봉산탈춤〉 연습을 시작했다. 같은 해 3월에는 '신입생 워크숍공연' 으로 데뷔했고, 제1회 정기공연으로 〈봉산탈춤〉, 〈양주별산대〉, 〈강령탈춤〉 발표 후 정치적 문제로 활동을 잠시 중단하였다가 1984년부터 활동을 재개했다.

학과로는 국문학과가 1970년대 졸업공연을 몇 차례 해오다가 1982년 희곡분과 실습공연으로 이재현 작 〈못잊어〉를 시작으로 매년 한 차례씩 공연해왔다. 이후 1997년 미당문학상이 제정되고 1998년 문예창작전공이 독립, 예술대학에 소속되면서 활동이 더욱 활발해 졌다.

영문과는 1972년 영어연극을 시작하였고 1988년부터 순수 우리말 연극을 하는 영상제(英象祭)가 격년제로 이루어져 몇 명의 연극인이 배출되었다.

연극영화과 교수진의 대폭 경질

1980년대는 이해랑, 이진순 교수가 1981년 정년퇴임하고 그 이듬해 후임으로 안민수 교수, 1984년 영화기술 민병록 교수가 취임했다. 그리고 1986년 개교 80주년 동문·재학생 합동기념연극으로 김흥우 작 〈조신의 꿈〉을 김효경이 연출하여 문예회관에서 상연, 주목을 받기도 했다.

1987년 연극제작과 극작의 김흥우 교수가 동문으로서는 처음으로 모교 교수로 취임했다. 같은 해 연극영화과는 신설된 예술대학으로 편입되었다. 1988년 대학원 최초의 실습공연이 시행되었고, 1989년 창과 30주년엔 『영화학보』창간과 기념연극 박장순 연출의 〈마의 태자〉 공연이 있었으며, 1990년 유현목교수가 정년퇴임했다.

특히 이 기간에는 영상매체의 확대로 영화의 관심도가 높아졌다는 점과 안민수, 민병록, 김흥우 교수의 취임으로 실기중심교육에서 이론중심교육의 형태로 바뀌고, 교수활동 또한 외부활동중심에서 학내활동에 전념하는 방향으로 바뀌었다.

80년대에는 출신동문들의 영화계 진출도 많아졌지만, 광고업계 진출이 두드러졌고 연극분야 진출도 더 세분화 되었다.

톱스타 양산과 사계진출의 확대

80년대 광고계로 진출한 동문으로는 전철수, 정창호, 김원, 차두옥, 이종운, 이정복, 최진수, 나대승, 안병윤, 이석환, 이정황, 임정식, 조형진, 한호경 등을 꼽을 수 있다. 이들은 광고제작 및 CF감독으로 이름을 날렸다. 이밖에 텔레비전 PD부분엔 황택원, 전성홍, 정세호, 노윤구, 이

민홍, 홍종현, 김진순, 장두규, 이창식(타과)등이 진출 이름을 빛내고 있다.

영화감독으로는 박재호, 최사규, 최진수, 박광우, 추교진, 이정황, 양윤호 등이 데뷔하여 학과를 빛냈고 연극연출로는 김길수, 심회만, 박종선, 김성빈, 김창래, 김영수, 이영택, 황동근, 장용휘, 차태호, 권호성, 김영봉등이 있다.

분장분야에 진출한 동문으로는 장준경, 정숙희, 김은선 등이 있고, 방송활동을 하는 동문으로는 불교방송 이선용 아나운서, MC 최유라, 가수 및 작곡에 박정희 등이 있다. 이밖에 극작에 심회만, 이만희(불교대), 우봉규(불교대), 김태수, 강능원, 전현아와 시나리오에 이공희, 이만희, 도경국, 양윤호 등이 활동했다.

특히 이 시기에 재학했던 동문 연기자의 활약이 두드러졌다. 한편 영화계에서는 양윤호 감독이 〈유리〉를 시작으로 계속 수준높은 작품을 선보여 눈길을 끌었으며 연극계에서는 김영수, 차태호, 권호성의 활동이 돋보이기도 했다. 당시 MC 최유라의 인기는 타의 추종을 불허하였고, 이만희, 김태수의 작극활동도 주목을 모았다.

연기자로는 최민식, 한석규, 김혜수, 채시라, 유준상, 김상중, 하희라, 이미연, 이성재, 고현정이 현재까지도 톱스타로 군림하고 있고, 코미디언 이경규, 이경실도 마찬가지다. 고현정은 미스코리아 출신이어서인지 한국의 여성상 1호를 계속 유지하고 있으며 작품의 인기도 또한 항상 최으뜸이다.

연극, 영화, 텔레비전에서 다양한 연기력을 구사하고 있는 최민식은 1989년 드라마 〈야망의 세월〉이후 영화 〈쉬리〉, 〈올드 보이〉, 〈꽃피는 봄이오면(꽃봄)〉, 〈파이란〉, 〈악마를 보았다〉, 〈히말리야, 바람이 머무는 곳〉 등의 영화를 통해 우리나라를 대표하는 연기파배우로 군림하고 있다. 특히 최 동문은 재학생 · 동문들에게 연기자의 모범으로, 사계에서는 동국대의 상징으로 여겨지고 있다.

전환기 맞은 동대연극

1991년 ~ 현재 대변혁의 전환기 맞은 동국연극

1960년 정원 20명으로 시작한 대학의 연극학과는 1963년 연극영화학과로 통폐합, 1987년 문과 대학에서 예술대학으로 편성되었다. 이후 2000년 정원이 70명으로 증원되며 연극전공 40명, 영화영상전공 30명으로 독립된 학과를 형성되고, 학부제를 학과제로 변경하였다. 연극영화과가 연극학과와 영화영상학과로 나뉜 것이다. 한편 대학원은 1994년 박사과정에 영화전공 신입생을 모집하기 시작했고, 문화예술대학원에서도 1995년부터 연극, 영화 영상전공생을 모집하게 된다.

해외대학과 교류

연극분야에서 세계적인 해외 명문대학과 교류도 활발하게 진행됐다. 1991년 모스크바 쉐프킨연극대학을 시작으로 1994년 베이징 중앙연극대학, 1997년 베이징 방송대학과 각각 자매결연을 맺기도 했다. 이중 모스크바 쉐프킨연극대학과는 세미나를 수차례 열기도 하였고, 1년 과정으로 매년 교환학생을 2명씩 선발、파견하여 해외대학연수프로그램을 제공하였다.

이후 쉐프킨연극대학에 한국학과가 창설 되자 1차로 전훈, 김태훈, 박신양, 이항나, 김유석(종만), 류상록(국문), 이상구(국문) 등이 유학하여 교류가 확대、지속되었다.

베이징 중앙연극대학과의 교류도 활발했는데 특히 개교기념식에 동국대학 송석구 전 총장을 비롯해 배우 신성일, 백성희, 김흥우 등이 초청을 받아 참가하였다. 그 이후에도 학교자료교환 및 교수들의 교류가 계속 이어졌다.

1996년 동국대학 개교 90주년 기념행사로 시작된 '청소년 연극제'는 1997년부터 영화까지 대상을 확대하여 '동국청소년 연극 · 영상제'란 이름으로 이어졌다. 이후 이를 분리하여 2005년 까지 '청소년 연극제' 와 '청소년 영상제' 를 열기도 했다.

교수진의 변화 및 이해랑극장 탄생

우선 연극분야는 장한기 교수가 1996년 정년퇴임하며 신영섭(연출 · 연기) 교수가 임명되고 2000년 이동훈 교수(무대기술)가 취임한다. 그 후 2001년 안민수 교수가 명예퇴직을 하며 김방옥 교수(평론가/이론)가, 2004년 강춘애 교수(연극사학)가 임용되었다. 2006년 김흥우 교수가 정년퇴임하자 최영환 교수(뮤지컬)가 임명되었고, 이윤택 교수가 2년 계약직으로 취임 후 퇴직했다.

영화영상분야는 영상정보통신대학원이 개원되면서 학과 교수가 윤번제로 분담하게 되어 그 숫자가 많이 늘어난다. 1991년 평론가인 정재형 교수가 부임하고, 1996년 평론가 유지나 교수가 임용되었으며 1999년 김정환, 2000년 문원립 교수가 임용된다. 그 후 최병근, 박종호, 조종흡, 김영준 교수 등이 차례로 부임하게 된다.

2008년에는 이해랑연극재단(이사장=이방주)의 후원금 20억원으로 동국대 예술극장을 새롭게 단장한다. 로비는 기념전시관, 극장내부는 새롭게 리모델링하여 이해랑 극장으로 재개관 하였다.

이곳에서는 〈여보 고마워〉, 〈친정엄마와 2박 3일〉, 〈이기동 체육관〉 등의 기획공연과 학부생의 졸업공연, 미당 서정주 10주기 시낭독공연 〈

국화옆에서〉 등이 올려왔다.

동국연극을 빛낸 동문 및 재학생

동국연극 80년 간 굵직굵직한 인물을 많이 배출한다. 영상분야에서는 한국 영화평론에 한 획을 그은 정재형 교수가 있다.

제작ㆍ기획분야에서는 〈퇴마록〉, 〈가위〉의 김익상, 애니메이션 〈아마겟돈〉, 〈철인사천왕〉의 김혁, 〈피아노 치는 대통령〉의 강성준, 〈파이란〉, 〈집으로〉 등의 황우현, 황재우 등이 있고 〈중독〉의 박영훈, 〈좋은 사람 있으면 소개시켜 줘〉 의 모지은, 〈나도 몰래 어느새〉, 〈장미여관〉, 〈서울 임마누엘〉의 서영수(영문), 〈새벽외출〉, 〈아침이 오면 그대 이름으로〉의 최정운(법대), 〈미아리 택사스〉, 〈13월의 겨울〉, 〈해병 묵시록〉의 이병주 등이 있다. 이밖에도 대학원 출신으로 김영준 감독과 현재 경성대 교수로 재직중인 〈박대박〉 양영철 감독이 있다. 카메라 맨으로는 정동진, 〈찍히면 죽는다〉의 정정훈 등이 이름을 날렸다.

연극 분야에서는 극단 '수레무대' 대표로 코미디 전문연출가인 김태용이 있고, 1차 쉐프킨연극대학 교환학생 출신인 전훈이 있다. 특히 전훈은 체홉 전작품의 연출기록을 세웠고 스스로 창작한 작품을 연출하여 뛰어난 연출 능력을 보이는등 주목을 끌고 있으며, 현재 서울예술종합학교 교수로 후진양성에 힘쓰고 있다. 김태훈 역시 러시아에서 제1호 박사학위를 취득하고 귀국, 연기ㆍ연출 등으로 활동하며 현재 세종대학교 교수로, 이항나도 연기연출로 활동해 오다가 경기대 교수로 후진양성에도 힘쓰고 있다.

박찬진은 서울앙상블 연출가로 활동 중이고 박규천은 연기, 연출, 안무 등 고르게 무대활동을 하고 있다. 단연 동문 연기자의 활약도 돋보인다. 연극, 영화, TV 등에서 맹활약중인 동문이나 재학생연기자는 70여명이다. 그 가운데 김호정(여)은 온갖 연극상을 휩쓸더니 2000년 〈침향

〉, 〈플란다스의 개〉를 시작으로 많은 영화에서 연기의 다양함을 보였다.

이정재는 〈인터뷰〉, 〈순애보〉, 〈도둑들〉, 〈이재수의 난〉 등에서 악역으로 분장하여 성격배우로서의 역할을 해냈고, 전지현(본명 왕지현)은 〈내 여자친구를 소개합니다〉, 〈블러드〉, 〈데이지〉 등에서 열연을 보여줘 주목을 끌었다. 김주혁은 1998 SBS 공채탤런트로 활동하다 2005년 〈청연〉, 〈사랑따윈 필요없어〉, 〈적과의 동침〉 등에서 다양한 연기를 통해 배우로의 입지를 다졌다. 박신양은 〈유리〉로 데뷔, TV와 영화를 오가며 다양한 연기를 통해 주목받는 연기자가 되었다.

한류스타 류시원과, 90년대 아이돌그룹 HOT 강타(안칠현), 토니안(안승호), 문희준(문예대학원) 동문도 세계적으로 많은 사랑을 받고 있다. 현재 재학 중인 소녀시대의 윤아(임윤아)와 서현(서주현)이 그 뒤를 잇고 있다.

한편 극작분야에서는 국문과 출신으로 요절한 여류극작가 최명수를 비롯, 문경보, 홍석진과 문창과 출신의 조현진, 이주영, 남상욱 등이 있고, 대학원출신 김성열, 장성임, 박윤선, 김지숙, 국민성, 박재현, 윤정환, 서영석 등의 활동도 돋보였다.

⑪ 도시농부의 씨앗

도시농부의 씨앗

제4회 남해섬 공연예술제

인터넷신문『남해안시대』대표

김 미 숙

4 년 전 추운 겨울, 폐교였던 다초 초등학교에 도시 농부가 문화라는 씨앗을 가지고 남해를 찾아왔다.

오래 방치되어 있던 척박한 땅에 열매를 맺기 위해서는 씨앗을 뿌리기 전 반드시 복토를 하고 거름을 해야 한다. 그해 겨울 귀농한 도시 농부는 문화라는 씨앗을 화려하게 뿌리고 혹독한 된서리를 맞았다.

"시골에 무슨 연극이냐, 농사 짓기도 바빠 죽겠는데 얼어 죽을 문화냐. 연극보러 시골에 왜 오냐." 남해 군민들은 순수문화예술을 지향하는 국제탈공연예술촌을 곱지 않은 시선으로 바라보았다. 이런 상황에서 남해군의 지원금도 서서히 삭감되어 재정이 무척 어려운 상황이 되었다.

하지만 서울에서 온 도시 농부는 첫 해의 실수를 교훈 삼아 서두르지 않고 땅과 대화하며 문화라는 씨앗이 잘 자랄 수 있도록 세심히 배려했다. 손수 돌탑을 쌓고 땅과 호흡하며 우리나라 최고의 희곡작가, 교수 등 화려한 명예를 하나씩 내려놓기 시작했다.

편백 쉼터를 직접 만들고, 제초제를 뿌리면 땅심이 약해진다고 손수 풀을 뽑고 꽃씨를 뿌렸다. 도시 농부는 4 년 동안 매일같이 자연과 친구가 되어 버려진 폐교를 아름다운 문화공간으로 만들어 갔다. 땅은 도시 농부의 문화를 사랑하게되고 도시 농부는 땅을 사랑하게 된것이다.

그 후 4년, 대학교에서 학생만 가르치셨던 고운 도시 농부의 손이 쩍쩍 갈라진 것을 보고 필자는 미안한 마음에 핸드크림을 사 들고 간 적이 있었다. 언제 필지 모르는 문화의 꽃을 피우기 위해 밭을 가는 도시 농부의 뒷모습에 숙연해졌다.

7월 16일 오후 1시, 문화의 씨앗에서 드디어 싹이 트기 시작했다. 편백 숲에서 마술쇼를 보며 까르르 웃는 아이들의 모습을 먼 발치에서 도시농부가 흐뭇하게 바라보고 있었다.

〈구운몽 퍼레이드〉에서 자원봉사 학생들은 팔선녀 인형을 메고 마을 주민들은 농악을 하며 함께 어울리고 있었다. 모두 남해사람들이다. 작지만 의미있는 변화다. 도시농부는 작은 벤치에 앉아 잔잔히 바라보고 있었다.

개막작인 〈아버지를 아버지라 부르지 못하고〉 정선철, 이선주, 이협, 배진아, 이장원, 윤용, 이봉균, 이유선 등 출연진의 열연과 탁월한 기량이 연극을 성공적으로 이끌었다.

모두가 공감할 수 있는 소재와 유쾌한 희극으로 남해의 할머니, 할아버지의 발길을 붙잡았다. 〈아버지를 아버지라 부르지 못하고〉를 보는 동네 어르신들은 어느덧 연극에 익숙해져 있었다. 신기하게 남해를 찾은 관광객과 함께 웃으며 연극 공연을 즐기고 있었다. 4 년전과는 너무나 다른 모습이었다.

남해가 서서히 변하고 있음을 느꼈다. "복잡한 도시에 자동차 막혀가며 겨우겨우 찾아보는 연극공연과 감동의 여운이 가시기도 전에 막힌 차들을 뚫고 집으로 가야하는 삭막함에서 바다와 자연을 벗 삼아 보는 연극공연은 너무 달콤하다."는 어느 관광객의 말처럼 우리는 문화와 자연을 즐길 수 있는 공간이 있어 행복하다. 이런 공간을 도시 농부는 꿈꾸었을 것이다.

국제 탈 공연 예술촌에서는 한 달동안 다양한 연극으로 군민들과 관광객을 기다리고 있다. 서울 대학로에 가야 볼 수 있는 공연을 입맛대로 골라 볼 수 있는 기회를 놓치지 않길 바란다.

야외 퍼포먼스 〈실크 오브제와 바람의 유희〉는 동.서양의 예술 세계가 새로운 제3의 예술 세계로 승화되어 많은 박수와 감동을 주었다.

도시농부의 땀과 노력을 알기에 눈물이 난다. 문화의 싹이 조금씩 보이기에 눈물이 난다.

인터넷신문 남해안시대 (2011. 7. 17)

'연극의 역사' 남해 작은 마을에 펼쳐진다

권 재 현/ 동아일보 기자

극단 신협 63년 사료, 마을회관에 전시관 꾸며
김흥우 남해예술촌장 "테마별 박물관 조성 꿈"

《경남 남해섬 한복판의 강진만이 내려다보이는 이동면 금석리 마을회관 2층에 가면 한국연극사를 장식했던 쟁쟁한 얼굴을 만날 수 있다. 유치진 이해랑 김동원 장민호 백성희 황정순 최은희 조미령 노주현…. 영화 〈애마부인〉으로 유명한 안소영 씨까지. 한국에서 가장 오래된 역사를 자랑하는 극단 신협을 거쳐 간 이들이다. 1947년 창단된 신협(당시 명칭 극예술협회)은 좌익극단 일색이던 해방공간에서 우익을 대표하는 극단이었다. 1950년 창설된 국립극장의 전속극단이 되면서 신협(신극협의회의 약칭)이라는 이름을 갖게 됐다. 최근 법인화가 추진 중인 국립극단 60년 역사의 태동은 이렇게 민간극단 신협을 둥지로 이뤄졌다.》

1952년 환도 이후 민간극단으로 돌아간 신협은 1957~1962년 국립극장 전속극단으로 들고 나기를 반복한다.

1962년 1월 정식 국립극단이 창단되면서 그에 흡수된다. 하지만 그해 4월 드라마센터가 문을 열면서 국립극단을 빠져나온 단원들이 1963년 '신협'을 재건한다. 그렇게 2007년까지 모두 114편의 연극을 무대화한 신협은 국내 최고(最古) 극단의 명맥을 이어 오고 있다.

연극사 관련 책자에도 잘 나오지 않는 이 같은 내용을 담은 '극단 신협 전시관'이 남쪽 바다 끝자락에 문을 연 이유가 어디에 있을까. 여기엔 고승길 미마지아트센터 대표와 더불어 연극 관련 자료의 양대 수집가로 꼽히는 김흥우 남해국제탈공연예술촌 촌장(70)의 열정이 숨어 있다.

동국대 교수와 한국희곡작가협회 이사장을 지낸 김 촌장은 2008년부터 아무런 연고가 없던 남해에 와 살고 있다. 폐교된 다초초등학교 건물을 개조한 남해군이 그가 50년간 사재를 털어 수집한 대본 6000여 권, 공연 및 영화 포스터 3000여 개, 팸플릿 4000여 개 등 25만여 점의 자료를 보관하고 전시할 공간을 제공했기 때문이다.

"처음엔 학교(동국대)에 기증하려 했는데 공간 제공에 난색을 표해 이곳저곳을 물색하던 중 가장 적극적 반응을 보인 남해를 택했습니다. 공연 불모지라 얼마나 많은 사람이 보러 올까 반신반의했는데 2008년 20만 명, 2009년 50만 명이 다녀갔습니다."

그러나 2층짜리 교사를 개조한 초음리 국제탈공연예술촌 역시 공간이 협소해 수집한 자료의 극히 일부만 전시하고 있다. 김 촌장이 30여 개국에서 수집한 탈 700여 개 중 200여 개와 국내 최초의 연극 관련 논문인 '조선연극사'(김재철 저) 2개 판본, 1936~39년 발간된 동경학생예술좌 기관지 '막(幕)' 1~3호 합쇄본 등 희귀자료와 공연 포스터 정도다.

이를 타개하기 위해 그가 낸 아이디어는 예술촌이 자리 잡은 다초지역 8개 마을회관마다 테마전시장을 마련하는 것. 예술촌에서 걸어서 10분 거리에 있는 금석리 마을회관 2층의 '극단 신협 전시관'과 인근 창고 건물을 개조한 '원방각 무대미술 전시관'이 첫 타자다.

신협전시관은 1980~87년 신협 대표를 지낸 김 촌장이 수집한 자료가 토대가 됐다. 원방각 전시관은 신협 단원이자 국립극장 초대 무대과장이었던 고 문헌 김정환 전 동국대 교수가 기증한 무대미술작품이 중심이다.

예술촌 개관 2주년을 기념해 이달 중순 개관한 이들 전시관은 관람료를 따로 받지 않는 대신 모금함에 모인 돈을 전액 마을 복지기금으로 쓴다. 예술촌 1층에 마련된 200석 규모의 남해군 최초의 연극전용극장에선 주말엔 서울에서 내려온 연극 단체가 무료공연도 펼친다.

김 촌장의 꿈은 남해 바닷가 다초 지역 8개 마을을 저마다 특색 있는 작은 박물관을 갖고 있는 유럽 마을처럼 꾸민다는 것. 그 꿈이 이뤄질 수 있을까. 학예연구사를 둘 지원금을 확보하지 못해 고민이라는 김 촌장은 "지방선거를 앞두고 마을 곳곳에서 확성기를 틀어놓고 떠드는 정치인들 중에 예술촌을 찾아보는 이는 없다"며 한숨을 내뱉었다.

「동아일보」(2010.5.27)

■ 인터뷰365

남해국제탈공연예술촌장

극작 및 연출가/ 서 영 석

경상남도 남해군 이동면 초음리, 바다가 보이는 육지의 남단 끝자락에 버려져 있던 조그마한 폐교가 아름답고 소중한 문화예술의 공연 및 자료관으로 바뀌었다. 전 동국대학교 예술대학원장 김흥우 교수가 평생을 모은 예술 공연 자료를 기증하면서 그곳에 남해국제탈공연예술촌이 건립된 것이다. 정년 퇴임후 한동안 근황이 궁금하던 노교수는 예술촌 촌장이 되어 있었다.

예술촌은 예술창작과 연구를 돕기 위한 전시관, 도서관, 실험극장을 갖춘 다목적 공간이다. 2만여 점의 연극 영화관련 전문서적, 세계 각 나라의 탈 700여 개, 영상자료 3천여 점, 공연 팸플릿 4천여 점, 포스터 3천여 점, 각종 미술품 500여 점 등의 자료를 소장하여 예술적 창작영감을 일깨우고 공연예술 체험의 지평을 넓히는 나눔의 마당으로 유비쿼터스 시대에 맞게 운영될 종합예술촌이다.

서울에서 5시간여를 달려 도착한 남해에는 따사로운 봄 햇살이 도시를 비추고 있었다. 잔디가 파릇하게 올라오는 운동장 너머로 쪽빛 바다가 손에 잡힐 듯 발밑에서 넘실댄다. 하회탈의 모습과 관음보살을 연상케 하는 온화하고 포근한 인상의 김흥우 교수는 한국 연극계의 거목이기도 하다. 연극영화과 교수협의회 회장, 연극교육학회 회장을 역임했고 여전히 한국희곡작가협회 이사장을 맡고 있다. 공연 현장에서 200여 편의 기획과 제작 작품을 남겼고 교직에서 40여년을 봉직해 동국대학교 연극영화과와 한국연극계의 산역사로 불리는 분이다.

참 아름다운 곳에 계시는군요. 어떻게 지내셨어요?

어서 와요. 먼 길 오느라 고생했어요. 너무 공기가 맑고 물이 좋아서 다시 청년으로 돌아간 기분으로 삽니다.

먼저 연극을 시작하신 초기 시절의 이야기부터 들려주시지요.

가난이 가져다 준 직업이죠. 6.25 전쟁 당시 워낙 경제가 어려워 교회에 다녔어요. 옷이나 신발 등 구호물자를 얻으려 한미종합기술학교에서 운영하던 교회를 다니다 우연히 교회극에 참가하게 된 것이 지금까지의 직업으로 이어졌지요. 크리스마스 이브나 부활절 때 공연을 했는데 내가 각본을 쓰고 연출, 의상, 소품까지 도맡으며 출연까지 하며 연극의 재미에 푹 빠져버렸어요. 특히 산타크로스 할아버지 역은 내가 독점을 했지요.

동국대학교 연극영화과 1기생으로 당시 시대상황에서 연극영화과 지망이 쉽지는 않았을텐데요?

고등학교 졸업 후 대학진학을 하고 싶었으나 경제적으로 어려워 황우금화학연구소에 조수로 취직을 했지요. 거기에서 돈을 조금 벌어 닭을 키워 돈을 더 모으고 3년 후에 대학에 진학할 수 있었어요. 연극영화과 진학도 어쩌면 운명이었어요. 교회에서 한참 연극에 빠져 있을 때 유치진 선생을 만난 것이 계기가 되었어요. 1959년에 동국대학교에 연극영화과가 생기니 조금 기다리라는 말씀을 하셨어요. 결국 동국대 연극영화과 1기로 입학을 하게 되었어요.

학생시절부터 연극 공연 현장에서 꿈을 키우셨군요.

대학시절부터 줄곧 아르바이트를 하면서 공부를 했어요. 당시 아르바이트 자리를 구하기란 하늘의 별따기였지만 연극을 전공하는 입장에서는 조금 여유가 있었지요. 공연에서의 조명이나 영화의 스탭으로 참가하여 짭짤하게 학비에 보탤 수 있었어요. 또 드라마 센터의 조명실에서 조수로 1년을 지내기도 했지요. 거기에서 지금 유덕형(서울예대 총장)이라는 젊고 유능한 인재를 만나기도 했지요.

지금도 연극인들은 열정으로 살지만 생활이 여유롭지 못합니다. 가난하게 살던 그 시절은 연극활동이나 연극공부가 더 어려웠을 것 같습니다. 고생도 많으셨지요?

당시에는 연극에 대한 자료들이 전무하다시피 했어요. 공부를 하고 싶어도 서적이나 자료가 없어 쩔쩔맸어요. 선배들의 경험담만으로 연극을 하던 시절이었으니까요. 동료들이 생활고로 방송으로 갔을 때, 나도 외모가 그럴듯했으면 배우를 해서 방송으로 갔을지도 모르지만.(웃음) 나는 연기자가 아니라는 생각에 연극에서 내 입지를 생각했어요. 책을 모으자. 연극에 관련된 책이나 자료, 공연물에 대한 모든 것들을 모을 수 있는데 까지. 그런 부분들이 나를 지탱해준 중심이 아니었나 생각이 들어요. 한 때 생활고로 탈선(?)을 하기도 했지요. 1964년 대학 졸업 후 극단 현대극장에 입단해 당시 기라성 같던 선배(정민, 복혜숙, 김진규, 도금봉 등)들과 함께 공연을 했지만 먹고 살길이 너무 막막해 극계를 멀리하고 교육신문사에 근무 했어요. 하지만 연극이 천직이었든지 1965년「현대문학」2월호에 희곡 〈일그러진 얼굴〉이 추천되어 작가로 등단하게 되어 다시 연극에 발을 디디게 되었어요.

신문사를 떠나 몇몇 극단을 전전하다 1966년 원방각 재건에 합류, 1972년까지 기획 제작을 도맡아 했어요. 대표는 이광래 선생이였지만 기획, 제작을 하다보니 전체 운영을 하게 되었어요. 1973년에는 젊은이들과 연극을 하고 싶어 극단을 신협으로 옮겨 선배들 뒷바라지를 하며 '르네상스극장' 을 1년간 운영하기도 했어요. 그 시절에는 연출이나 배우가 취미 생활이 많았어요. 연극으로는 생계유지가 불가능했던 시절이었으니까. 말이 기획, 제작이지 그저 이리저리 돈이나 융통을 하던 기억이 전부라 해도 과언이 아닐겁니다. 연극예술이 무에서 유를 창조하는 작업이다 보니 얻어서, 꾸어서 하기 일쑤였고 관객이 조금 들면 빚 갚기에 정신없었죠.

200여 편의 공연 제작을 진두지휘하시면서 가장 기억에 남는 작품이 있다면?

'극단 에저또' 에서 공연했던 〈무덤없는 주검〉(싸르트르작/신상용 연출)이 자주 생각납니다. 대표였던 방태수씨가 미국으로 잠깐 유학을 가는 바람에 대신 공연을 맡아했는데 그야말로 대박이 났지요. 돈을 자루에 퍼담을 정도의 대성황이었어요. 검열에서 어떻게 통과가 되었는지 의심스러울 정도의 공연이었는데 당시 군사정부의 긴장된 사회분위기가 오히려 관객을 극장으로 몰려들게 했어요. 입추의 여지없이 전회 매진에 입석마저 자리가 없어 돌아가는 관객들 때문에 저녁 공연이 끝난 후 늦은 시간에 임시로 한번 더 공연을 해야했던 진기록도 만들어졌지요.

아직도 독신생활을 하시는 것으로 유명하신데 특별한 이유라도 있는지요?

연극을 하면서 생활이 안되다 보니 차일피일 미루다 결국 지금까지 왔지 별다른 의미는 없어요. 돈이 조금 생기면 여행, 전국의 장터를 누비며 자료모음, 국내나 해외의 축제에 따라다니다 보니 남들처럼 아픈 사랑의 상처는 거리가 멀어 진거죠

공연 현장에서 대학으로 가신 것이 언제였습니까?

아마, 처음 강사로 시작한 것은 1967년 성신여사대였어요. 국어교육과에서 희곡론, 연극개론, 연극사를 주로 강의했는데 당시 대학원도 졸업하지 않고 강의를 하기란 쉽지 않았는데 이 분야에 인재가 없다보니 특혜를 받았다 할까요? 동국대는 장한기 교수가 휴식년 때 조교를 하면서 대타로 1년 강의를 한 것이 인연이 되었어요.

강의를 하시면서 일화도 무척 많았을텐데요?

이름만 대면 알 만한 사람들이 많기에 이름을 거명하기는 그렇고, 젊은 나이에 여대에서 강의를 하다보니 자연 겪는 일도 많았어요. 당시 연극이 여대생들에게 절대적 호감을 받던 시절이라 강의가 주로 여대에 편중돼 있었지요. 성신여사대를 비롯해 동덕여대, 덕성여대, 한성여대 등을 옮겨다니며 바쁘게 보냈어요. 특히 기억에 남는 일화라면 성신여사대에서의 학과별 토막극 경연대회가 아닐까 생각합니다. 연극 인구의 저변확대와 학생들의 수업의욕을 돋궈주기 위해 강의를 듣는 학생들에게 극작을 겸해 토막극 축제를 열었지요. 학생들이 직접 대본을 쓰고 연출과 배우를 도맡아 하면서 스스로의 기량을 연마할 수 있도록 강의를 했어요. 이것이 10여 년 동안 학생들의 호응을 얻게 되어 유행처럼 전국적으로 파급되는 전기가 되었지만 당시 시국에 대한 예민했던 학교와 당국에 의해 강제로 폐지가 되었어요. 학생들의 데모에 민감했던 시절이라 학생들이 모이는 자체를 금지했던 시기였으니 안타깝기 그지없습니다. 그 중에 기억에 남는 학생으로는 정경순(배우)이 있었지요. 성신여대 가정과에 다니던 학생이었는데 새마을 연극경연대회에서 최우수 연기상을 받았던 것을 기회로 영국 유학을 하고 배우로 활동을 하고 있지요. 손경희란 연출가도 기억에 남습니다.

희곡도 많이 발표하셨지요?

30여 편의 희곡을 썼지만 공연에 올려진 작품은 불과 10편 정도입니다. 기획을 맡다보니 당연 내 작품에 대해서 소홀할 수 밖에 없었죠. 또 내 작품의 경우 실험성이 짙은 작품들이라 흥행에는 불투명해 공연에 선뜻 자신이 없었어요. 하지만 200여 편의 공연을 하면서 제작에 심혈을 기울이며 후진 양성에 더 신경을 썼어요. 이용우, 김창화, 심회만, 김성빈, 황동근 등 수 많은 연출가와 배우, 희곡 작가들을 배출했다는 점에 더 자긍심을 느낍니다.

일전에 교수님 작품으로 단막극제를 하셨는데?

그거... 5편을 공연했는데 썩 마음에 들지 않았어요. 연출과 생각의 차이랄까? 내 희곡과 거리가 많아 씁쓸했지요. 작가가 추구했던 포인트를 연출들이 살리지 못해서겠지요. 요즘 연출들은 특성이 없어요. 그저 흘러만 가서는 절대 좋은 연출이 될 수 없어요. 유학을 했든 국내에서 전공을 했든 학교에서 이론을 공부하고 현장에서 실기 기량을 갈고 닦아야 되는데 졸업이나 유학 후 배운 지식으로 바로 연출을 하니 문제가 클 수 밖에요. 연출하려면 진짜 공부 많이 해야 합니다.

연극영화과 교수협의회 회장을 역임하셨는데 현재 연극영화과 교수들에 대해서는 어떻게 생각을 하시는지요?

적당히 배워 현장 경륜을 쌓지 않고 연출과 강의를 하는 것 자체가 바람직하지 않습니다. 연극영화학 교수는 이론과 실기 경륜을 쌓아서 학생들 앞에 서야 합니다. 젊어서는 공연 현장에서 예술과 씨름을 해야지요.

외국 유학은 한국 연극의 미래를 위해서 바람직하지만 제대로 유학을 하고 왔는가에 대해선 많은 의문이 갑니다. 덜렁 학위 하나 받아와서 국내 예술의 흐름도 모르고 연출 현장도 모르면서 강의를 한다거나 연출을 하는 현실이 너무 황당하지요. 특히 유학파에 있어서 현장수업은 필수입니다. 젊은 시절, 혈기를 현장에서 갈고 닦아야 됩니다. 한창 배워야 할 시기에 현실에 안주하여 강의에만 논을 돌리면 유학의 의미는 퇴색되고 맙니다. 학교나 유학에서 배운 것들을 현장과 접목시켜 나름대로의 안목을 잡아야 합니다. 현장에서 10년 정도 기량을 연마한 후 교수는 40대 중반 부터 하는 것이 가장 적당하다고 생각합니다.

연극 영화 교수와 다른 전공학과의 교수의 차이점이 있다면 무엇을 가장 우선으로 꼽을 수 있는지요?

교수도 예술가도 인간적이어야 합니다. 먼저 인간이 되어야 교수도 예술도 할 수 있다 생각합니다. 인격적으로 공부와 수양이 되었을 때 비로소 교수가 가능하겠지요. 비록 연극 영화를 전공하더라도 동서양 철학 지식도 꿰고 있어야 기본이 아닐까요? 연극은 순수한 예술을 하는 작업이라 철학과 밀접한 관계에 놓여 있다고 할 수 있어요. 기능인이나 앵무새처럼 달달 외워서 하는 강의가 무슨 의미가 있겠어요? 한국의 연극영화학계는 체계가 잡히지 않았어요. 학생 머릿수 채우기에 골몰하지 진정한 스승을 고르지 못하는 재단이나 학교에도 문제가 있지만 교수들 스스로에게 더 많은 문제가 있다고 봅니다. 누가 뭐라든 자리만 잡으면 철밥통으로 생각하고 학교 안을 벗어나지 못하는 교수들이 어떻게 예술인재를 제대로 키울 수 있겠어요. 물론 다 그런 것은 아니겠지만.

희곡작가협회 회장으로서 한국희곡의 문제점을 지적하신다면 어떤 점이 있을까요?

우선 테마가 약합니다. 인간의 근본을 다루는 작품들을 찾아보기가 어려워요. 예술의 본질을 잃어버리고 있다고 할까? 작가나 연출이 관객을 따라가서는 어렵지요. 신변잡기 같은 가벼운 공연에만 몰두하다보니 예술이 사라져버렸어요. 미래는 사이버 시대입니다. 대사보다는 동작, 춤이나 노래 등에 더 많은 배려를 해야 합니다.

물론 연극이 놀이에서 출발했다는 점을 외면해서는 안되겠지만 유비쿼터스시대에 대비해 현재의 뮤지컬과는 다른 우리의 토속적 춤과 음악과 이야기를 디지털문화에 맞도록 창의적으로 발전시켜 나가는 작품들이 많았으면 합니다. 예를 들어 과거와 현재가 어우러지는 옛날의 혼례나 장례 장면들을 삽입시켜 한국 특유의 의식을 다루면 좋겠지요.

40여 년을 강단에 계셨는데 정년퇴직으로 막상 학교를 떠나신 기분은 어떠신지요?

앞을 내다보는 생각들이 너무 얕은 경우가 많아 안타까워요. 후학들을 위해 평생을 모은 자료들을 모교(동국대학교)에 기증하지 못한 것이 무엇보다 안쓰러웠어요. 받아줄 시설이 없어 포기했고 결국 스스로 이 먼 곳에 옮겨올 수밖에 없었어요.

오히려 지방의 특색을 살리고 많은 분들의 관심과 애정이 따르면 다행일 수도 있어요. 정년퇴직을 했지만 여전히 마음은 후학을 생각하고 있습니다. 그들과 결별했다는 생각이 안들어요. 혼자 있는 시간이 많아졌지만 이제부터 내가 하고 싶은 일을 한다는 생각을 하면 흐뭇하게 느껴집니다. 자신의 작업에 몰두할 수 있으니 외롭다거나 서운하지는 않습니다. 오히려 홀가분합니다.

앞으로의 계획이 있으시다면?

거리에 관계없이 누구나 자료를 검색할 수 있도록 데이터베이스화에 박차를 가하고 있어요. 수많은 공연 포스터 자료는 거의 촬영을 마쳤고 팸플릿과 다른 자료들의 촬영을 준비하고 있어요. 비디오를 미래에 맞게 DVD로 전환도 해야 하고 또 20,000여 권에 이르는 책의 목록 작업과 사진자료, 직접 찍은 것과 모은 것들을 모두 데이터베이스화 하려면 최소한 5년 이상은 걸릴 겁니다. 또 평생의 업으로 생각하는 부분은 한국희곡전집의 발간입니다. 일본의 경우 6, 70년 전 이미 세계희곡전집, 일본희곡전집이 발간되었는데 우리는 100년의 연극사를 지니고서도 이런 희곡집이 없다는 것은 문화후진국으로 자인하는 것과 다를 바 없습니다. 전집 발간에 많은 노력을 하고 있습니다만 쉽지 않은 현실이라 마음만 바쁩니다.

국내 희곡 작품 중에 아끼는 작품이 있으신지요?

한국을 대표할 만한 희곡이 없어요. 물론 대표적 작가들은 있습니다만 '이것이 한국을 대표한다' 라고 내세울만한 희곡? 글쎄요. 개인적으로는 이근삼씨 초기 단막극들이 시선을 모을 수 있겠고, 이광래씨의 단막극들을 좋아합니다.

끝으로 연극영화를 지망하거나 전공하는 후학들에게 주실 말씀이 있으시다면?

연극이란 인간이 인간을 묘사하고 표출하는 작업이다 보니 가장 먼저 성숙한 인간이 되어야 합니다. 인간은 동물과 다릅니다. 먹고 살기 위한 방편으로서의 연극은 너무 삭막합니다. 또 어디서 사는 가에 대한 고찰도 많이 고려해야 합니다. 땅과 하늘에서 기운을 받아야 수양도 되고 감성이 풍부해 지지요. 도시에 살더라도 땅과 가까이 접할 수 있는 곳이 으뜸이겠지요. 지형적 선별에서 예술적 기운을 받을 수 있을 테니까요. 또 여행을 권하고 싶어요. 인생 자체가 여행이 아닐까 생각해 봅니다. 여행을 많이 하는 사람이 훗날 가장 인간적으로 살아갈 수 있다고 생각합니다. 여행은 생각과 동시에 출발을 해야 합니다. 이것 저것 따지다 보면 여행은 공염불이 될 가능성이 농후하니까요. 무조건 출발하면 됩니다.여행을 통해 인간들의 삶과 자연과 역사를 느끼고 배우게 됩니다.

연극영화학의 이론적 토대와 공연 예술의 새로운 이정표를 제시해온 노교수는 캠퍼스를 떠났지만 여전히 자신이 해야할 일을 찾아 나섰다. 평생 모은 자료를 정리하고 집대성하는 자신의 작업 일정을 100살까지 넉넉히 잡아두고 있다.

눈을 감는 날까지 후학을 생각하고 예술을 생각하며 일하겠다는 김흥우 교수의 삶은 지금이 시작인지도 모른다.

김흥우 산문집
남해안의 행복한 삶

지은이 / 김 흥 우

2013. 6. 30. 초판발행

펴낸곳/ 도서출판 엠-애드
펴낸이/ 이 승 한
서울시 중구 충무로4가 36-7 2층
전화 / 02) 2278-8063/4
팩스/ 02) 2275-8064
e-mail/madd1@hanmail.net
등록번호/ 제2-2554

책임편집/ 임선실
마케터/ 박승주
디자이너/ 임민영

정가: 15,000원

ISBN: 978-89-6575-037-6